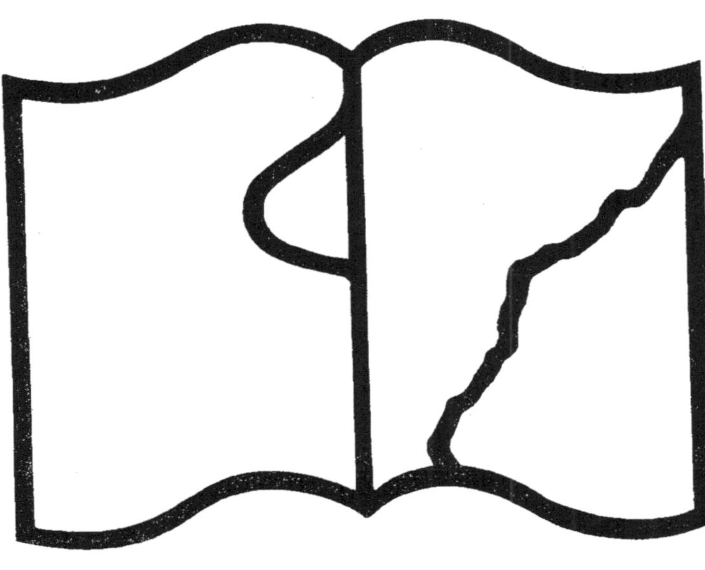

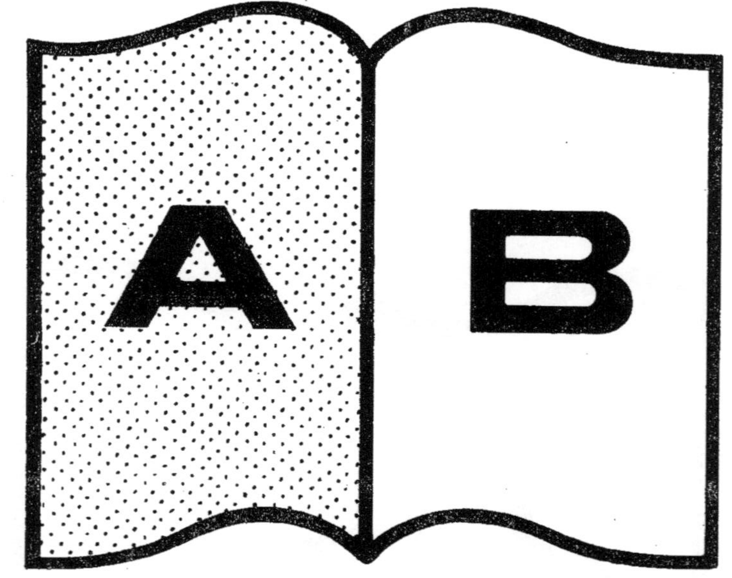
A
B

RÉPUBLIQUE FRANÇAISE

GOUVERNEMENT GÉNÉRAL DE L'ALGÉRIE

PROJET

D'UN

NOUVEL EMPRUNT

ALGER

IMPRIMERIE ADMINISTRATIVE VICTOR HEINTZ

1907

RÉPUBLIQUE FRANÇAISE

GOUVERNEMENT GÉNÉRAL DE L'ALGÉRIE

PROJET

D'UN

NOUVEL EMPRUNT

ALGER

IMPRIMERIE ADMINISTRATIVE VICTOR HEINTZ

1907

NOTE PRÉLIMINAIRE

PROJET D'UN NOUVEL EMPRUNT

La présente étude, relative au projet du nouvel emprunt dont les assemblées financières ont reconnu la nécessité et voté le principe en 1906, est divisée en quatre parties :

Dans la *première,* l'administration s'est attachée à donner, aussi sommairement que possible, *l'économie générale du projet d'emprunt :* conditions de l'établissement du programme, fixation du montant de l'emprunt, réalisation des capitaux, gage de l'emprunt.

La *seconde* rappelle à nouveau tout ce qui concerne la tractation de *l'emprunt de 1902* et les charges qui doivent en résulter. Elle donne, d'autre part, la situation au 31 décembre 1906 de l'emploi des fonds réalisés et fait ressortir les insuffisances qui doivent entrer en première ligne dans le programme du nouvel emprunt.

La *troisième* est formée d'une série de notes dans lesquelles chacun des services dépensiers intéressés au nouvel emprunt : chemins de fer, travaux publics, colonisation, forêts, assistance publique, postes, télégraphes et téléphones, a exposé et justifié le *programme des travaux projetés au moyen des fonds de ce nouvel emprunt* dont l'exécution lui sera confiée.

Enfin, la *quatrième* est constituée par des *annexes :* note sur l'emprunt contracté en 1865 auprès de la société générale algérienne, note sur la situation économique de l'Algérie, tableaux de la dette des différentes possessions françaises et des principales possessions anglaises, carte des travaux compris au programme de l'emprunt projeté.

PREMIÈRE PARTIE

ÉCONOMIE GÉNÉRALE
DU PROJET D'EMPRUNT

Economie générale du projet d'emprunt

Lorsqu'elles ont délibéré, au cours de leur dernière session, de l'impôt sur le tabac, les assemblées financières ont expressément spécifié — et elles étaient entièrement d'accord sur ce point avec le gouvernement général — que le produit de cet impôt de remplacement devait être, en partie, affecté au gage d'un nouvel emprunt dont la nécessité est depuis longtemps reconnue. Elles ont ajouté que ce nouvel emprunt devait avoir pour but à la fois l'établissement de lignes de chemins de fer dans toute la colonie et la continuation du programme de grands travaux adopté pour l'emploi de la somme de cinquante millions réalisée en exécution de la loi du 7 avril 1902.

Les propositions que l'administration soumet aujourd'hui à la sanction des délégations financières et du conseil supérieur, en conformité de l'article 1er de la loi du 19 décembre 1900, s'inspirent de cette double résolution. Elles comportent toutefois un programme de travaux un peu plus étendu que celui visé par les assemblées algériennes.

Le gouvernement général a eu l'occasion de rappeler plusieurs fois les conditions particulières dans lesquelles l'énumération qu'on a appelée le programme de l'emprunt de cinquante millions, a été dressée. Le temps faisait défaut aux services pour étudier avec une précision suffisante les projets dont la réalisation s'imposait. On se borna à produire une liste des travaux considérés comme les plus urgents, pour témoigner qu'il était possible de faire un emploi utile de la somme de cinquante millions. Mais la mise au point des projets figurant sur cette liste a démontré que leur exécution exigerait une somme double. D'autre part, les demandes nouvelles formulées depuis 1902, soit par les différentes assemblées locales, soit par les services administratifs, ont donné lieu de penser qu'il n'avait peut-être pas été tenu compte, lors de l'établissement de cette liste, de tous les besoins auxquels il était nécessaire de donner satisfaction pour assurer l'accroissement normal et parallèle du développement économique des diverses régions de la colonie. L'administration a été ainsi conduite à ouvrir une information à l'effet de connaître les projets qu'il conviendrait d'ajouter au programme adopté en principe par les assemblées algériennes, tant pour réparer les omissions de 1901 que pour répondre aux nécessités qui seraient apparues depuis cette époque.

En matière de chemins de fer, il était impossible de se limiter à la construction de lignes nouvelles. Il était indispensable de se préoccuper également de l'exécution des travaux complémentaires sur les réseaux exploités en régie, notamment sur celui de l'est algérien où le matériel roulant est notoirement insuffisant et où la voie n'est pas assez forte pour supporter des augmentations de la vitesse des trains, et aussi des modifications que certaines lignes doivent subir pour être en mesure d'assurer l'écoulement de toute la production des contrées qu'elles desservent.

Enfin, trois services seulement, les travaux publics, la colonisation et les forêts ont reçu des dotations extraordinaires sur les fonds de l'emprunt de 1902. Pour quelques autres, l'instruction publique et la douane par exemple, les prélèvements autorisés sur les excédents budgétaires et l'augmentation des crédits inscrits au budget ordinaire ont suffi ou suffiront à assurer l'exécution des améliorations jugées utiles. Mais l'expérience d'une gestion de six années a révélé qu'il en restait encore deux, l'assistance publique et les postes, télégraphes et téléphones, pour lesquels, malgré les importants sacrifices déjà consentis, un effort exceptionnel s'imposait.

Les études poursuivies en vue de l'élaboration du programme du nouvel emprunt ont ainsi porté, non seulement sur les deux catégories de travaux signalées par les délégations financières, mais encore sur les besoins actuels des services de l'assistance publique, des postes, télégraphes et téléphones, des travaux publics (routes, ports, ouvrages hydrauliques), de la colonisation et des eaux et forêts. Elles ont abouti à cette constatation que l'emprunt projeté devrait atteindre une somme de 250 millions à répartir comme il suit entre les services dépensiers :

Chemins de fer (travaux de première urgence)		107.000.000
Travaux publics :		
routes et chemins . .	61.000.000	
travaux maritimes .	27.000.000	
travaux hydrauliques	16.000.000	
	104.000.000	104.000.000
Colonisation		20.000.000
Eaux et forêts		13.000.000
Assistance publique.		2.500.000
Postes, télégraphes et téléphones. .		4.000.000
Total.		250.500.000

Une somme de 250 millions n'avait par elle-même rien d'exagéré. Ajoutée au montant du premier emprunt, 50 millions, elle formait un total de 300 millions qui demeurait dans la limite des évaluations généralement admises comme représentant les sacrifices que comporte l'extension de l'outillage économique de l'Algérie.

M. le gouverneur général Tirman, qui avait une si profonde connaissance des besoins de ce pays, estimait, en effet, M. de Solliers le rappelait à la première session de la délégation des non-colons, (1) qu'une dépense d'un demi milliard était nécessaire.

(1) Session de 1898 p. 459.

Quelques années plus tard, en 1899, M. Laferrière, se basant sur les résultats d'études sommaires faites sur sa demande, par les services algériens, déclarait qu'il ne serait pas difficile d'atteindre un chiffre de 300 millions.

Et, à la même époque, les délégations elles-mêmes considéraient comme parfaitement justifié un emprunt de 200 millions, dans lequel les chemins de fer ne paraissaient pas compris. (1)

Dans un autre ordre d'idées, la somme de 300 millions qu'aurait ainsi atteint dans quelques années la dette de l'Algérie n'avait rien d'excessif en soi et n'était pas de nature à inspirer de sérieuses inquiétudes. L'expérience des autres possessions françaises et mieux encore celle des colonies anglaises, dont la rapide prospérité est constamment citée en exemple, démontrent que les pays neufs ont des ressources latentes qui surgissent à mesure que se précipite leur développement économique et qui apportent au budget une large compensation des charges de la dette.

Ainsi, avec les nouveaux emprunts qu'elles viennent d'être autorisées à contracter, la Tunisie et l'Afrique occidentale française auront des dettes s'élevant, pour la première à 313 millions, et, pour la seconde, à 177 millions; l'Indo-Chine ne doit pas moins de 280 millions et Madagascar, dont l'existence remonte à dix ans à peine, supporte déjà une charge de 105 millions (2).

Ainsi encore, en 1903, la dette du Canada atteignait un milliard 800 millions de francs (3), celle de la Nouvelle-Zélande approchait de un milliard 400 millions, celle de la colonie du Cap était de 924 mil-

(1) Session de 1898. Rapport de M. Pierrard à la délégation des colons, p. 228 et rapport de M. de Solliers à la délégation des non-colons p. 458.

(2) Voir annexe III le tableau de la dette des possessions françaises.

(3) Voir annexe IV le tableau de la dette des principales possessions anglaises.

lions et celles des états du Commonwealth austalien dépassaient, à la même époque, les sommes suivantes :

Nouvelle-Galles du sud, 1.600 millions, soit plus de 5 fois le montant des revenus annuels ;

Victoria, 1,260 millions, soit plus de 6 fois le montant des revenus annuels ;

Queensland, 980 millions, soit plus de 9 fois le montant des revenus annuels ;

Australie méridionale, 660 millions soit plus de 9 fois le montant des revenus annuels ;

Australie occidentale, 370 millions, soit plus de 3 fois le montant des revenus annuels ;

Tasmanie, 227 millions, soit plus de 10 fois le montant des revenus annuels.

Avec une dette de 300 millions seulement, l'Algérie resterait donc encore bien loin de la plupart des colonies anglaises et, si l'on tenait compte de l'importance des recettes budgétaires, elle serait également après la Tunisie, l'Afrique occidentale et Madagascar, sur une liste des possessions françaises dressée par ordre de grandeur relative de la dette.

Malgré ces considérations d'ordre général qui tendraient à prouver que l'Algérie pourrait sans aucune difficulté assumer une dette de 300 millions et malgré toute les déductions optimistes qu'il est permis de tirer de la situation finacière de la colonie depuis la création du budget spécial, l'administration a tenu à demeurer dans la limite de l'extrême prudence dont elle n'a cessé de s'inspirer depuis 1901 et à réduire au minimum qu'il était nécessaire d'envisager, le montant du nouvel emprunt projeté.

Elle avait, pour la fixation de ce chiffre minimum, deux éléments d'appréciation.

Par la résolution rappelée au début de la présente note, les délégations financières avaient posé le principe que le nouvel emprunt devait être affecté à l'achèvement des travaux compris sur les listes programmes établies en vue de l'emploi des fonds réalisés en exécution de la loi de 1902, et à la construction de nouvelles lignes de chemins de fer.

Or, on le verra dans la partie de cette étude relative à l'utilisation des fonds de l'emprunt de 1902, une somme de plus de 43 millions est nécessaire pour l'exécution des ouvrages dont la construction au titre de l'emprunt a été acceptée jusqu'à ce jour.

D'autre part, si l'on remonte à la discussion qui s'est produite au sein des délégations au mois de novembre 1901, à propos du projet du premier emprunt, on constate que, dès cette époque, les assemblées algériennes prévoyaient qu'une somme de 50 millions au moins était indispensable pour établir quelques voies ferrées.

C'était donc un total de 100 millions en nombre rond qui avait été ainsi admis par les délégations.

Mais, ainsi qu'on l'a déjà dit, dès l'instant où l'on étudiait le projet d'un nouvel emprunt, on ne pouvait pas ne pas se préoccuper de l'exécution des travaux complémentaires qu'exige impérieusement le réseau racheté à la compagnie de l'est-algérien, de la transformation de la ligne de Tébessa à Souk-Ahras et à Bône, incapable, en son état actuel, de satisfaire au trafic que les exploitations minières vont lui apporter à bref délai et des améliorations urgentes que comportent d'autres parties de l'outillage du pays.

En tenant compte de ces nécessités, le chiffre de 150 millions s'imposait comme minimum. C'est celui auquel l'administration s'est arrêtée.

Dans le choix qu'elle a eu à faire parmi toutes les demandes dont elle était saisie pour réduire dans ces limites le programme du nouvel emprunt, l'administration s'est inspirée, avant toute chose, des besoins que l'expérience lui a révélés ; elle s'est attachée, en outre, à répartir l'action bienfaisante de l'emprunt d'une façon aussi équitable que possible et de manière à assurer le développement parallèle des diverses régions de la colonie, à respecter la constitution économique naturelle du pays. Et, lorsque, comme cela s'est produit en matière de voies ferrées, elle s'est trouvée en présence de projets d'une utilité sensiblement égale, elle a donné la préférence aux travaux productifs, c'est-à-dire à ceux qui étaient susceptibles de procurer le plus rapidement au budget, une certaine compensation de la charge occasionnée par leur exécution.

Les demandes qui ont été écartées ne doivent pas être toutes tenues pour rejetées. Bon nombre d'entre elles sont des plus justifiées. L'administration les considère comme momentanément ajournées et comme devant être reprises dès que les circonstances budgétaires permettront d'envisager de nouvelles dépenses. Elles constituent dès à présent comme la base d'un troisième programme d'extension de l'outillage économique algérien.

On trouvera, dans la troisième partie de cette étude, le détail par service et la justification des propositions que le gouvernement général soumet à l'agrément des assemblées algériennes pour l'emploi de la somme de 150 millions. Le programme formé par ces propositions n'est d'ailleurs pas intangible dans toutes ses parties. S'il est, en effet, possible d'arrêter, d'une façon ferme et définitive, l'énumération des lignes de chemins de fer à construire, des routes à établir, des ports à améliorer, etc., il est, au contraire, manifestement impossible de déterminer, dès à présent, ni les ouvrages hydrauliques, ni les centres qui pourront être créés, puisque, pour les uns comme pour les autres, la mise à exécution dépend de conditions indépendantes de la volonté de l'administra tion : la coopération des intéressés ou la constitution des périmètres territoriaux. Pour ces deux catégories de travaux, les propositions des services ne sont donc que des indications ; elles sont susceptibles d'être modifiées si, au cours de l'instruction, des difficultés imprévues viennent s'opposer à l'exécution des projets envisagés. Dans leur ensemble, ces propositions peuvent se résumer ainsi, par catégories de travaux et par départements :

Nature des travaux	Département d'Oran	Département d'Alger	Département de Constantine	Total
I. — Chemins de fer				
Travaux complémentaires	»	5.450.000	18.740.000	24.190.000
Rachat de lignes	»	»	»	»
Construction de lignes	14.870.000	14.384.200	17.000.000	46.254.200
Totaux des chemins de fer	(*)14.870.000	19.834.200	35.740.000	70 444.200
II. — Travaux publics				
Routes et chemins				
Achèvement du programme du premier emprunt	3.909.000	6.091.000	3.363.860	13.363.860
Nouveau classement des routes nationales	1.470.000	1.074.000	2.300.000	4.844.000
Pavages sur les routes nationales	194.000	500.000	280.000	974.000
Réseau complémentaire	2.000.000	1.887.000	2.383.000	6.270.000
Totaux des routes et chemins	7.573.000	9.552.000	8.326.860	25.451.860
Travaux maritimes				
Achèvement du programme du premier emprunt	2.754.000	2.360.600	1.967.000	7.081.600
Programme nouveau	2.500.000	3.500.000	3.000.000	9.000.000
Totaux des travaux maritimes	5.254.000	5.860.600	4.967.000	16.081.600
Travaux hydrauliques				
Achèvement du programme du premier emprunt	2.975.240	1.128.000	2.864.000	6.967.240
Programme complémentaire	1.400.000	1.300.000	1.000.000	3.700.000
Totaux des travaux hydrauliques	4.375.240	2.428.000	3.864.000	10.667.240
Ensemble des travaux publics	17.202.240	17.840.600	17.157.860	52.200.700

(*) L'incorporation au réseau d'intérêt général et le rachat par la colonie des lignes d'Oran à Arzew et de la Macta à Mostaganem seront effectués au moyen des crédits du budget ordinaire.

Nature des travaux	Département d'Oran	Département d'Alger	Département de Constantine	TOTAL
III. — Colonisation				
Création de centres	3.211.000	3.100.200	2.238.845	8.550.045
Agrandissements de centres	»	»	306.000	306.000
Groupes de fermes	»	210.000	500.000	710.000
Travaux topographiques	124.400	80.800	157.300	362.500
Construction de chemins d'accès	569.000	854.000	649.000	2.072.000
Amélioration des anciens centres (participation dans les dépenses d'alimentation en eau potable et d'assainissement des anciens centres et des agglomérations urbaines)	1.000.000	800.000	1.200.000	3.000.000
Totaux pour la colonisation	4.904.400	5.045.000	5.051.145	15.000.545
IV. — Forêts				
Maisons forestières	79.000	495.000	445.500	1.019.500
Chemins	810.744	1.745.000	2.169.682	4.725.426
Reboisements	460.000	400.000	270.400	1.130.000
Tranchées	100.119	416.220	373.633	889.972
Mises en valeur	»	3.287	231.415	234.702
Totaux des forêts	1.449.863	3.059.507	3.490.630	8.000.000
V. — Assistance publique				
Amélioration ou reconstruction d'hôpitaux	679.000	1.159.241	642.000	2.480.241
VI. — Postes et Télégraphes				
Service téléphonique	»	»	163.600	163.600
Service télégraphique	»	»	850.000	850.000
Service postal	120.000	786.400	»	906.400
Totaux	120.000	786.400	1.013.600	1.920.000

Nature des travaux	Département d'Oran	Département d'Alger	Département de Constantine	Total
Récapitulation générale				
Chemins de fer	14.870.000	19.834.200	35.740.000	70.444.200
Travaux publics	17.202.240	17.840.600	17.157.860	52.200.700
Colonisation	4.904.400	5.045.000	5.051.145	15.000.545
Forêts	1.449.863	3.059 507	3.490.630	8.000.000
Assistance publique	679.000	1.159 241	642.000	2.480.241
Postes et télégraphes	120.000	786.400	1.013.600	1.920.000
Totaux généraux	39.225.503	47.724.948	63.095.235	150.045.686

Ce tableau accuse une différence assez sensible entre les dotations de chacun des départements. Cette différence s'explique par l'urgence des nécessités auxquelles l'administration avait à satisfaire ; il suffit, pour le reconnaître, de se reporter à l'exposé du programme de chacun des services. Mais en outre, si l'on veut se livrer à une comparaison entre les dotations départementales, il faut ne pas perdre de vue que le tableau ci-dessus ne traduit pas l'intégralité de l'effort financier fait par la colonie, au titre des ressources exceptionnelles, pour le développement de l'outillage. Pour avoir une représentation approximative de cet effort, il faut, au moins, ajouter à la répartition du nouvel emprunt les dépenses relatives à l'incorporation, dans le réseau d'intérêt général, des deux lignes de la Macta à Mostaganem et d'Oran à Arzew et le montant des travaux compris au programme du premier emprunt, qui ont été ou seront exécutés, soit au moyen des fonds réalisés en exécution de la loi du 7 avril 1902, soit avec les prélèvements sur la caisse de réserve que les assemblées algériennes y ont consacrés. Ce calcul permet de constater qu'après emploi du second emprunt, les trois départements auront bénéficié, dans la mesure indiquée par le relevé ci-dessous, des sacrifices exceptionnels de la colonie :

	Département d'Oran	Département d'Alger	Département de Constantine	Total
Emprunt projeté .	39.225.503	47 724.948	63.095.235	150.045.686
Incorporation dans le réseau d'intérêt général des lignes d'Oran à Arzew et de Mostaganem à la Macta.	4.131.200			4.131.200
Emprunt de 1902 (1).				
Travaux publics.	12.660.365	12.458.600	10.978.086	36.097.051
Forêts	1.244.739	1.480 095	3.329.416	6.054.250
Colonisation . . .	4.797.270	5.031.572	(2) 2.501.623	12.330.465
Totaux . . .	62.059.077	66.695 215	79.904.360	208.658.652

(1). — Pour l'estimation de la dépense effectuée dans chacun des départements au moyen des fonds de l'emprunt de 1902 et des ressources exceptionnelles qui ont été ajoutées, on a supposé que les sommes restant à dépenser se répartiraient entre les trois départements dans la même proportion que celles déjà dépensées au 31 décembre 1906.

(2). — Il importe de retenir que les travaux de colonisation de Constantine occasionnent moins de dépenses au budget que ceux effectués dans les départements d'Alger et d'Oran. Cela tient à ce que le domaine possède encore dans le département de Constantine des terres qu'il est possible d'affecter à la création de centres, à la formation de périmètres d'agrandissement ou à la constitution de lots de ferme. alors que dans les deux autres départements les terres doivent être achetées à des prix de plus en plus élevés. On ne doit donc pas tirer de l'infériorité du chiffre des dépenses dans le département de l'est la conclusion que l'œuvre du service de la colonisation y est moins importante. Pour faire une comparaison, il faudrait ajouter tout d'abord à la dépense faite dans le département de Constantine la valeur des terres, c'est-à-dire environ deux millions et demi à trois millions.

L'infériorité de la dotation du département d'Oran, par rapport à celle d'Alger (4,600,000 francs) et par rapport à celle de Constantine (17,850,000 francs), provient, comme on peut le voir, de l'inscription, au compte de l'emprunt, des travaux complémentaires à exécuter sur les réseaux de l'est-algérien et du Bône-Guelma, travaux que leur urgence ne permettait pas d'ajourner, alors que dans le département d'Oran, les améliorations analogues peuvent être effectuées, soit par les compagnies (gare d'Oran, par exemple), soit au moyen des ressources ordinaires du budget (réseau racheté à la compagnie franco-algérienne). Il faut d'ailleurs, lorsqu'on met en parallèle les dépenses relatives aux voies ferrées d'intérêt général, se rappeler que, jusqu'à présent, le département d'Oran a été sensiblement plus favorisé que les deux autres. Son réseau comprend en effet. 1.292 kil.
alors que celui du département d'Alger n'est que de . . . . 550 kil.
et celui du département de Constantine de. . . . . 1.195 kil.

Si l'on tient compte de ces considérations, on reconnaîtra que l'administration s'est appliquée, autant qu'il était en son pouvoir, à régler la répartition des fonds d'emprunt suivant le principe de l'équivalence entre les diverses régions de la colonie, que les délégations financières ont recommandé à son attention lorsqu'elles ont discuté le projet de l'emprunt contracté en 1902 (1).

Dans la pensée de l'administration, le nouvel emprunt devra être, comme le précédent, réalisé par fractions. La réalisation de la première fraction pourra d'ailleurs être ajournée à cause de l'existence d'une disponibilité assez importante sur les fonds affectés à l'exécution du programme de l'emprunt de 1902. Les programme des deux emprunts faisant corps pour une partie des services, il est, en effet,

(1) Voir délégations financières, session de novembre 1901, assemblée plénière, p. 79.

naturel d'épuiser les fonds réalisés au titre du premier avant de commencer la tractation du second.

L'encaisse sur laquelle il paraît ainsi possible de compter au 1er janvier 1908 s'établit comme suit :

Abstraction faite des territoires du sud, les services qui ont participé au premier emprunt sont au nombre de trois : les travaux publics, la colonisation et les forêts,

Sur une somme totale de.		35.741.290
affectée à l'exécution de leur programme, (1) les travaux publics n'ont dépensé au 31 décembre 1906 que.	17.478.851	
en admettant qu'ils dépensent.	6.300.000	
pendant l'année 1907, somme de beaucoup supérieure à celle qui a été dépensée annuellement jusqu'à ce jour, leur dotation sera réduite de. . .		23.778.951
Il leur resterait donc en chiffres ronds au 1er janvier 1908		12.000.000
Le service de la colonisation a reçu une dotation de.		12.330.465
sur laquelle il a dépensé au 31 décembre 1906 une somme de	8.539.886	
si l'ont admet qu'il dépense en 1907 l'intégralité de son crédit.	2.600.000	
cette dotation sera réduite		

(1). — Cette somme se décompose ainsi :

dotation au titre de l'emprunt	29.729.290
prélèvements sur les excédents de la caisse de réserve pour l'exécution du programme des routes	3.900.000
inscription exceptionnelle au budget ordinaire de 1907.	1.700.000
dépenses relatives aux ports payées sur les crédits ordinaires	412.000
Total.	35.741.290

au 31 décembre 1907 de		11.139 886
il lui restera donc en chiffres ronds au 1er janvier 1908.		1.200.000
Le service des forêts disposait d'une somme de.		6.054.250
au 31 décembre 1906 il avait dépensé.	4.949.171	
il compte dépenser en 1907.	1.105.000	
Total. . . .	6.054.171	
de sorte qu'au 31 décembre, il aura épuisé ses crédits.		
C'est ainsi une somme globale de. .		13.200.000
qui restera en caisse au 1er janvier 1908 sur les fonds affectés à l'exécution du programme du premier emprunt (1)		
Ajoutée au montant de l'emprunt projeté		150.000.000
elle porte à.		163.200.000

les crédits à dépenser, au titre de l'emprunt, à partir du 1er janvier 1908.

Selon les prévisions des services (2), l'emploi de ces crédits s'échelonnerait comme l'indique le tableau suivant sur les années 1908 à 1918.

(1) Il ne s'agit pas là, bien entendu, d'une somme définitivement sans emploi, mais seulement de la somme qui restera en caisse au 1er janvier 1908 pour l'exécution des travaux prévus au programme du premier emprunt. Cette somme a son affectation, savoir : 1,200,000 fr. sont destinés à des travaux de création ou d'amélioration de centres en cours d'exécution et 12,000,000 à des travaux maritimes ou à des travaux hydrauliques à l'étude ou déjà adjugés, comme par exemple, l'agrandissement du port d'Alger (5,000,000), l'agrandissement du port d'Oran (5,000,000), etc.... On ne saurait donc en disposer que momentanément pour d'autres travaux et à la condition de la remplacer au moment où elle sera nécessaire pour le paiement des ouvrages auxquels elle est destinée.

(2) On trouvera le détail de ces prévisions dans la troisième partie de cette étude.

Années	Chemins de fer	Travaux publics	Colonisation	Forêts	Assistance publique	Postes télégraphes et téléphones	Total
1908	3.600.000	6.000.000	2.600.000	800.000	874.590	1.920.000	15.794.590
1909	11.180.000	6.000.000	2.500.000	800.000	822.203	»	21.302.203
1910	14.176.000	6.000.000	2.500.000	800.000	783.718	»	24.259.718
1911	13.270.000	6.000.000	2.500.000	800.000	»	»	22.570.000
1912	7.410.000	6 000.000	2.500.000	800.000	»	»	16.710.000
1913	6.900.000	6.000.000	2.500.000	800.000	»	»	16.200.000
1914	5.220.000	6.000.000	1.000.000	800.000	»	»	13.020.000
1915	6.500.000	6.000.000	»	800.000	»	»	13.300.000
1916	1.950.000	6.000.000	»	800.000	»	»	8.750.000
1917	238.000	6.000.000	»	800.000	»	»	7.038.000
1918	»	4.200 000	»	»	»	»	4.200.000
Totaux....	70.444.000	64.200.000	16.100.000	8.000.000	2.480.511	1.920.000	163.144.511

La somme de 13,200,000 francs dont on disposera au commencement de 1908 ne suffira donc pas à couvrir les dépenses que les services comptent effectuer durant cette année. C'est, par conséquent, dans le courant du second semestre de 1908, au plus tard, qu'il conviendra de réaliser la première fraction du nouvel emprunt. Cependant, pour ne pas risquer d'être prise au dépourvu, l'administration a cru devoir escompter, dans les évaluations qui vont suivre, que cette première fraction sera empruntée dans le premier semestre de 1908. Si l'on observe, d'autre part, qu'il est nécessaire d'avoir toujours en avance, au début de l'année, un capital suffisant pour assurer le paiement de plus de la moitié des dépenses prévues pour l'année, on constate facilement que les fractions successives de l'emprunt — fractions qui doivent atteindre 15 à 20 millions, comme l'expérience du premier emprunt l'a montré, — devront être réalisées comme il suit :

20 millions en 1908
20 millions en 1909
20 millions en 1910
20 millions en 1911
15 millions en 1912
15 millions en 1913
15 millions en 1914
15 millions en 1915
et 10 millions en 1916 ou 1917

On pourrait assurément imaginer d'autres combinaisons dans lesquelles les réalisations seraient plus espacées; mais, dans ce cas, elles devraient être, au moins dans le début, plus importantes. L'administration a tenu à se placer dans une hypothèse où les fonds empruntés resteront le moins longtemps possible sans emploi. Elle se réserve, d'ailleurs, de modifier les prévisions qui précèdent, si les circonstances la conduisaient à penser qu'elles ne sont pas les plus conformes aux intérêts de la colonie.

Dans l'état actuel des choses, il ne saurait être question de réaliser le nouvel emprunt autrement que par l'émission d'obligations. Un emprunt à une caisse de crédit, surtout pour une somme aussi considérable, ne s'expliquerait plus aujourd'hui que l'Algérie a un crédit public. Il est, de plus, naturel d'admettre que les obligations seront d'un type 3 0/0, amortissable en 60 ans, analogue à celui créé en 1902.

Les trois fractions de l'emprunt en cours ont pu être contractées à des taux effectifs de 3,23 0/0 (1902), de 3,37 0/0 (1904) et de 3,31 0/0 (1906). La situation de la bourse est, il vrai, moins favorable actuellement; le titre algérien a subi, surtout dans ces derniers temps, une baisse assez accentuée. Mais lorsqu'on examine les variations du cours des valeurs similaires (1), on est amené à reconnaître que cette baisse a un caractère normal. Il semble qu'elle est due non seulement aux conditions générales du

---

(1) Voir dans la deuxième partie de cette étude le graphique des cours de la rente française et des valeurs coloniales depuis 1902. — Le tableau suivant donne les variations des cours pendant le mois de janvier 1907 :

	cours maximum	cours minimum	cours moyen	cours au 31 janvier 1907
Fonds d'Etat français 3 °/₀ 1903	483 50	475 »	478 28	480 50
Obligations tunisiennes 3 °/₀ 1892 (garanties)	468 »	458 25	463 40	465 »
Protectorat de l'Annam-Tonkin 2 1/2 °/₀...............	400 »	395 50	397 40	397 50
Emprunts de Madagascar :				
2 1/2 °/₀ 1897..............	405 »	395 75	400 40	403 50
3 °/₀ 1903..................	462 50	450 »	456 20	455 »
Gouvernement général de l'Afrique occidentale 3 °/₀ 1903	467 »	457 »	460 74	458 »
Gouvernement général de l'Algérie 3 % 1902	447 50	430 »	441 51	436 50
Gouvernement général de l'Indochine 3 % 1902...........	416 »	408 »	412 37	413 »
Gouvernement tunisien 3 °/₀ 1902......................	455 »	447 »	451 23	451 »

marché, qui dénotent un renchérissement de l'argent, mais aussi à l'inquiétude que causent les allégations tendancieuses répandues par certains organes financiers sur la situation budgétaire de la colonie. Il n'est certainement pas téméraire d'escompter que, lorsque l'opinion publique sera plus exactement éclairée sur la prospérité des finances algériennes, l'obligation reprendra sur le marché une place au moins aussi bonne que celles qu'y occupent les obligations, non garanties par l'état, de la Tunisie, de Madagascar et de l'Afrique occidentale française. Dans cette hypothèse, l'emprunt nouveau pourrait être contracté comme celui de 1902, à un taux d'intérêt simple ne dépassant pas 3,50 0/0, c'est à dire au maximum à 4 0/0, amortissement compris, en 60 ans. C'est d'ailleurs à ce taux maximum de 3.50 0/0 que la loi du 22 janvier 1907 a autorisé le gouvernement général de l'Afrique occidentale française à réaliser un emprunt de cent millions remboursable en cinquante ans.

A ce taux, les annuités à inscrire au budget pour le service des fractions successives de l'emprunt réalisées comme il vient d'être dit, s'élèveraient aux sommes ci-après :

Années	Annuités relatives aux réalisations faites pendant les années précédentes	Réalisation pendant l'année		Charge totale de l'année
		capital réalisé	annuité correspondante à payer pendant l'année	
	francs	millions	francs	francs
1908		20	400.000	400 000
1909	800.000	20	400.000	1.200.000
1910	1.600.000	20	400.000	2.000.000
1911	2.400.000	20	400.000	2.800.000
1912	3.200.000	15	300.000	3.500.000
1913	3.800.000	15	300.000	4.100.000
1914	4.400.000	15	300.000	4.700.000
1915	5.000.000	15	300.000	5.300.000
1916	5.600.000	10	200.000	5.800.000
1917 et suivantes	6.000.000			6.000.000

Outre cette charge provenant du service de la dette, les budgets à venir auront à supporter la dépense d'entretien des ouvrages exécutés au moyen des fonds d'emprunt. A cet égard, les services intéressés sont dans des situations différentes.

Pour les chemins de fer, les dépenses d'entretien rentrent dans les frais d'exploitation. Il en a été tenu compte dans l'évaluation du produit net des lignes à construire.

Dans les travaux publics, deux catégories d'ouvrages : les voies terrestres autres que les routes nationales et les ouvrages hydrauliques n'imposent à la colonie aucune charge supplémentaire ; ce sont les départements, d'une part, les associations syndicales, les communes et les particuliers intéressés, de l'autre, qui en assurent l'entretien. Par contre, le classement de nouvelles routes nationales et l'extension des ouvrages maritimes exigeront l'inscription de crédits supplémentaires que la direction des travaux publics évalue à 1,050,000 francs en 1909 et à 50,000 francs pour chacune des années 1910 à 1917 (1).

Les travaux de la colonisation sont entretenus pendant un laps de temps assez court, au moyen des crédits ordinaires du budget ; ils passent ensuite au compte de la commune ; aucune dotation supplémentaire n'est nécessaire pour assurer l'entretien des travaux qui seront effectués au titre de l'emprunt.

Le service des forêts estime (2) que tant du chef des travaux déjà exécutés, que du chef de ceux prévus au nouveau programme, les crédits d'entretien qui lui sont alloués annuellement devront être successivement augmentés de 100,000 francs en 1908, de 40,000 francs pendant chacune des années 1909 et 1910, de 30,000 pendant chacune des trois années 1911 à 1913, de 20,000 francs pendant chacune des

(1) Voir 3e partie, chapitre II, programme des travaux publics, le détail de l'évaluation de ces dépenses supplémentaires d'entretien.

(2) Voir le détail de ces évaluations, 3e partie, chapitre IV.

sept années 1914 à 1920 et de 10,000 francs pendant chacune des quatre années suivantes, soit au total de 450,000 francs pendant la période 1908-1924.

Les bâtiments du service hospitalier sont entretenus au moyen des crédits inscrits annuellement au budget de chaque établissement. Quand de grosses réparations sont exceptionnellement indispensables et que le budget de l'hôpital ne peut y faire face, des subventions sont accordées par la colonie au moyen du crédit inscrit à cet effet au budget ordinaire. Dégagé par la dotation prévue à l'emprunt, de dépenses de réfection auxquelles il aurait certainement dû pourvoir, ce crédit sera amplement suffisant pour subvenir aux frais d'entretien que les budgets hospitaliers seraient dans l'impossibilité absolue d'assumer.

Enfin, le service des postes, télégraphes et téléphones évalue (1) à 21,985 francs en 1919 et à 37,500 en 1913, les accroissements permanents à apporter aux crédits d'entretien qui lui sont affectés, à raison des travaux prévus à l'emprunt.

Au total, les charges annuelles qu'entraînera l'exécution du programme de l'emprunt, soit pour le service de la dette, soit comme entretien supplémentaire, se chiffrent ainsi pour les exercices 1908 à 1917 :

(1) Voir le détail de ces évaluations, 3e partie, chapitre VI.

Exercices budgétaires

Charge nouvelle par rapport à l'exercice 1907 :	1908	1909	1910	1911	1912	1913	1914	1915	1916	1917	1918
Dette.	400.000	1.200.000	2.000.000	2.800.000	3.500.000	4.100.000	4.700.000	5.300.000	5.800.000	6.000.000	6.000.000
Entretien. . . .	100.000	1.241.985	1.301.985	1.381.985	1.461.985	1.579.485	1.649.485	1.719.485	1.789.485	1.859.485	1.879.485
Total.	500.000	2.441.985	3.301.985	4.181.985	4.961.985	5.679.485	6.349.485	7.019.485	7.589.485	7.859.485	7.879.485
En plus sur l'exercice précédent. . . .	500.000	1.941.985	890.000	880.000	780.000	717.500	670.000	670.000	570.000	270.000	20.000

Il nous reste maintenant à examiner si la situation financière de l'Algérie permet d'incorporer au budget ces charges supplémentaires.

A ce sujet, nous devons faire une observation préliminaire.

Déduits de prévisions qui ne seront sans doute pas entièrement confirmées par les évènements, quelque soin qu'on ait apporté à leur établissement, les chiffres qui précèdent ne sont pas d'une exactitude mathématique. Ils varient très sensiblement suivant que les dépenses des services seront plus ou moins fortes, que les réalisations des fractions de l'emprunt seront plus ou moins espacées, que l'instruction des projets — notamment celle relative au classement des routes nationales et celle concernant la déclaration d'utilité publique des nouvelles voies ferrées — sera plus ou moins longue. L'administration a, de plus, la faculté d'échelonner les dépenses sur une période plus étendue si les circonstances viennent à l'exiger. Il serait dès lors sans intérêt de s'astreindre à démontrer la possibilité de comprendre dans chacun des budgets de 1908 à 1917 l'accroissement de dépenses qui lui est propre. Il suffit de voir, d'une part, si les ressources actuelles permettent de commencer l'opération du nouvel emprunt dès l'exercice 1908, comme on se propose de le faire et, d'autre part, si, de 1908 à 1917, année où la charge sera la plus lourde (abstraction faite de l'accroissement insignifiant des dépenses d'entretien des forêts pendant les années 1908 à 1924), les disponibilités budgétaires permettront de dégager, sans entraver en rien la marche ascensionnelle des services publics, les sommes nécessaires au paiement de cette charge maxima.

Dès l'année dernière, les assemblées algériennes ont mis en réserve, sur le produit de l'impôt du tabac, une somme de 1,700,000 francs pour le service du nouvel emprunt. Dans le projet du budget de l'exercice 1908, l'administration a porté cette disponibilité à 2 millions. Elle a inscrit immédiatement une somme de 400,000 francs au chapitre de la dette pour le paiement de la demi annuité qu'entraînera la tractation d'une fraction de 20 millions dans le cours du premier semestre de 1908 et elle a porté provisoirement le surplus, soit 1,600,000 francs, aux sections des postes, télégraphes et téléphones (982,500 francs) et des chemins de fer (617,500 francs), pour servir à l'acquittement de dépenses exceptionnelles. (1). De plus, elle a prélevé sur l'ensemble des ressources dont elle disposait pour l'équilibre du budget, l'accroissement de 100,000 francs demandé par le service des forêts pour l'entretien des travaux antérieurement effectués.

Ainsi, le budget de 1908 contient les crédits nécessaires au paiement des dépenses supplémentaires qui lui incomberont par suite du nouvel emprunt et d'ores et déjà, le gouvernement général dispose, pour l'exercice 1909, d'une somme de 1,600.000 francs qui, ajoutée aux crédits de 1908, pourra être affectée, soit au service des annuités relatives à une fraction de 50 millions (le tiers du nouvel emprunt), si l'on veut assurer tout d'abord l'exécution des travaux neufs jusqu'à concurrence d'une égale somme, soit à l'exécution stricte du programme précédemment exposé, si l'on préfère incorporer dès 1909 le réseau complémentaire des routes nationales. Le surplus, 311,000 francs pourra être facilement trouvé dans les ressources ordinaires du budget. On peut donc s'engager sans inquiétude dans la réalisation du nouvel emprunt.

Pour ce qui concerne la période ultérieure de 1909 à 1917, durant laquelle l'exécution intégrale du projet de l'emprunt exigera une nouvelle disponibilité de 5,860,000 francs (7,860,000 charge maxima de 1917, moins 2,000,000 disponibilité déjà acquise), il n'est évidemment possible que de faire des évalua-

(1) Remboursement par anticipation aux collectivités, du solde des avances consenties par elles pour l'établissement de circuits téléphoniques; construction de la ligne de Berrouaghia à Boghari dont la continuation des travaux figure au programme de l'emprunt.

tions et c'est dans les enseignements du passé qu'on doit chercher la base et la justification de ces évaluations.

Envisagés dans leur ensemble, les budgets des exercices 1901 à 1905 (les faits relatifs à l'exercice 1906 ne sont pas encore suffisamment établis) se traduisent par les résultats suivants :

Budget des exercices	Excédent des recouvrements sur les prévisions	Excédent des prévisions sur les recouvrements	Excédent des crédits sur les dépenses	Excédent initial du budget voté	Excédent définitif de l'exercice
1901	»	762.394 48	4.367.301 79	96.469	3.701.376 31
1902	665.576 35	»	3.437.072 39	2.086.285	6.188.933 74
1903	6.014.831 42	»	2.718.517 51	774.572	9.507.920 93
1904	5.301.789 85	»	2.058.215 91	44.466	7.404.471 76
1905	2.571.590 09	»	1.277.761 67	75.507	3.924.858 76
			Total.		30.727.858 50

Tous ces budgets sont donc en excédents et pour tous, sauf celui de l'exercice 1901, dont la situation est due à des circonstances particulières, les excédents proviennent, non seulement du reliquat initial des évaluations de recettes sur les prévisions de dépenses, non seulement de l'annulation de crédits non employés, qui sont de plus en plus restreints, mais aussi, et le plus souvent pour la majeure partie, de la plus-value des recouvrements sur les évaluations. Et lorsqu'on examine les choses de plus près, on s'aperçoit facilement que le budget de 1901 lui-même aurait donné des plus-values de recettes s'il avait été exécutédans des conditions normales. On reconnaît, en effet, que, tandis que les évaluations de cet exercice ont été déduites, comme à l'ordinaire, des recouvrements de la pénultième année, y compris les recettes à provenir des restes à recouvrer sur les exercices précédents, la métropole s'est attribué le montant de ces restes à recouvrer comme appartenant aux budgets antérieurs dont elle avait eu la responsabilité. Sans cette circonstance, dont il n'avait pas été fait état au moment de l'établissement du budget, les recettes de l'exercice 1901 auraient été supérieures aux évaluations, d'une somme sensiblement égale à celle relevée en moins-value.

Comme les évaluations ont pour base les résultats de la pénultième année, une première constatation s'impose : les recettes du budget algérien vont toujours en progressant. Cette constatation se précise quand on dégage les recouvrements des éléments spéciaux qui peuvent en altérer l'aspect, comme l'a fait l'an passé M. H. Giraud ; il apparaît alors que les recettes normales croissent en moyenne d'environ 2 millions par an. Elle prend encore plus d'importance lorsqu'on se souvient que, pendant la période envisagée, a été opérée la détaxe des sucres, qui a occasionné au budget de 1905 une perte évaluée à 6,043,632 francs (1).

C'est d'ailleurs en grande partie au moyen de ces augmentations de recettes que nous avons pu constituer notre caisse de réserve qui, de 1901 à 1905 a reçu la somme globale de 30.727.561,50 dont une notable partie a été consacrée, dans les conditions stipulées par l'article 13 de la loi du 19 décembre 1900, à l'amélioration de certains services administratifs (2), à l'amélioration des routes existantes (3), à la construction de nouvelles voies terrestres (4) et à secourir les agriculteurs victimes de fléaux climatériques (5). Les excédents budgétaires de 1906 ne sont pas encore connus, mais les indications que possède déjà l'administration permettent de penser qu'ils suffiront à

(1) Rapport de M. Giraud, p. 16.

(2) Construction d'écoles primaires, 3,790,000 francs ; pénitencier de Birkadem, 50,000 francs ; caserne des douanes, 1.420,650 francs ; hôtel des postes d'Alger, 2,000,000 francs.

(3) 1,000,000 francs en 1904 et 600.000 francs en 1906.

(4) 3,900,000 francs en deux dotations ;

(5) 675,000 francs en deux dotations.

porter le fonds de réserve intangible à la somme de dix millions fixée par l'article 4 de la loi du 23 juillet 1904. A partir du réglement de l'exercice 1907, il sera donc possible de disposer de nouveaux excédents pour satisfaire aux besoins exceptionnels et urgents qui viendraient à se révéler dans l'outillage du pays.

La continuité relevée dans l'amélioration des recettes ordinaires peut être escomptée pour l'avenir dans une large mesure au moins, avec d'autant plus de raison que la situation économique de l'Algérie, dont elle est, en somme, le reflet, est aussi en progression permanente, malgré la crise très sérieuse que cause à la viticulture l'avilissement du prix des vins. La note publiée aux annexes (1) renferme sur ce point des renseignements précis tirés des statistiques de la production, du commerce et des chemins de fer. Elle établit, par le rapprochement des moyennes quinquennales, que le pays est en voie de prospérité et elle montre que si l'année 1905 avait été faible pour quelques produits, celle de 1906 a été, au contraire, l'une des meilleures que la colonie ait connues.

On peut en somme sans être taxé d'un optimisme exagéré, déduire de l'ensemble de cette situation économique et financière, que l'Algérie pourra réaliser dans la période de 9 ans qui s'écoulera de 1908 à 1917, un effort financier analogue à celui qu'elle a accompli dans la période de cinq ans comprise entre 1903 et 1908.

Mais, jusqu'à ce jour, la totalité des majorations de recettes d'un budget à l'autre a été absorbée par des augmentations de crédits accordée aux services. Il reste à établir qu'il ne doit pas en être de même dans l'avenir et que, tout en faisant face aux exigences de l'extension normale des services, il sera possible de disposer d'une partie des plus values suffisante pour gager l'emprunt.

Cette démonstration ressort de l'examen détaillé

(1) Annexe II.

des augmentations de dépenses pendant la période écoulée. Ces augmentations peuvent être divisées en six catégories selon les services qui en ont bénéficié, savoir :

1° Pensions civiles des agents coloniaux qui ne sont pas tributaires de la caisse des retraites ;

2° Dotation de la caisse des retraites ;

3° Annuités afférentes au service de l'emprunt autorisé par la loi du 7 avril 1902 ;

4° Programme d'améliorations du service de l'instruction publique ;

5° Programme d'améliorations du service des postes, télégraphes et téléphones ;

6° Améliorations dans les autres services.

Cette classification laisse immédiatement apparaître que l'accroissement des crédits, accordé à la faveur des plus-values budgétaires, n'a pas le même caractère pour ces diverses catégories. Tantôt il est continu, se répète indéfiniment, c'est le cas de la dotation de la caisse des retraites, tantôt il est accidentel, c'est le cas des annuités relatives au premier emprunt qui ont cessé d'augmenter avec le budget de 1907 et des programmes d'amélioration de l'instruction publique et des postes et télégraphes.

Et de cette différence même, découle de suite cette conséquence qu'une fois les programmes en cours achevés, les budgets ultérieurs bénéficieront de disponibilités qui pourront être affectées au service du nouvel emprunt.

On a chiffré, dans le tableau suivant, l'accroissement, d'un exercice à l'autre, des crédits ainsi consacrés aux dotations des six catégories ci-dessus :

Désignation des services	1901	1902	1903	1904	1905	1906	1907	1908
1° Pensions civiles des agents coloniaux qui ne sont pas tributaires de la caisse des retraites	4.000	4.000	7.000	»	1.000	30.000	31.000	23.000
2° Dotation de la caisse des retraites	»	»	»	»	»	»	176.000	400
Total	4.000	4.000	7.000	»	1.000	30.000	207.000	23.400
	276.400 dont le 1/8 est 34.550							
3° Annuité du 1er emprunt	»	»	»	289.000 (1)	584.000	419.000	401.000	»
				1.693.900				
4° Programme de l'instruction publique :								
Relèvement des traitements	»	»	»	40.400	»	213.955	333.275	281.225
Créations et consolidations pour le programme de l'arriéré et des réalisations	»	»	»	95.720	166.475	164.062	173.437	187.500
Enseignement primaire supérieur	»	»	»	»	»	»	18.400	94.062
Suppression de l'enseignement congréganiste	»	»	»	»	»	»	»	»
Total	»	»	»	136.120	166.475	378.017	525.112	562.787
				1.768.541				
5° Programme de l'administration des postes	»	»	»	458.290	577.738	529.796	1033.886	734.245 (2)
				3.293.965				
6° Amélioration des situations et accroissements divers :								
Douanes	»	»	»	74.000	80.530	»	171.882	»
Enregistrement	»	»	»	»	»	25.000	25.000	»
Eaux et forêts	»	»	»	»	»	»	195.000	»
Fonctionnement de l'école coloniale d'agriculture	»	»	»	»	»	80.000	»	»
Frais de récolte des lièges de reproduction	»	»	»	»	»	100.000	100.000	»
Total	»	»	»	74.000	80.530	205.000	491.882	»
				848.412				

Désignation des services	1909	1910	1911	1912	1913	1914	1915	1916	1917
1° Pensions civiles	7.563	25.530	28.312	31.111	33.930	36.765	39.620	42.492	45.382
2° Dotation de la caisse des retraites	400	400	400	89.400	600	600	600	600	90.600
Total	7.963	25.930	28.712	120.511	34.530	37.365	40.220	43.092	135.982
	474.305 dont le 1/9 est 52.500								
3° Annuité du 1er emprunt	»	»	»	»	»	»	»	»	»
Relèvement des traitements	»	»	»	»	»	»	»	»	»
Créations et consolidations	150.000	»	»	»	»	»	»	»	»
Enseignement primaire supérieur	94.062	94.062	94.062	75.250	»	»	»	»	»
Suppression de l'enseignement congréganiste	21.000	105.000	105.000	105.000	105.000	84.000	»	»	»
Total	265.062	199.062	199.062	180.250	105.000	84.000	»	»	»
	1.032.436								
5° Programme de l'administration des postes	»	»	»	»	»	»	»	»	»
Douanes	»	»	»	»	»	»	»	»	»
Enregistrement	»	»	»	»	»	»	»	»	»
Eaux et forêts	»	»	»	»	»	»	»	»	»
Fonctionnement de l'école coloniale d'agriculture	»	»	»	»	»	»	»	»	»
Frais de récolte des lièges de reproduction	»	»	»	»	»	»	»	»	»
Total	»	»	»	»	»	»	»	»	»

Observations

Note. — Sauf pour les deux premiers paragraphes, les chiffres du présent tableau représentent des accroissements de crédit définitivement acquis, déduction faite des augmentations de crédit résultant du développement normal des services.

(1) L'inscription au budget de 1903 de l'annuité de 600,000 fr. qui correspond à la première tranche de l'emprunt ayant eu pour conséquence la diminution d'une somme équivalente au chapitre des travaux, il n'y a pas eu accroissement de crédits pour cet exercice. Mais des recomblements ont été faits aux forêts, 30,000 fr. en 1905, et 43,200 en 1906, aux travaux hydrauliques 71,000 en 1906 à la colonisation 145,700 en 1905 et en 1908, au total 289,900. Pour la facilité du calcul cette augmentation a été portée en 1904.

(2) Dans cette augmentation n'est pas comprise une somme de 982,500 fr. prélevée sur les crédits réservés pour l'annuité de l'emprunt et qui a été affectée pour l'exercice 1908 seulement au budget des postes et télégraphes.

On peut, de l'examen de ce relevé, déduire les disponibilités qui résulteront pendant la période 1908-1917 que nous étudions, de la diminution ou de la cessation de chacune des catégories de dépenses dans lesquelles nous avons classé les accroissements annuels.

Pour les pensions civiles et la dotation de la caisse des retraites, l'accroissement moyen des crédits d'une année à l'autre a été de 34,554 francs pour la période 1901-1908 (1); il sera pour la période de 1908-1917, de 52,700 francs. La différence n'est pas assez importante pour qu'il y ait lieu d'en tenir compte.

Il avait été admis en principe que l'annuité du premier emprunt serait, en cas de nécessité, constituée par des prélèvements sur les chapitres des travaux neufs ressortissant aux services qui bénéficiaient des fonds réalisés. En fait, la première fraction de l'annuité, celle de 600,000 francs inscrite au budget de 1903, a été seule formée dans ces conditions. Les portions suivantes de l'annuité, qui ont figuré aux budgets de 1905, 1906, 1907, ont été couvertes au moyen des ressources générales du budget. De plus, les chapitres de travaux qui avaient été réduits de 600,000 fr. en 1903, ont été redotés à concurrence de 289,900 fr. de 1905 à 1908. C'est ainsi une dépense totale de 1,693,900 francs à laquelle les augmentations de recettes ont permis de faire face de 1903 à 1908. Le chiffre de l'annuité est aujourd'hui invariable.

Le programme relatif à l'amélioration du service de l'instruction publique exécuté sur les fonds du budget ordinaire a été entrepris en 1904. Il a pour objets : le relèvement des traitements du personnel, la création et la consolidation de nouveaux emplois nécessaires pour effectuer la laïcisation des écoles, combler l'arriéré de l'enseignement primaire, développer l'enseignement primaire supérieur et suppri-

(1) Les années 1901, 1902 et 1903 sont d'ailleurs négligeables comme dépenses.

mer l'enseignement congréganiste. Les différentes parties en seront achevées en 1913, les augmentations annuelles qu'il exige commencent à diminuer à partir de 1909. Elles ont atteint 1,768,511 fr. de 1904 à 1908 ; elles seront seulement de 1,032,436 fr. de 1909 à 1913, soit 736,075 fr. en moins.

Les crédits mis à la disposition du service des postes ont eu pour but l'amélioration du trafic postal, télégraphique et téléphonique. Ils forment une majoration totale de 3,293,955 fr. Ils ont permis la création de bureaux postaux et télégraphiques assez nombreux, la nomination du personnel et l'acquisition du matériel nécessaires au fonctionnement des nouvelles unités. A partir de 1909, il semble qu'il n'y aura plus à prévoir, en sus des crédits déjà acquis, que l'accroissement des dépenses pouvant résulter du développement normal du service.

Dans les autres services (douanes, enregistrement, forêts, etc..) le personnel a bénéficié également d'améliorations de traitement qui ont nécessité des dotations supplémentaires dont le renouvellement n'est pas à prévoir. D'autre part, la création de l'école coloniale d'agriculture et l'extension de l'exploitation des lièges ont occasionné des dépenses permanentes s'élevant à 280,000 francs par an, qui ne semblent plus devoir s'accroître.

Ainsi, de 1904 à 1908, et pour ne parler que des dépenses en dehors de celles affectées à l'extension normale des services, la colonie a pu prélever sur les accroissements réguliers de ses recettes, une somme de 7,604,778 francs pour les dépenses suivantes :

Annuité du 1er emprunt.	1 693.900
Programme d'amélioration de l'instruction publique.	1.768.511
Programme d'amélioration du service des forêts	3.293.955
Améliorations diverses	848.412
Total.	7.604.778

or, pendant la période correspondante de 1909 à 1913, les seules de ces dépenses qui doivent encore s'accroître sont celles concernant l'achèvement du programme de l'instruction publique et pour celles-ci les accroissements n'atteindront que . . 1.032 436

Il s'ensuit que sur les accroissements réguliers des recettes budgétaires et tout en accordant aux services les crédits nécessaires à leur développement normal, l'Algérie serait fondée à escompter, pendant la nouvelle période, une disponibilité de. 6.570.000

On reste donc dans les limites de l'extrême prudence en n'évaluant cette disponibilité, comme l'administration l'a fait dans l'élaboration du projet d'emprunt de 150 millions, qu'à la somme de 5,800,000 fr. seulement pour une période de neuf ans allant de 1909 à 1917 inclus. Le gage de cet emprunt est par conséquent bien assuré.

En présence de ces constatations financières, certains esprits penseront peut-être qu'il aurait été possible d'aller plus avant dans la voie de l'emprunt. Le gouvernement général ne saurait, actuellement, se rallier à une telle opinion.

Il parait indispensable de ne pas s'exposer à épuiser, pour le service de l'emprunt, toutes les disponibilités sur lesquelles il semble permis de compter. Une marge assez considérable doit être laissée pour faire place aux aléas que comportent toujours des estimations faites pour une période de quelques années. Il se peut par exemple que le taux de 3.50 0/0 d'intérêt simple pris pour base des calculs de l'annuité, soit insuffisant et que les conditions du marché obligent à réaliser certaines fractions de l'emprunt à un taux un peu plus fort. Il ne faut pas, d'autre part, risquer de compromettre l'ascension progressive des services administratifs en engageant trop à l'avance les recettes futures. Et enfin, comme l'indiquait si justement

M. H. Giraud l'an dernier, il faut se garder une réseve pour l'éventualité de l'application en Algérie des lois de progrès social que les chambres viendraient à voter et dont les effets devraient être étendus sans délai à la colonie.

C'est avec le sentiment qu'elle a tenu compte dans une juste mesure, des diverses considérations qu'on peut faire valoir en faveur d'un rapide développement de l'outillage économique de l'Algérie et des préoccupations qui commandent de réserver le plus possible les ressources financières de la colonie, que l'administration soumet aux délégations et au conseil supérieur le projet du nouvel emprunt dont l'économie générale vient d'être exposée.

DEUXIÈME PARTIE

EMPRUNT DE 1902

L'emprunt de 1902

Réalisation des fonds. — Charges résultant de l'emprunt. Emploi des fonds

Les assemblées financières algériennes ont été tenues régulièrement au courant (1) des conditions dans lesquelles l'emprunt de 50 millions, autorisé par la loi du 7 avril 1902, a été réalisé et de l'utilisation qui a été faite des fonds déjà dépensés.

L'administration a jugé qu'il n'était pas sans intérêt de rappeler encore une fois, dans ce travail d'ensemble, tous les renseignements qui ont été fournis antérieurement, soit dans l'exposé de la situation, soit dans les notes remises aux délégations financières, soit dans les rapports faits à la chambre des députés ou au sénat au sujet de la loi d'autorisation de percevoir les recettes afférentes au budget algérien.

La loi du 7 avril 1902 a autorisé le gouverneur général à emprunter, à un taux d'intérêt n'excédant pas 3,50 %, une somme de cinquante millions, remboursable dans un délai maximum de 60 ans, en vue de l'exécution des travaux ci-après :

Ouverture de routes et chemins ;

Amélioration des ports de commerce ;

Travaux d'hydraulique agricole ;

Création et amélioration des centres de colonisation ;

---

(1) Voir les exposés de la situation de l'Algérie publiés de 1902 à 1906 et les notes remises aux délégations financières insérées dans les volumes de l'assemblée plénière de 1903 à 1906.

Construction de maisons forestières, reboisement et mise en valeur des forêts.

Suivant les délibérations prises par les délégations financières et par le conseil supérieur au moment de la discussion du projet d'emprunt (novembre 1901), cette somme de cinquante millions devait être réalisée par fractions successives et utilisée à raison de 5 millions pendant le second semestre de 1902, à concurrence de 10 millions pendant chacune des années 1903 à 1906 et, pour le surplus, soit 5 millions, durant l'année 1907.

Réalisation du capital emprunté. — Pour la constitution du capital, l'administration s'est arrêtée au système de l'émission d'obligations par le gouvernement général de l'Algérie, par l'intermédiaire d'un syndicat d'établissements financiers. Mais lorsqu'elle a négocié la tractation de la première tranche de l'emprunt, elle a reconnu qu'elle ne pourrait pas obtenir des banques, à des conditions acceptables, des sommes aussi réduites que celles prévues par les assemblées algériennes et qu'elle devrait fixer à 15 millions au moins la quotité minima des fractions de l'emprunt.

Un type de titre unique a paru néanmoins devoir être adopté pour l'opération entière de 50 millions, afin d'assurer aux titres algériens un meilleur classement en bourse. Le type choisi est une obligation 3 % au capital de 500 francs, remboursable au pair, par voie de tirage au sort, dans un délai de 60 ans, sauf la faculté réservée au gouvernement général de rembourser à toute époque, par anticipation. Les titres sont, jusqu'à présent, au porteur ; mais l'administration s'est réservée d'étudier, en cas de besoin, la création de certificats nominatifs de dépôt. Les obligations rapportent net 15 francs d'intérêt par an, le gouvernement général ayant pris à sa charge tous les impôts présents et futurs.

Le tableau ci-dessous résume les conditions et les résultats de la réalisation des diverses fractions de l'emprunt :

Désignations des établissements financiers qui ont pris les obligations émises	Date des marchés	Date des émissions	Date de jouissance des titres	Nombre des obligations émises	Prix de vente aux sociétés par obligation	Produit de l'emprunt	Taux de l'emprunt
Comptoir national d'escompte. — Crédit algérien. — Crédit lyonnais. — Société générale pour le développement du commerce et de l'industrie...	2/5 juin 1902	31 juillet 1902	15 juillet 1902	32.327	464 »	14.999.728 »	3.23
Mêmes sociétés......	16/22 novembre 1904	31 janvier 1905	15 janvier 1905	33.708	445 »	15.000.000 »	3.37
Mêmes sociétés et la banque de Paris et des Pays-Bas....................	30 mars 1906	5 avril 1906	15 janvier 1906	43.443	452 50	19.657.957 50	3.31
Totaux				109.478		49.657.745 50	

Comme on le voit, l'Algérie n'a pas réalisé en totalité la somme de cinquante millions. Cela tient à deux causes.

Au moment de l'émission de la première fraction de l'emprunt, l'administration a dressé le tableau d'amortissement pour l'ensemble de l'opération, en se basant sur un taux moyen probable des émissions successives. Elle avait ainsi prévu un total de 110,996 obligations remboursables en soixante ans à partir du 15 juillet 1902.

Mais, d'une part, la totalité des titres n'ayant pas été émise à la même époque, le nombre des obligations amorties à chaque tirage, jusqu'à complète émission, est proportionnel au nombre des titres émis au moment du tirage. Il s'ensuit que pour rétablir la concordance avec le tableau d'amortissement, il y a lieu d'annuler, à chaque opération, un nombre d'obligations égal à la différence entre le chiffre figurant au tableau d'amortissement et le nombre d'obligations réellement amorties. C'est ainsi que le total des titres remis aux établissements financiers (109,478) est inférieur de 1,518 à celui des titres prévus (110,996).

D'autre part, le prix de vente aux établissements de crédit a varié, d'une émission à l'autre, suivant le cours en bourse de l'obligation algérienne, et le prix moyen obtenu diffère de celui qui a servi de base à la préparation du tableau d'amortissement.

C'est par le jeu de ces deux modifications survenues dans les prévisions, que le capital réalisé est inférieur de 342,254 fr. 50 (50,000,000—49,657,747 fr. 50) à celui que la colonie était autorisée à emprunter.

Service des coupons et de l'amortissement. — Le service des coupons et de l'amortissement est assuré par les établissements financiers qui ont été chargés de l'émission. Ces établissements reçoivent, pour ce service, une commission de paiement fixée à un dixième pour cent, outre le remboursement des frais de timbre et d'acquit des bordereaux.

Charge de l'Algérie en capital et intérêts. — Le gouvernement général ayant émis 109.478 obligations remboursables à 500 francs, c'est un capital de 54,739,000 francs que la colonie aura payé à la fin de la période d'amortissement. Pendant cette même période, les intérêts des obligations s'élèveront à un total de 60,912,247 fr. 50.

Le tableau qui suit donne d'ailleurs le montant des annuités à payer par l'Algérie, pour intérêts et pour amortissement.

Charges annuelles résultant pour l'Algérie de l'emprunt réalisé en exécution de la loi du 7 avril 1902

ANNÉES	Montant des annuités			ANNÉES	Montant des annuités		
	en intérêts	en amortissement	Total		en intérêts	en amortissement	Total
1902	»	»	»	1933	1.175.235 »	824.500	1.999.735 »
1903	484.170 »	98.500	582.670 »	1934	1.150.305 »	850.000	2.000.305 »
1904	481.192 50	101.500	582.692 50	1935	1.124.617 50	875.000	1.999.617 50
1905	730.942 50	159.000	889.942 50	1936	1.098.165 »	902.000	2.000.165 »
1906	1.303.942 50	295.000	1.598.942 50	1937	1.070.910 »	929.000	1.999.910 »
1907	1.619.722 50	380.000	1.999.722 50	1938	1.042.830 »	957.500	2.000.330 »
1908	1.608.232 50	392.000	2.000.232 50	1939	1.013.895 »	986.000	1.999.895 »
1909	1.596.390 »	403.500	1.999.890 »	1940	984.090 »	1.016.000	2.000.090 »
1910	1.584.187 50	415.500	1.999.687 50	1941	953.385 »	1.046.500	1.999.885 »
1911	1.571.625 »	428.500	2.000.125 »	1942	921.750 »	1.078.000	1.999.750 »
1912	1.558.680 »	441.500	2.000.180 »	1943	889.162 50	1.111.000	2.000.162 50
1913	1.545.337 50	454.500	1.099.837 50	1944	855.585 »	1.144.500	2.000.085 »
1914	1.531.597 50	468.500	2.000.097 50	1945	820.995 »	1.179.000	1.999.995 »
1915	1.517.437 50	482.500	1.999.937 50	1946	785.362 50	1.214.500	1.999.862 50
1916	1.502.850 »	497.000	1.999.850 »	1947	748.650 »	1.251.500	2.000.150 »
1917	1.487.827 50	512.500	2.000.327 50	1948	710.827 50	1.289.000	1.999.827 50
1918	1.472.347 50	527.500	1.999.847 50	1949	671.865 »	1.328.000	1.999.865 »
1919	1.456.395 »	543.500	1.999.895 »	1950	631.717 50	1.368.500	2.000.217 50
1920	1.439.970 »	560.000	1.999.970 »	1951	590.362 50	1.409.500	1.999.862 50
1921	1.423 042 50	577.000	2.000.042 50	1952	547.755 »	1.452.500	2.000.255 »
1922	1.405.605 »	594.500	2.000.105 »	1953	503.857 50	1.496.000	1.999.857 50
1923	1.387.635 »	612.500	2.000.135 »	1954	458.640 »	1.541.500	2.000.140 »
1924	1.369.125 »	630.500	1.999.625 »	1955	412.050 »	1.588.000	2.000.050 »
1925	1.350.060 »	650.000	2 000.060 »	1956	364.057 50	1.636.000	2.000.057 50
1926	1.330.417 50	670.000	2.000.417 50	1957	314.610 »	1.685.000	1.999.610 »
1927	1.310.175 »	689.500	1.999.675 »	1958	263.670 »	1.736.500	2.000.170 »
1928	1.289.325 »	711.000	2.000.325 »	1959	211.185 »	1.789.000	2.000.185 »
1929	1.267.845 »	732.000	1.999.845 »	1960	157.117 50	1.842.500	1.990.617 50
1930	1.245.712 50	754.000	1.999.712 50	1961	101.422 50	1.899.000	2.000.422 50
1931	1.222.920 »	777.500	2.000.420 »	1962	44.032 50	1.953.000	1.997.032 50
1932	1.199.430 »	800.500	1.999.930 »				
				Totaux	60.912.247 50	54.739.000	115.651.247 50

Placement des fonds momentanément sans emploi. — La nécessité où le gouvernement général s'est trouvé d'opérer des réalisations supérieures aux besoins immédiats des services appelés à dépenser les fonds d'emprunt devait normalement occasionner au budget algérien une perte d'intérêts assez importante. Mais cette perte a été sensiblement atténuée, grâce à l'autorisation de placer les fonds d'emprunt momentanément sans emploi, que le ministre des finances a accordée à la colonie et que le parlement a ratifiée par l'article 19 de la loi du 14 décembre 1905.

Usant de cette faculté, le gouvernement général a placé, lors de la réalisation de la première fraction de l'emprunt (juillet 1902), une somme de 12 millions en obligations du trésor, à échéance de deux ans, rapportant 2,75 %. En 1906, il a en outre placé, sur le produit de la seconde fraction de l'emprunt, 3,178,500 francs en bons du trésor à 2 1/2 % à échéance du 31 août 1906, et sur le produit de la troisième fraction réalisée en avril 1906, 4,607,957 fr. 50 en rente sur l'état 3 %, 3 millions en bons du trésor à 2 1/2 % à échéance des 12 juillet, 12 août, 12 septembre et 10 octobre 1906 et 12 avril 1907. Les sommes restant disponibles aux échéances seront placées à nouveau. Les intérêts qu'ont produits et que produiront ces opérations sont encaissés au titre des recettes ordinaires du budget (§ 5, ressources exceptionnelles). Dans le compte général de l'emprunt, ils viendront en déduction de la charge en intérêts indiquée ci-dessus.

Au 31 décembre 1906, les fonds d'emprunt placés s'élevaient encore à 15,157,950 fr. 58, savoir :

Rentes de l'état 3 % . . .	4.607.950 58
Bons du trésor à échéance du 12 avril 1907. . . .	10.550.000 »
Total.	15.157.950 58

Cours des obligations algériennes. — L'obligation algérienne est, depuis le 25 août 1902, inscrite à la cote officielle de la bourse. Fixé d'abord au-dessus du prix d'émission (482 en septembre 1902), son cours a subi depuis lors d'importantes fluctuations. Ramené à sa moyenne mensuelle, il a varié, comme le montre le tableau ci-après, de 482 à 477 en 1902 ; de 476 à 464 en 1903 ; de 465 à 452 en 1904 ; de 467 à 449 en 1905 et de 469,50 à 433 en 1906. Il a donc baissé progressivement depuis l'origine jusqu'à ce jour.

Variations du cours de l'obligation algérienne

	1902			1903			1904			1905			1906		
	Cours			Cours			Cours			Cours			Cours		
	maximum	minimum	moyen	maximum	minimum	moyen	maximum	minimum	moyen	maximum	minimum	moyen	maximum	minimum	moyen
Janvier.....	»	»	»	485	473 50	478 30	469 50	460	465 58	463 75	455 »	458 63	465 »	450 »	457 28
Février.....	»	»	»	479	475 »	476 75	468 »	450	458 68	468 »	461 »	465 75	460 »	453 »	457 18
Mars.......	»	»	»	479	475 »	476 74	453 75	450	452 22	473 »	460 »	466 82	469 50	460 »	465 46
Avril.......	»	»	»	478	470 »	473 83	465 »	451	458 06	466 50	453 »	459 15	465 »	456 »	462 47
Mai........	»	»	»	475	472 »	473 42	460 »	445	449 81	458 »	455 »	456 96	462 75	456 »	458 70
Juin........	»	»	»	478	470 50	474 91	463 »	448	453 79	458 50	454 »	456 68	458 »	441 25	450 77
Juillet......	»	»	»	475	461 50	469 77	470 »	453	460 06	458 »	445 »	453 17	450 »	436 »	442 74
Août.......	482 »	481 50	481 87	470	465 »	467 43	461 »	453	457 06	452 »	445 75	449 51	443 »	438 50	441 62
Septembre..	482 »	477 50	480 69	468	460 »	464 56	465 »	459	461 45	456 50	451 25	454 61	447 »	440 »	443 05
Octobre....	480 25	475 »	478 92	465	460 »	462 61	465 »	461	463 22	457 75	450 25	453 69	442 »	437 »	438 90
Novembre..	479 50	475 »	476 65	468	461 25	464 04	464 50	460	461 65	455 »	452 »	454 28	442 »	433 »	439 26
Décembre..	478 »	475 »	476 90	470	463 »	467 45	462 »	458 50	461 13	462 »	456 »	458 85	448 »	442 »	445 23

Variations de la rente française, de l'emprunt algérien et d'autres valeurs similaires.

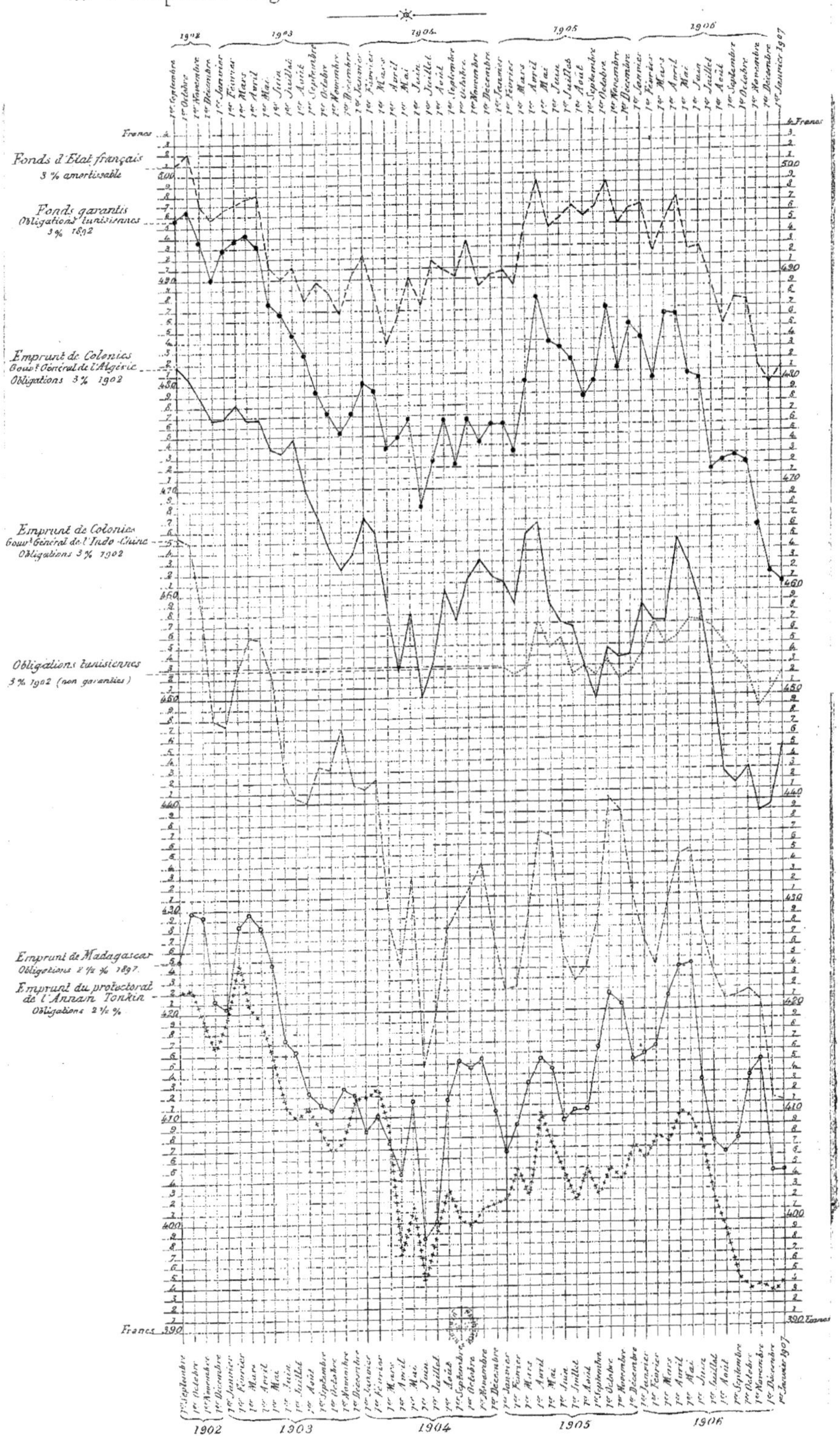

Mais, si l'on rapproche ces variations de celles des autres valeurs similaires et de celles de la rente française 3 0/0, comme on l'a fait sur le graphique ci-annexé, on s'aperçoit que, sauf de rares exceptions, elles suivent, les unes et les autres, des courbes de même forme. C'est donc surtout aux fluctuations générales du marché financier qu'il faut attribuer les fléchissements et les relèvements du cours de l'obligation algérienne.

On constate, d'autre part, que le prix de cette valeur est constamment compris entre celui de l'obligation tunisienne 3 0/0 garantie par l'état français, qui lui est toujours supérieur, et celui de l'obligation du gouvernement général de l'Indo-Chine 3 0/0 1902, non garantie, qui lui est toujours inférieur.

Il y a lieu toutefois de noter que l'obligation algérienne qui, jusqu'en 1906, était demeurée au-dessus de l'obligation tunisienne 3 0/0 1902, non garantie, est, depuis quelques mois, au-dessous de celle-ci.

Pour asseoir le mieux possible le titre algérien, le gouvernement général a sollicité du gouvernement son admission aux divers usages légaux et réglementaires que comportent les fonds d'état français. Deux décisions sont déjà intervenues dans ce sens. Un décret du 16 novembre 1902 a compris l'obligation algérienne au nombre des effets publics et titres divers sur lesquels la banque de France est autorisée à faire des avances; d'autre part, un décret du 6 juillet 1905, portant réglement sur la passation des marchés, des travaux, fournitures ou transports au compte de l'Algérie, a admis que les cautionnements à verser par les soumissionnaires ou adjudicataires de travaux publics pourront être constitués en obligations algériennes. Les études se poursuivent en vue de l'emploi de ces titres à la formation des cautionnements des comptables publics, des remplois dotaux, etc.... Mais ces améliorations ne pourront être accomplies tant qu'on n'aura pas établi un système de certificats nominatifs de dépôt permettant de donner à l'obligation algérienne qui est, en l'état actuel, exclusivement au porteur, des garanties analogues à celles que présentent les titres nominatifs.

Emploi des fonds réalisés. — Lorsqu'elles ont voté l'emprunt de 50 millions, les assemblées algériennes avaient indiqué que les divers services participant à l'utilisation de cette somme devaient recevoir les dotations suivantes :

Travaux publics :

Travaux hydrauliques.	7.000.000	
Routes et chemins. . .	12.000.000	
Travaux maritimes. . .	12.000.000	
Total.		31.000.000

Colonisation :

Amélioration des anciens centres (assainissement, alimentation en eau potable, réduits défensifs).	3.500.000	
Création de centres dont les éléments étaient déjà prêts et qui pouvaient être effectués dans un temps assez rapide)	3.000.000	
Extension de la colonisation dans de nouvelles régions (allotissement, voies d'accès, aménagements d'utilité publique).	6.400.000	
Total.		12 900.000

Forêts :

Maison forestières. . .	1.600.000	
Ouverture de chemins et de sentiers forestiers. .	3.500.000	
Reboisement, mise en valeur des forêts.	1.000.000	
Total.		6.100.000
Ensemble		50.000.000

Cette répartition a subi deux modifications.

En premier lieu, la réalisation des trois fractions de l'emprunt a entraîné certaines dépenses dont le montant a été réparti entre les divers services proportionnellement à leur dotation primitive.

D'un autre côté, par application du décret du 30 décembre 1903 portant règlement d'administration publique pour le fonctionnement du budget des territoires du sud, le gouverneur général a autorisé le prélèvement sur les fonds d'emprunt, de diverses sommes pour le paiement des travaux dont l'exécution avait été projetée, au titre de l'emprunt, dans les régions qui constituent le nouveau groupement territorial.

Les effets de cette double réduction se résument ainsi :

Désignation des services appelés à utiliser les fonds d'emprunt		Dotation prévue par les assemblées algériennes en novembre 1901	A déduire			Reste comme dotation
			pour frais relatifs à l'emprunt	pour attribution aux territoires du sud	Total	
Travaux publics	Travaux hydrauliques..	7.000.000	52.500	254.743	307.243	6.692.757
	Routes et chemins.	12.000.000	90.000	783.472	873.472	11.126.528
	Travaux maritimes	12.000.000	90.000	»	90.000	11.910.000
Totaux..............		31.000.000	232.500	1.038.215	1.270.715	29.729.285
Colonisation		12.900.000	96.750	482.785	579.535	12.330.465
Forêts		6.100.000	45.750	»	45.750	6.054.250
Totaux généraux.........		50.000.000	375.000	1.521.000 (1)	1.896.000	48.104.000

(1) Une somme de 247,000 fr. ayant été dépensée en 1902 et 1903 dans les territoires du sud sur les fonds d'emprunt, c'est une somme totale de 1,768,000 fr. dont ces territoires auront bénéficié au titre du premier emprunt.

Le tableau et les états de développement par services qui suivent résument, le premier, la situation d'ensemble des dépenses de l'emprunt au 31 décembre 1906, les autres les dépenses faites à cette même date pour chacun des travaux inscrits au programme de l'emprunt, tel qu'il résulte des délibérations des délégations financières et du conseil supérieur.

I

TABLEAU D'ENSEMBLE

Situation des dépenses au 31 décembre 1906
(chiffres provisoires)

Désignation des services appelés à utiliser les fonds d'emprunt	Dotation totale	2e semestre de 1902 Prévisions — Décret du 4 août 1903	2e semestre de 1902 Dépenses effectuées	Année 1903 Prévisions — Décret du 23 déc. 1904	Année 1903 Dépenses effectuées	Année 1904 Prévisions — Décret du 30 déc. 1903	Année 1904 Dépenses effectuées	Année 1905 Prévisions — Décret du 29 déc. 1904	Année 1905 Dépenses effectuées	Année 1906 Prévisions — Décret du 15 déc. 1905	Année 1906 Dépenses effectuées (chiffres provisoires)	Année 1907 — Prévisions
Travaux publics												
Travaux hydrauliques	6.692.757	2.830.000	158.156 72	1.400.000	349.091 95	1.400.000	293.717 45	1.340.000	484.409 28	1.484.000	699.943 »	3.500.000
Routes et chemins	11.126 528		1.080.863 33	2.400.000	1.946.130 34	2.400.000	2.295.386 21	3.710.000	3.209.165 77	2.716.000	2.623.458 »	•
Travaux maritimes	11.910.000		825.000 »	2.400.000	880.394 86	2.400.000	959.724 95	2.050.000	515.037 83	2.900.000	1.298 637 »	3.200.000
Totaux	29.729.285		2.064.020 05	6 200.000	3.175.757 15	6 200.000	3.548.828 61	7.400.000	4.208.612 88	7.100.000	4.622.038 »	6.700.000
Colonisation												
Amélioration des anciens centres. Création de centres. Extension de la colonisation dans de nouvelles régions	12 320.465	1.620.000	680.455 80	2.600.000	1.310.847 70	2.600.000	1.620.890 10	2.600.000	2.544.566 84	2.600.000	2.517.456 45	2.600.000
Forêts												
Maisons forestières	6.054.250	144.000	45.118 43	315.000	253.242 75	315.000	318.574 96	315.000	431.947 66	500 000	661.321 »	500.000
Ouverture de chemins et de sentiers forestiers		316.000	319.231 72	688.000	769.005 78	688.000	504.037 79	688.000	364 121 49	400.000	291.744 »	400 000
Reboisement, mise en valeur des forêts et défense contre l'incendie		90.000	8.921 »	197.000	70.651 46	197.000	285.513 28	197.000	378.105 38	300 000	246 935 »	300.000
Totaux	6.054.250	550.000	373.271 15	1.200.000	1.093.299 09	1 200.000	1.108.126 03	1.200.000	1.174.174 73	1.200.000	1.200.000 »	1.200.000
Territoires du sud (Décret du 30 septembre 1903, article 3) (Arrêté gouvernemental du 4 mai 1904) (Décrets des 29 décembre 1904 et 28 décembre 1905)												
Routes et chemins	1.521.000	»	»	»	»	216.000	101.107 43	250.000	214.846 44	207.000	305.784 05	171.518
Travaux hydrauliques		»	»	»	»	134.000	66.359 22	100.000	67 384 47	120.000	2.006 30	100.000
Travaux de colonisation		»	»	»	»	194.000	9.285 90	200.000	263.498 51	100.000	109.712 »	100 000
Totaux	1.521.000	»	»	»	»	544.000	176.752 55	550.000	545.728 79	427.000	447.302 30	371.518
Frais d'émission de l'emprunt	32.745 50	»	»	»	»	»	»	400.000	38.626 48	50.000	2.400 »	50.000
Diminution provenant des conditions de la réalisation	342.234 50	»	»	»	»	»	»	»	»	»	»	»
Totaux généraux	50.000.000	5.000.000	3.117.747 »	10.000.000	5.580.204 54	10.544.000	6.454.597 29	11.330.000	8.303.709 97	11 877.000	8.624.400 »	10.921.518
A déduire : Fonds de concours	»	»	31.250 »	»	55.375 03	»	20.791 71	»	32.851 20	»	»	»
Reste comme dépenses sur fonds d'emprunt	»	»	3.086.497 »	»	5.524.829 51	»	6.433.805 58	»	8.470.858 67	»	8.624.400 »	10.921.518

5 F.

ÉTATS DE DÉVELOPPEMENT

Désignation des travaux portés au programme	Dépenses prévues			Dépenses effectuées			Observations
	Evaluation totale	à la charge des intéressés	à la charge de la colonie	au 31 décembre 1905 — (chiffres définitifs)	en 1906 — (chiffres provisoires)	Total au 31 décembre 1906	
Département d'Oran							
Assainissement de la plaine d'Eghriss	178.700	17.870	160.830	135.000	25.831	160.831	
Irrigation de la plaine de Marnia	1.400.000	200.000	900.000	10.200	3.100	13.300	
Dérivation de l'Oued Touent pour la protection de la ville de Nemours	37.000	18.330	18.670	18.667	»	18.667	Non compris un fonds de concours de 18,333 fr. versé, en 1903, par la commune de Nemours (6,000 fr.) et par le ministère de la guerre (12,333 fr.).
Endiguement de l'Oued Mekerra pour la protection du centre de Bedeau	73.290	»	73.290	73.291	2.374	75.665	
Barrage réservoir du Meffrouch. — Amélioration des irrigations de Tlemcen	60.000	»	60.000	8.600	27.555	36.155	
Réfection du canal principal du syndicat d'irrigation d'Hennaya	213.360	71.120	142.240	80.000	57.542	137.542	
Barrage de Tafaraoui	250.000	50.000	200.000	»	»	»	
Protection de la ville de Sidi-bel-Abbès contre les inondations de la Mekerra	350.000	»	350.000	1.521	4.786	6.307	
Dessèchement du territoire de Rivoli	386.000	»	386.000	191.558	133.000	324.558	
Mise en valeur de la plaine du Chéliff	4.500.000	1.200.000	3.300.000	8.742	8.000	16.742	
Dessèchement des marais d'Aïn-Tédelès	20.820	4.340	16.480	15.478	2.300	17.778	Non compris un fonds de concours de 4,345 fr. versé, en 1905, par les intéressés.
Dessèchement des marais d'Aïn-Sidi-Chérif	71.500	»	71.500	»	58.993	58.993	
Dessèchement des marais d'En-Naro	85.000	17.000	68.000	»	1.500	1.500	
Etudes et dépenses diverses	70.000	»	70.000	»	»	»	
Totaux	7.396.670	1.578.660	5.817.010	543.057	324.981	868.038	
Département d'Alger							
Endiguement de l'Oued-Djemaâ à Sidi-Moussa (rive droite)	19.000	1.900	17.100	17.100	»	17.100	
Restauration du barrage et du canal abandonnés du syndicat d'irrigation de l'Oued-Djemâa, à l'Arba	140.000	49.660	90.340	»	90.500	90.500	
Défense de la plaine de Thiers contre l'Oued-Isser	70.000	10.500	59.500	25.055	5.701	30.756	
Assainissement de la plaine de Maison-Blanche	410.210	125.000	285.210	23.862	1.892	25.754	
Dérivation de l'Oued-Khemis pour l'irrigation du territoire de Kherba	130.710	7.000	123.710	75.871	»	75.871	
Amélioration des irrigations de Lamartine	25.030	8.250	16.780	16.779	»	16.779	Non compris un fonds de concours de 8,250 fr. versé, en 1903 et 1904, par les intéressés.
Construction d'un drain dans la vallée du Sly (irrigations de Malakoff et Charon)	159.890	»	159.890	56.386	58.700	115.086	
Barrage du rocher des pigeons	212.540	70.850	141.690	102.542	17.816	120.358	
Amélioration du canal principal du syndicat de dessèchement de Boufarik	175.000	35.000	140.000	»	50.000	50.000	
Bétonnage des canaux d'irrigation de Charon	49.000	»	49.000	49.000	»	49.000	
A reporter	1.400.380	308.160	1.092.220	336.595	224.609	591.204	

I. — Travaux hydrauliques *(suite)*

Désignation des travaux portés au programme	Dépenses prévues — Évaluation totale	Dépenses prévues — à la charge des intéressés	Dépenses prévues — à la charge de la Colonie	Dépenses effectuées — au 31 décembre 1905 (chiffres définitifs)	Dépenses effectuées — en 1906 (chiffres provisoires)	Dépenses effectuées — Total au 31 décembre 1906	Observations
Report.	1.400.380	308.160	1.092.220	360.595	224.609	591.204	
Barrage de dérivation du Chéliff à Lavigerie pour l'irrigation des terres de Lavigerie, Aïn-Sultan et Affreville.	1.200.000	325.000	875.000	4.800	»	4.800	
Extension et amélioration des canaux d'irrigation d'Oued-Fodda.	117.400	»	117.400	79.907	32.000	111.907	
Extension et amélioration des canaux d'irrigation de Rouïna	125.000	15.000	110.000	11.000	53.000	64.000	
Etudes et dépenses diverses.	20.000	»	20.000	»	»	»	
Totaux.	2.862.780	648.160	2.214.620	462.308	309.609	771.911	
Département de Constantine							
Desséchement des marais de Chéria (Tébessa).	57.590	»	57.590	57.586	»	57.586	
Desséchement du lac Fetzara.	2.000.000	»	2.000.000	3.500	»	3.500	
Desséchement du lac Tonga	405.500	»	405.500	6.000	30.000	36.000	
Prolongement de la digue de l'Oued-el-Kebir, à Yusuf.	15.000	»	15.000	»	»	»	
Assainissement de la petite plaine de Bône.	465.000	125.000	340.000	»	»	»	
Irrigations de la Seybouse. — Prolongement du canal de rive gauche	192.000	20.000	172.000	»	»	»	
Desséchement du territoire de Blandan. .	34.000	»	34.000	»	32.183	32.183	
Construction d'un barrage sur l'Oued-el-Abiod, à Foum-el-Kherza.	52.210	»	52.210	52.211	»	52.211	Ce barrage est situé dans les territoires du sud. La somme de 52,211 fr. a été dépensée en 1902 et 1903.
Construction d'un canal étanche sur la rive gauche de l'Oued-M'lili, pour l'irrigation des oasis de Bigou, M'lili, Manalha, etc	113.620	48.330	65.290	65.288	»	65.288	Canal situé dans les territoires du sud. La somme de 65,288 a été dépensée en 1902 et 1903. D'autre part, un fonds de concours de 48,334 fr versé en 1902, 1903 et 1904, par les intéressés, n'est pas compris dans cette somme.
Dérivation de l'Oued-el-Arab en vue de l'alimentation des Ksours du Zab-Chergui : Khanga, Liana, Badès, etc. .	1.455	»	1.455	1.455	»	1.455	Territoires du sud. La somme de 1,455 fr. affectée à des études, a été dépensée en 1903.
Egout latéral du Rhumel (aménagement des chutes de Constantine)	300.000	»	300.000	8.770	3.170	11.940	
Barrage de l'Oued-Athménia sur le Rhumel	2.500.000	480.000	2.020.000	»	»	»	
Alimentation de la région des Sbak (Aïn-Soltan)	183.322	58.000	125.322	1.704	»	1.704	
Etudes et dépenses diverses.	40.000	»	40.000	4.150	»	4.150	
Totaux.	6.359.697	731.330	5.628.367	200.664	65.353	266.017	
Récapitulation par département							
Département d'Oran.	7.395.670	1.578.660	5.817.010	543.057	324.981	868.038	
Département d'Alger.	2.862.780	648.160	2.214.620	462.302	309.609	771.911	
Département de Constantine	6.359.697	731.330	5.628.367	200.364	65.353	266.017	
Totaux.	16.618.147	2.958.150	13.659.997	1.206.023	699.943	1.905.966	Non compris les fonds de concours s'élevant à 79,262 fr. versés de 1902 à 1905 inclus.

II. — Routes et Chemins

Désignation des voies de communication portées au programme	Évaluation de la dépense totale à la charge de la Colonie	Dépenses effectuées au 31 décembre 1905 — chiffres définitifs	Dépenses effectuées en 1906 — chiffres provisoires	Dépenses effectuées Total au 31 décembre 1906	Observations
Département d'Oran					
Routes nationales					
Route nationale n° 4 d'Alger à Oran (élargissement entre le port et la place d'Armes, à Oran). . . .	114.020	(1) 109.025	8.000	(1) 117.025	(1) Déduction faite d'un fonds de concours de 23.506 fr. versé par la commune d'Oran en 1905.
Route nationale n° 7 de Relizane au Maroc.	302.800	286.830	9.266	296.096	
Route nationale n° 6 d'Oran à Géryville (partie comprise au Sud de Saïda)	98.320	98.323	»	98.323	
Chemins divers					
Chemin d'Adjeroud à Raschgoun — 1° Section de Nemours à Adjeroud	804.860	431.446	83.320	514.766	
Chemin d'Adjeroud à Raschgoun — 2° Section de Nemours à Raschgoun	1.806.490	85.835	20.518	106.353	
Chemin de grande communication n° 38 d'Aïn-Khial à Nédroma (partie comprise entre Hennaya et Nédroma.	610.500	48.058	»	48.058	
Chemin de Marnia à Sidi-Djilali.	100.110	100.259	»	100.259	
Chemin de grande communication n° 19 du Pont de l'Isser à Sebdou.	333.930	248.487	57.756	306.243	
Chemin de grande communication n° 16 de Bedeau à Sebdou par El-Aricha :					
1° Section d'El-Aricha à Sebdou	555.000	5.000	»	5.000	
2° Section de Bedeau à El-Aricha	50.000	10.000	»	10.000	
Chemin de grande communication de Tagremaret à Daya	759.720	123.728	87.504	211.252	
Chemin de grande communication n° 5 d'Arzew aux Trembles (partie comprise entre le barrage des Cheurfas et le moulin Merlo.	377.030	330.725	49.944	380.669	
Chemin de Mostaganem à Ténès (chemin du littoral partie comprise entre Mostaganem et la limite du département d'Alger).	1.227.320	436.085	119.205	555.290	
Chemin de grande communication n° 11 de Mascara à Tiaret par Uzès-le-Duc.	641.480	42.074	3.250	45.324	
Chemin de Tiaret à Aflou (partie comprise entre Trézel et Aflou)	717.290	460.165	172.184	632.349	
Chemin de Bouguetoub à Géryville (2).	95.530	95.527	»	95.527	(2) Ce chemin est situé dans les territoires du sud. La somme de 95.527 fr. a été dépensée en 1902 et 1903.
A ajouter :	8.594.400	2.911.587	610.947	3.522.534	
Frais de déplacements et salaires du personnel supplémentaire employé à l'occasion des travaux ci-dessus	199.800	137.471	67.000	204.471	
Totaux.	8.794.200	(1) 3.049.058	677.947	(1) 3.727.005	

II. — Routes et Chemins (*Suite*)

Désignation des voies de communication portées au programme	Evaluation de la dépense totale à la charge de la colonie	Dépenses effectuées			Observations
		au 31 décembre 1905 — chiffres définitifs	en 1906 — chiffres provisoires	Total au 31 décembre 1906	
Département d'Alger					
Routes nationales					
Route nationale n° 1 d'Alger à Laghouat :					
1° partie comprise entre Alger et Guelt-es-Stel . . .	321.300	221.307	90.000	311.307	
2° partie comprise entre Guelt-es-Stel et Laghouat (1)	70.690	70.690	»	70 690	(1) Partie comprise dans les territoires du sud. La somme de 70,690 francs a été dépensée en 1902 et 1903.
Route nationale n° 8 d'Alger à Bou-Saâda (partie comprise entre Sidi-Aïssa et Bou-Saâda	1.331.590	433.846	236.898	670.744	
Chemins divers					
Chemin de grande communication n° 1 d'Alger à Mostaganem (partie comprise entre Dupleix et la limite du département d'Oran)	4.914.000	1.073.998	731.835	1.805.833	
Chemin d'intérêt commun n° 2 de Guelta à Vialar (partie comprise entre Guelta et Rabelais)	652.500	2.500	»	2.500	Une somme de 38,727 fr. a été imputée, en 1903, sur le budget ordinaire.
Chemin de grande communication n° 4 de Dupleix à Téniet-el-Haâd (partie comprise entre Dupleix et Carnot)	1.850.000	»	5.000	5.000	
Chemin de grande communication n° 6 de Zurich à Letourneux (partie comprise entre le marché des Matmatas et Letourneux)	540.460	141.643	125.269	266.912	Non compris une somme de 103,811 fr. imputée en 1905, sur le budget ordinaire.
Chemin de grande communication n° 4 d'Affreville à Tiaret (partie comprise entre Vialar et la limite du département d'Oran)	166.800	166.802	»	166.802	
Chemin de Boghari à Chellala (passage de Bel-Kreilar)	83.160	83.161	»	83.161	
Chemin de grande communication n° 21 d'Affreville à Moudjebeur : embranchement de Dollfusville à Médéa	17.460	17.459	»	17.459	
Chemin d'Affreville à Bouïra (formé d'une partie des chemins de grande communication n°s 20 et 21 d'une partie de la route nationale n° 1 et de la totalité du chemin de grande communication n° 22)	2.781.350	»	»	»	
Chemin de grande communication n° 20 de Berrouaghia à Bordj-Bou-Arréridj (partie comprise entre Souaghi et Sour-Djouab)	240.000	200.000	»	200.000	
Chemin d'intérêt commun n° 20 du Retour-de-la-Chasse à Blad-Guitoun (partie comprise entre le Corso et Courbet)	305.870	280.835	»	280.835	Non compris une somme de 25,000 fr. imputés en 1905 sur le budget ordinaire.
Chemin de grande communication n° 17 d'Azeffoun à Ben-Chicao (partie comprise entre Abouda et Fort-National)	132.600	125.673	2.300	127.973	
Chemin de Tazmalt à Bou-Saada (partie comprise dans le département d'Alger)	30.000	»	44.124	44.124	
	13 437 780	2.817.914	1.285.426	4.053.340	
A ajouter :					
Frais de déplacements et salaires du personnel supplémentaire employé à l'occasion des travaux ci-dessus	312.300	134.484	78.671	213.155	
TOTAUX.	13 750 080	2.952.398	1.314.097	4.266.495	

II. — Routes et Chemins *(Suite)*

Désignation des voies de communication portées au programme	Évaluation de la dépense totale à la charge de la colonie	Dépenses effectuées au 31 décembre 1905 — chiffres définitifs	en 1906 — chiffres provisoires	Total au 31 décembre 1906	Observations
Département de Constantine					
Routes nationales					
Route nationale nº 3 de Stora à Biskra :					
a) Rectification entre Stora et Philippeville. . . .	286.820	22.356	67.696	90.052	
b) Voie d'accès et pont sur le Rhumel à Constantine	1.260.000	2.962	3.000	5.962	
c) Partie comprise entre El-Kantara et Biskra . .	677.900	102.500	65.695	168.195	
Chemins divers					
Chemin de grande communication nº 8 de Tazmalt à Bou-Saâda (partie comprise dans le département de Constantine)	674.130	439.994	159.803	599.797	
Chemin de grande communication nº 29 de Bougie à Djidjelli.	200.000	200.000	»	200.000	
Chemin de grande communication nº 5 de Djidjelli à Batna :					
a) Partie comprise entre l'embranchement du chemin de Périgotville et Djidjelli.	91.280	91.279	»	91.279	
b) Partie comprise entre Taga et Batna par Pasteur et le ravin Bleu	756.200	283.575	10.883	294.458	

Désignation des voies de communication portées au programme	Évaluation de la dépense totale à la charge de la colonie	Dépenses effectuées au 31 décembre 1905 — chiffres définitifs	en 1906 — chiffres provisoires	Total au 31 décembre 1906	Observations
Chemin d'intérêt commun nº 53 de Batna à Sétif par Bernelle et Corneille	157.670	157.664	»	157.664	
Chemin de grande communication nº 11 de Sétif à Mac-Mahon	36.930	36.027	»	36 927	
Chemin vicinal ordinaire nº 2 de Taffrent à Arris (commune mixte de l'Aurès). Partie comprise entre l'origine du chemin et son embranchement avec le chemin vicinal ordinaire nº 3).	147.690	147.689	»	147.689	
Chemin vicinal ordinaire nº 3 de l'Oued-Abdi supérieur à Menaâ (commune mixte de l'Aurès) . . .	766.810	311.825	74.203	386.028	
Chemin de Siliana à la mer (chemin de grande communication nº 13 de Constantine à Djidjelli), partie comprise entre l'Oued-Endja et El-Milia. .	1.541.550	164.234	159.385	323.619	
Chemin de grande communication nº 9 de Philippeville à Djidjelli par El-Milia (partie comprise entre Praxbourg et Tamalous)	423.650	154 500	44.149	198.649	
Chemin d'intérêt commun nº 49 de Guelma à Kellermann.	120.000	119.997	»	119.997	
Chemin d'intérêt commun nº 5 de Bône à Bou-Hadjar	35.490	35.490	»	35.490	
Chemin d'Intérêt commun nº 18 de Souk-Ahras à Ghardimaou.	68.820	68.820	»	68.820	
Chemin de grande communication nº 30 de Souk-Ahras au Kef.	129.960	129.958	»	129.958	
A ajouter :	7.374.900	2.469.770	584.814	3.054.584	
Frais de déplacements et salaires du personnel supplémentaire employé à l'occasion des travaux ci-dessus	171.210	31.844	46.600	78.444	
Totaux.	7.546.110	2.501.614	631.414	3.133.028	

II. — Routes et Chemins *(Suite)*

Désignation des départements	Evaluation de la dépense totale à la charge de la colonie	Dépenses effectuées au 31 décembre 1905 — chiffres définitifs	Dépenses effectuées en 1906 — chiffres provisoires	Dépenses effectuées Total au 31 décembre 1906	Observations
Récapitulation par département					
Département d'Oran	8.794.200	3.049.058 (1)	677.947	3.727.005 (1)	(1) Déduction faite d'un fonds de concours de 28,506 fr. versé par la commune d'Oran en 1905.
Département d'Alger	13.750.080	2.952.398	1.314.097	4.266.495	
Département de Constantine	7.546.110	2.501.614	631.414	3.133.028	
TOTAUX	30.090.390	8.503.070 (1)	2.623.458	11.126.528 (1)	

III. — Travaux Maritimes

Désignation des travaux portés au programme	Évaluation de la dépense: Total	Évaluation de la dépense: Fonds de concours	Évaluation de la dépense: Part de la Colonie	Dépenses effectuées au 31 décembre 1905 (chiffres définitifs): Fonds de concours	Au 31 déc. 1905: Budget ordinaire	Au 31 déc. 1905: Fonds d'emprunt	Au 31 déc. 1905: Total	En 1906 (chiffres provisoires): Fonds de concours	En 1906: Budget ordinaire	En 1906: Fonds d'emprunt	En 1906: Total	Total au 31 décembre 1906: Fonds de concours	Total au 31 déc. 1906: Budget ordinaire	Total au 31 déc. 1906: Fonds d'emprunt	Total au 31 déc. 1906: Total
1° PORTS															
Département d'Oran															
Port d'Oran. — Agrandissement vers l'est (loi du 18 juillet 1905)	17.700.000	12.700.000	5.000.000	»	»	7.473	7.743	»	»	7.000	7.000	»	»	14.473	14.473
Port d'Arzew. — Travaux d'agrandissement (décret du 9 septembre 1905)	1.200.000	750.000	450.000	»	»	»	»	»	»	30.000	50.000	»	»	50.000	50.000
Port de Mostaganem. — Travaux complémentaires et réparations d'avaries (1)	501.895	»	501.895	»	»	501.895	501.895	»	»	»	»	»	»	501.895	501.895
Port de Mostaganem. — Restauration et prolongement de la grande jetée	1.600.000	200.000	1.400.000	»	»	»	»	»	»	»	»	»	»	»	»
Département d'Alger	21.001.895	13.650.000	7.351.895	»	»	509.368	509.368	»	»	57.000	57.000	»	»	566.368	566.368
Port d'Alger. — Achèvement de l'arrière-port de l'Agha (loi du 19 juillet 1905)	8.200.000	2.400.000	5.800.000	»	»	2.500	2.500	»	»	377.000	377.000	»	»	379.500	379.500
Département de Constantine															
Port de Bougie. — Travaux complémentaires (décret du 28 février 1904)	1.850.000	850.000	1.000.000	»	293.000	45.561	338.561	207.000	»	273.000	480.000	207.000	293.000	318.561	848 561
Port de Djidjelli. — Fermeture de la grande passe des récifs (décret du 3 juin 1904)	2.300.000	625.000	1.675.000	»	119.000	»	149.000	110.000	»	327.000	437.000	110.000	119.000	327.000	556.000
Port de Collo. — Construction d'une nouvelle jetée et agrandissement des quais	900.000	450.000	450.000	»	»	143	143	»	»	»	»	»	»	143	143
Port de Bône. — Travaux d'amélioration et d'agrandissement (décrets des 14 janvier 1899 et 21 avril 1904) (2)	6.123.378	3.832.899	2.290.479	1.607.000	320.024	1.840.595	3.776.649	848.000	»	»	848.000	2.425.000	320.024	1.849.595	4.594.649
	11.173.378	5.757.899	5.415.479	1.607.000	732.024	1.895.299	4.234.323	1.135.000	»	600.000	1.735.000	2.742.000	732.024	2.495.299	5.969.323
Totaux pour les ports	40.375.273	21.807.899	18.567.374	1.607.000	732.024	2.407.467	4.746.191	1.135.000	»	1.034.000	2.169.000	2.742.000	732.024	3.441.467	6.915.191
2° AMÉLIORATION DE L'ÉCLAIRAGE DES COTES															
Département d'Oran	337.500	»	337.500	»	43.750	156.714	200.464	»	»	80.530	80.530	»	43.750	237.244	280.994
Département d'Alger	271.500	»	271.500	»	»	196.027	196.027	»	»	59.202	59.202	»	»	255.229	255.229
Département de Constantine	591.000	»	591.000	»	»	420.450	420.450	»	»	124.905	124.905	»	»	545.355	545.355
Totaux pour l'amélioration de l'éclairage des côtes	1.200.000	»	1.200.000	»	43.750	773.191	816.941	»	»	264.637	264.637	»	43.750	1.037.828	1.081.578
RÉCAPITULATION PAR DÉPARTEMENT															
Département d'Oran	21.339.395	13.650.000	7.689.395	»	43.750	666.082	709.832	»	»	137.530	137.530	»	43.750	803.612	847.362
Département d'Alger	8.471.500	2.400.000	6.071.500	»	»	198.527	198.527	»	»	436.202	436.202	»	»	634.729	634.729
Département de Constantine	11.764.378	5.757.899	6.006.479	1.607.000	732.024	2.315.749	4.654.773	1.135.000	»	724.905	1.859.905	2.742.000	732.024	3.040.654	6.514.678
Totaux généraux	41.575.273	24.807.899	19.767.374	1.607.000	775.774	3.180.338	5.563.132	1.135.000	»	1.298.637	2.433.637	2.742.000	775.774	4.478.995	7.996.769

Observations

(1) Ces travaux étaient commencés avant l'émission de l'emprunt colonial. Ils ont été dotés en 1902 et 1903 d'une somme totale de 501,895 fr. pour en accélérer l'allure. Ils sont poursuivis en régie au moyen des fonds du budget ordinaire.

(2) Travaux commencés en 1899. — La dépense totale est évaluée à 8,234,058 fr. La part contributive de la chambre de commerce s'élève à..... 4.832.899
celle de la colonie 3.401.159
8.234.058
à déduire : les dépenses effectuées au 31 décembre 1901 .... 2.110.680
(la Chambre de commerce avait, à cette époque, versé 1 million).
Reste à dépenser à partir du 1er janvier 1902.... 6.123.378

IV. — Colonisation

Désignation des travaux portés au programme		Evaluation de la dépense totale à la charge de la colonie	Dépenses effectuées au 31 décembre 1905 — chiffres définitifs	Dépenses effectuées en 1906 — chiffres provisoires	Dépenses effectuées — Total au 31 décembre 1906	Observations
Département d'Oran						
A. — Amélioration des anciens centres.	Arzew-Saint-Leu	217.000	»	»	»	Payé sur le budg. ord.
	Chanzy-Sidi-Lhassen	32.000	»	»	»	id.
	Télagh	39.000	43.038	»	43.038	id.
	Géryville	10.000	»	»	»	
	Frenda	16.000	»	»	»	
	Uzès-le-Duc	63.000	80.252	»	80.252	Projet non exécuté.
	Descartes	47.000	»	»	»	id.
	Méchéria	11.500	»	»	»	id.
	Aïn-Sefra	12.000	»	»	»	Payé sur le budg. ord.
	Er-Rahel	45.000	»	»	»	
	Turgot	5.600	5.600	»	5.600	
	Baudens	28.000	27.850	»	27.850	
	Guiard	4.600	4.600	»	4.600	
	Lamtar	20.000	20.403	»	20.403	
	Dombasle	35.000	35.223	»	35.223	
	Totaux	585.700	216.966	»	216 966	
B. — Création de centres dont les éléments étaient prêts en 1901.	Rochambeau	62.700	»	»	»	Payé sur le budg. ord.
	Prévost-Paradol	84.000	»	»	»	id.
	Arlal	85.000	123 890	»	123 890	
	Aïn-Beïda	100.000	»	156.500	156.500	
	Totaux	331.700	123.890	156.500	280.390	
C. — Extension de la colonisation dans de nouvelles régions.	Maalifs	400.000	399.288	»	399.288	
	Tadmaïs	1.000	1.000	»	1.000	
	Martimprey	45.000	41.809	3.726	45.535	
	Guiard	1.000	779	»	779	
	Taoudmout	3.000	3.076	»	3.076	
	Bellalathine	500	500	»	500	
	Ouarizane	375.000	2.524	»	2.524	
	Bossuet	500	230	»	230	
	Sidi-el-Adjel	2.000	2.000	»	2.000	
	Les Trembles	16.000	1.334	14.463	15.797	
	Montgolfier	470.000	278.230	190.985	469.515	
	Sully	10.000	9.319	811	10.130	
	Turenne	40.000	2.373	21.223	23.596	
	Waldeck-Rousseau	580.000	69.929	279.670	349.599	
	Village coopératif	40.000	39.436	»	39.436	
	Choualas	300.000	3.747	4.017	7.764	
	Tirman	1.000	»	891	891	
	Sidi-Lhassen	20.000	18.902	»	18.902	
	Sebdou	5.000	»	2.599	2.599	
	Smala d'Aïn-Kerma	155.000	»	660	660	
	Guillaumet	136.000	»	63.265	63.265	
	Les Abdellys	690.000	548.271	87.037	635.308	

IV. — Colonisation *(suite)*

Désignation des travaux portés au programme		Évaluation de la dépense totale à la charge de la colonie	Dépenses effectuées			Observations
			au 31 décembre 1905 — chiffres définitifs	en 1906 — chiffres provisoires	Total au 31 décembre 1906	
	Département d'Oran (suite)					
C. — Extension de la colonisation dans de nouvelles régions (suite)	Aïn-el-Arba et Hammam-bou-Hadjar	5.000	»	4.313	4 313	
	Aïn-el-Hamra	1.200	»	1.200	1.200	
	Chanzy	70.000	67.309	»	67.309	
	Aïn-Saïd	264.000	686	1.806	2.492	
	Wagram	90.000	82.840	6.352	89.192	
	Aïn-Sultan	305.000	»	»	»	
	Oued Lili	194.000	»	»	»	
	Aïn-Dzarit	175.000	»	»	»	
	Nador	380.000	»	»	»	
	Lakhred	375 000	»	»	»	
	Aïn-Kermès	375.000	»	»	»	
	Tagremaret	275.000	»	»	»	
	Médroussa	330.000	»	»	»	
	Chemin de Torrich	140.000	»	»	»	
	Chemin de Frenda à Djilali-ben-Amar	140.000	»	»	»	

C. — Extension de la colonisation dans de nouvelles régions (suite)	Chemin de Sidi-bel-Abbès à Saïda	668.000	184.466	175.315	359.781
	Chemin de Trumelet au Sersou	22.000	22.120	»	22.120
	Chemin d'Oued Lili à Tiaret	156.000	1.582	471	2.053
	Chemin de Montgolfier à Prévost-Paradol	100.000	93.838	»	93.838
	Chemin de Montgolfier aux Choualas	170.000	»	»	»
	Chemin de Berkèche à Hammam-bou-Hadjar	243.000	»	»	»
	Travaux topographiques	245.420	81.420	»	81.420
	Frais d'études et dépenses diverses	26.980	16.455	8.449	24.904
	Totaux	8.041.600	1.973.763	867.253	2.841.016

Récapitulation

A. — Amélioration des anciens centres	585.700	216.966	»	216 966
B. — Création de centres dont les éléments étaient prêts en 1901	331.700	123.890	156.500	280.390
C. — Extension de la colonisation dans de nouvelles régions	8.041.600	1.973.763	867.253	2.841.016
Totaux dans le département d'Oran	8.959.000	2.314.619	1.023.753	3.338.372

IV. — Colonisation *(suite)*

	Désignation des travaux portés au programme	Evaluation de la dépense totale à la charge de la colonie	Dépenses effectuées			Observations
			au 31 décembre 1905 — chiffres définitifs	en 1906 — chiffres provisoires	Total au 31 décembre 1906	
	Département d'Alger					
A. — Amélioration des anciens centres.	Beni-Amran	18.100	»	»	»	Payé sur le budg. ord.
	Camp-du-Maréchal	6.000	»	»	»	id.
	Rabelais	17.000	»	»	»	Projet non exécuté.
	Hoche	15.000	»	»	»	id.
	Maillot	27.000	»	»	»	Payé sur le budg. ord.
	Vialar	23.000	»	»	»	id.
	Fort-National	19.000	»	»	»	id.
	Montenotte	15.700	»	»	»	id.
	Michelet	18.400	»	»	»	Projet non exécuté.
	Bordj-Menaïel	36.000	»	»	»	Payé sur le budg. ord.
	Berrouaghia	50.000	50.000	»	50.000	
	Borély-la-Sapie	22.000	21.956	»	21.956	
	Voltaire	20.000	20.006	»	20.006	
	Levacher	18.000	17.917	»	17.917	
	Aïn-Schrob	53.000	52.687	»	52.687	
	Totaux	358.200	162.566	»	162.566	

B. — Création de centres dont les éléments étaient prêts en 1901.	Horace-Vernet	200.000	223.048	41.000	264.048
	Hanoteau	116.000	»	2.668	2.668
	Keddara	58.000	63.021	»	63.021
	Totaux	374.000	286.069	43.668	329.737
C. — Extension de la colonisation dans de nouvelles régions.	Burdeau	185.000	82.118	57.734	139.852
	Victor Hugo	185.000	25.870	126.384	152.254
	Cherchell	10.000	9.252	»	9.252
	Liébert	380.000	160.737	186.584	347.321
	Champlain	390.000	15.778	3.016	18.794
	Aïn Gouthnia	386.000	1.467	»	1.467
	Taine	125.000	14.129	105.065	119.194
	Brazza	560.000	478.654	77.800	556.454
	Pointe-Rouge	80.000	9.089	7.334	16.423
	Moudjebeur	151 000	14.808	83.845	98.653
	El-Marsa	121.000	1.204	6.709	7.913
	Ben Chicao	70.000	51.122	997	52.119
	Masqueray	25.000	816	6.754	7.570
	Hardy	344.000	»	224.069	224.069
	Beni Haoua	120.000	»	82.882	82.882
	Molière	2.000	»	1.192	1.192
	Dra-el-Mizan	500	»	462	462
	Aïn N'Sour	31.900	»	1.900	1.900
	Fromentin	60.000	»	8.756	8.756
	Bourlier	25.000	25.000	»	25.000
	Tizi N'Tléta	1.500	»	1.502	1.502
	Ouarizane	90.000	»	1.380	1.380
	Bou Haroun	60.000	»	»	»

IV. — Colonisation *(suite)*

Désignation des travaux portés au programme		Évaluation de la dépense totale à la charge de la colonie	Dépenses effectuées au 31 décembre 1905 — chiffres définitifs	en 1906 — chiffres provisoires	Total au 31 décembre 1906	Observations
	Département d'Alger (suite)					
C. — Extension de la colonisation dans de nouvelles régions (suite)	Trois Palmiers	120.000	»	»	»	
	Taougrit	170.000	»	2.781	2.781	
	Kherba	167.000	»	»	»	
	Zeddin	570.000	»	»	»	
	Aïn Behaïr	347.000	»	»	»	
	Aïn Tsarès	435.000	»	»	»	
	L'Harmela	210.000	»	»	»	
	Chemin d'Aïn Behair à Fromentin	235.000	»	»	»	
	Chemin de Vialar au Sersou	89.000	»	»	»	
	Chemin du Tléta des Douairs à Aïn Boucif	410.000	»	»	»	
	Chemin de Rabelais à El-Marsa	3.500	3.200	275	3.475	
	Chemin d'Aïn-Tsarès	450.000	377.541	90.698	468.239	
	Chemin du Sersou	145.000	144.933	»	144.933	
	Chemin de Marbot à Taza	2.000	2 000	»	2.000	

Désignation des travaux portés au programme		Évaluation de la dépense totale à la charge de la colonie	Dépenses effectuées au 31 décembre 1905 — chiffres définitifs	en 1906 — chiffres provisoires	Total au 31 décembre 1906	Observations
C. — Extension de la colonisation dans de nouvelles régions (suite)	Chemin des Trois Palmiers à Rabelais avec prolongement sur Pontéba	160.000	158.118	»	158.118	
	Chemin du Bou Ardoun	130.000	30.904	17.900	48.804	
	Chemin de Rabelais à Dupleix (pont sur le Chéliff)	30.000	30.595	»	30.595	
	Chemin de Souighia au Chabet Radjeradj	2.000	2.000	»	2.000	
	Chemin de Trumelet à Hardy	180.000	90.000	90.000	180.000	
	Chemin d'Aïn Sultan (pont sur le Chéliff)	53.000	23.750	»	23.750	
	Chemin d'Aïn Dzarit à Burdeau	48.000	»	»	»	
	Chemin d'Horace Vernet	15.000	»	»	»	
	Chemin des fermes de Tessala	5.000	»	»	»	
	Travaux topographiques	74.000	24.851	10.642	35.493	
	Frais d'études et dépenses diverses	20.400	10.770	9.214	19.984	
	Totaux	7.473 800	1.788.706	1.205.875	2.994.581	
	RÉCAPITULATION					
A. — Amélioration des anciens centres		358.200	162.566	»	162.566	
B. — Création de centres dont les éléments étaient prêts en 1901		374.000	286.069	43.668	329.737	
C. — Extension de la colonisation dans de nouvelles régions		7.473.800	1.788.706	1.205.875	2.994.581	
Totaux pour le département d'Alger		8.206.000	2.237.341	1.249.543	3.486.884	

IV. — Colonisation (suite)

Désignation des travaux portés au programme		Evaluation de la dépense totale à la charge de la colonie	Dépenses effectuées — au 31 décembre 1905 — chiffres définitifs	en 1906 — chiffres provisoires	Total au 31 décembre 1906	Observations
Département de Constantine						
A. — Amélioration des anciens centres.	Richelieu	12.000	»	»	»	Payé sur le budg. ord.
	Toustain et Munier	28.000	25.000	»	25.000	
	Yusuf	17.000	»	»	»	id.
	Mila	30.000	»	»	»	id.
	Kerrata	15 500	»	»	»	Projet non exécuté.
	La Robertsau	15.500	»	»	»	id.
	Villars	55.400	»	»	»	Payé sur le budg. ord.
	Corneille	200	200	»	200	
	Aïn-el-Hamra	1.500	1.142	»	1.142	
	Gounod	100	»	88	88	
	Totaux	175.200	26.342	88	26.430	
B. — Création de centres dont les éléments étaient prêts en 1901.	Le Tarf	50.000	»	»	»	
	Canrobert	64.000	26.161	3.393	29.554	Non compris une somme de 14.240 francs imputée sur le budget ordinaire.
	Sidi-Mançar	100.000	7.500	»	7.500	
	Ferfour	100.000	»	»	»	Projet non exécuté.
	Aïn Guettar	100.000	147.402	»	147.402	
	Totaux	414.000	181.063	3.393	184.456	
C. — Extension de la colonisation dans de nouvelles régions.	Catinat	200.000	124.120	41.576	165.696	
	Arago	50.000	»	»	»	
	Ras Aïn Snob	150.000	»	»	»	Non compris une somme de 47.670 francs imputée sur le budget ordinaire.
	Ampère	55.000	5.672	»	5.672	
	El-Milia	25.000	20.925	3	20.928	
	Colbert	30.000	30.832	»	30.832	
	Aïn Sultan	1.000	956	»	956	
	Robe	35.000	2.218	32.322	34.540	
	Ras-el-Akba	14.600	14.600	»	14.600	
	Lamy	145.000	136.524	8.000	144.524	
	El-Oussera	12.000	11.446	»	11.446	
	Roknia	220.000	180.863	36.392	217.255	
	Rhira	1.200	1.200	»	1.200	
	Foy et Bayard	5.000	2.298	»	2.298	
	Pascal	110.000	98 644	2.811	101.455	
	Ziama Mansouriah	105.000	45.928	38.603	84.531	
	Tixter	90.000	36.728	23.889	60.617	
	Azel des Ouled Hamla	1.000	230	100	330	
	Aïn Babouch	30.000	642	27.950	28.592	
	Ksar Sbahi	80.000	»	24.205	24.205	
	Béhagle	3.000	2.578	»	2.578	
	Bernelle	500	327	»	327	
	Chemora	5.000	5.000	»	5.000	
	Gambetta	145.000	4.823	111.668	116.491	
	Jeanne d'Arc	170.000	1.394	1.249	2.643	
	Sakrania	6.000	864	4.962	5.826	
	Cérez	3.000	»	2.340	2.340	
	Bir Djedida	3.000	»	2.626	2.626	
	Adekar Kebouch	35.000	»	707	707	
	Davout	1.000	»	934	934	

IV. — Colonisation *(suite)*

Désignation des travaux portés au programme		Évaluation de la dépense totale à la charge de la colonie	Dépenses effectuées au 31 décembre 1905 — chiffres définitifs	Dépenses effectuées en 1906 — chiffres provisoires	Dépenses effectuées Total au 31 décembre 1906	Observations
Département de Constantine (suite)						
C. — Extension de la colonisation dans de nouvelles régions (suite)	Redjas-Zeraïa	1.000	»	364	364	
	Clairfontaine	1.000	»	658	658	
	M'Sila	177.000	»	720	720	
	Zarar	50.000	»	729	729	
	La Mahouna	1.000	»	240	240	
	Lapaine	1.000	»	563	563	
	Périgotville	1.000	»	353	353	
	Bellaa	236.000	»	6.000	6.000	
	Hammam-el-Bibans	1.000	»	350	350	
	Ras-el-Aïoun	217.500	»	»	»	
	Foum-el-Gueiss	336.000	»	»	»	
	Sidi-Mançar	170.000	»	»	»	
	El-Outaya	243.000	»	»	»	
	Saguiet-Sidi-Youssef	132.000	»	»	»	
	Aïn-el-Ksar	210.000	»	»	»	
C. — Extension de la colonisation dans de nouvelles régions.	Bekkaria	225.000	»	»	»	
	Beni-Sbihi	325.000	»	»	»	
	Mondovi	306.000	»	»	»	
	Oued Chaba	65.000	»	»	»	
	La Fontaine	140.000	»	»	»	
	Ouled Hamla	75.000	»	»	»	
	Arago	75.000	»	»	»	
	El-Oussaf	50.000	»	»	»	
	Chemin d'Hammam-Meskoutine à Jemmapes	80.000	76.753	»	76.753	
	Chemin d'Oued Zenati à Gounod	15.000	14.261	»	14.261	
	Chemin de Pasteur à Ras-el-Aïoun	260.000	256.508	»	256.508	
	Chemin de Batna à Oued-Mellègue	30.000	30.542	»	30.542	
	Chemin de Batna à Aïn-Beïda	2.500	2.500	»	2.500	
	Chemin de Lafayette à la gare d'Aïn-Tagrout	100.000	»	»	»	
	Chemin de Bellaa	75.000	»	»	»	
	Chemin des fermes des oued Hamla, de l'oued Chaba et ouled Hamla	250.000	»	»	»	
	Chemin de Chemora	144.000	»	»	»	
	Chemin de Bekkaria	80.000	»	»	»	
	Travaux topographiques	232.700	»	»	»	
	Frais d'études et dépenses diverses	25.800	22.554	1.500	24.054	
	Totaux	6.074.800	1.131.930	371.814	1.503.744	

IV. — Colonisation *(suite)*

Désignation des travaux portés au programme	Evaluation de la dépense totale à la charge de la colonie	Dépenses effectuées: au 31 décembre 1905 — chiffres définitifs	Dépenses effectuées: en 1906 — chiffres provisoires	Dépenses effectuées: Total au 31 décembre 1906	Observations
***Département de Constantine* (suite)**					
RÉCAPITULATION					
A. — Amélioration des anciens centres	175.200	26.342	88	26.430	
B. — Création de centres dont les éléments étaient prêts en 1901	414.000	181.063	3.393	184.456	
C. — Extension de la colonisation dans de nouvelles régions.	6.074.800	1.131.930	371.814	1.503.744	
Totaux pour le département de Constantine . .	6.664.000	1.339.335	375.295	1.714.630	
Récapitulation par Département					
Département d'Oran.	8.959.000	2.314.619	1.023.753	3.338.372	(1) De cette évaluation de. . . . . 23.829.000 Il y a lieu de déduire : 1° Le montant des projets abandonnés. 771.810 2° Le montant des projets dotés sur les fonds du budget ordinaire 251.900 } 1.023.710 Reste. . . 22.805.290
Département d'Alger.	8.206.000	2.237.341	1.249 543	3.486.884	
Département de Constantine.	6.664.000	1 339.335	375.295	1.714.630	
Totaux généraux.	23.829.000 (1)	5.891 295	2.648.591	8.539.886	

V. — Eaux et Forêts

Désignation des travaux portés au programme	Evaluation de la dépense totale à la charge de la colonie	Dépenses effectuées au 31 décembre 1905 Chiffres définitifs	Dépenses effectuées En 1906 Chiffres provisoires	Dépenses effectuées Total au 31 décembre 1906 Chiffres provisoires
Département d'Oran				
Maisons forestières	800.000	361.652 46	266.359	628.011
Chemins	1.000.000	393.756 87	22.711	416.468
Reboisements		139.779 26	25.959	165.738
Défense contre l'incendie. . .	400.000	»	»	»
Mises en valeur		»	»	»
Totaux. . . .	2.200.000	895.188 59	315.029	1.210.217
Département d'Alger				
Maisons forestières	700.000	162.133 20	110.208	272.341
Chemins.	1.200.000	552.887 79	41.316	594.204
Reboisements		50.105 14	31.398	81 503
Défense contre l'incendie. . .	500.000	52.906 80	11.073	63.980
Mises en valeur		4.229 65	1.517	5.747
Totaux. . . .	2.400.000	822.262 58	195.512	1.017.775
Département de Constantine				
Maisons forestières	2.300.000	525.368 18	284.754	810.122
Chemins	3.500.000	1.010.152 12	227.717	1.237.869
Reboisements		»	»	»
Défense contre l'incendie. . .	1.100.000	446.897 74	136.380	583.278
Mises en valeur		49.302 44	40.608	89.910
Totaux. . . .	6.900.000	2.031.720 48	689 459	2.721.179
Récapitulation				
Maisons forestières	3.800.000	1.049.153	661.321	1.710.474
Chemins.	5.700.000	1.956.797	291.744	2.248.541
Reboisements		189.884	57.357	247.241
Défense contre l'incendie. . .	2.000.000	499.805	147.453	647.258
Mises en valeur		53.532	42.125	95.657
Totaux généraux. . . .	11.500.000	3.749.171	1 200.000	4.949.171

VI. — Territoires du Sud

Désignation des travaux portés au programme	Evaluation de la dépense totale à la charge de la colonie	Dépenses effectuées			Observations
		au 31 décemb. 1905 — Chiffres définitifs	En 1907 — Chiffres provisoires	Total au 31 décembre 1906 — Chiffres provisoires	
TRAVAUX DE COLONISATION					
Création du centre de Beni-Ounif					
Etudes en vue de la création du centre de Beni-Ounif et travaux de triangulation . .	3.548	3.548 90	»	3.548 90	
Construction à Beni-Ounif des bâtiments administratifs et commerciaux (salle de mairie, justice, fondouk, halles, bain maure, abattoir, etc.).	235.857	198.635 51	36.950	235.585 51	
Alimentation en eau, distribution des eaux et construction d'égouts.	84.387	22.100 »	59.987	82.087 »	Solde de 2,300 francs restant à ordonnancer.
Aménagement des rues et places de Beni-Ounif	18.200	15.000 »	3.200	18.200 »	
Frais d'établissement des projets et dépenses de surveillance des travaux.	7.000	6.000 »	1.000	7.000 »	

VI. — **Territoires du Sud** (*suite*)

Désignation des travaux portés au programme	Evaluation de la dépense totale à la charge de la colonie	Dépenses effectuées			Observations
		au 31 décemb. 1905 — Chiffres définitifs	En 1906 — Chiffres provisoires	Total au 31 décembre 1906 — Chiffres provisoires	
Achèvement du bureau des affaires indigènes de Beni-Abbès.	11.000 »	11.000 »	»	11.000 »	Travaux terminés.
Construction d'un bureau des postes à Colomb-Béchar	6.075 »	5.500 »	575 »	6.075 »	id.
Réparations à l'immeuble affecté au bureau des postes de Colomb-Béchar	18.000 »	11.000 »	7.000 »	18.000 »	id.
Installation matérielle du poste des affaires indigènes de Taïzaza	1.000 »	»	1.000 »	1.000 »	id.
	384.795 »	272.784 41	109.712 »	382.496 41	

TRAVAUX DE ROUTES

Route nationale nº 1 d'Alger à Laghouat					
Empierrement entre les kilomètres 319-150 et 328-726	5.498 06	5.495 06	»	5.495 06	id.
Construction d'une digue dans le lit de l'oued Mellah, au point 307-700.	13.372 40	13.226 70	»	13.226 70	id.
Grosses réparations aux ouvrages d'art entre les points 307-900 et 310-600	12.727 54	11.717 60	1.009 94	12.727 54	d.
Réparation et consolidation des remblais sur la route (section neuve)	30.300 »	29 665 27	»	29.665 27	d.
Elargissement de la plate-forme entre les kilomètres 380 et 388-683 (passage de Sidi-Maklouf)	18.509 25	18.509 25	»	18.509 25	Id.
Empierrement entre les kilomètres 388 et 398.	61.000 »	46.686 09	13.884 73	60.570 82	id.
Empierrement entre les kilomètres 257-830 et 269-417 (passage de Rabah)	101.230 85	54.770 48	46.460 37	101.230 85	id.
Empierrement entre les kilomètres 286 et 298 + 800 (passage du Rocher de Sel)	116.791 20	57.534 10	59.257 10	116.791 20	Id.
Empierrement et amélioration de la route entre les kilomètres 370 et 380.	94.625 »	9.900 »	80.483 51	90.383 51	Entreprise en cours.
Empierrement entre les kilomètres 357 et 370.	118.210 »	»	61.262 96	61.262 96	id.
Empierrement entre les kilomètres 406 et 423 (passage du Metlili)	115.725 »	»	37.361 09	37.361 09	id.

VI. — Territoires du Sud (*suite*)

Désignation des travaux portés au programme	Evaluation de la dépense totale à la charge de la colonie	Dépenses effectuées			Observations
		au 31 décemb. 1905 — Chiffres définitifs	En 1906 — Chiffres provisoires	Total au 31 décembre 1906 — Chiffres provisoires	
TRAVAUX DE ROUTES (suite)					
Frais d'études et de surveillance, matériel de campement.	14.736 90	6.340 26	6.064 35	12.404 61	Les dépenses des entreprises ci-contre ont été rèimputées au chapitre 37 (crédits ordinaires), mais, par suite d'une erreur, quelques mandats ont été maintenus aux fonds d'emprunt, au moment de l'établissement du compte définitif.
Rechargement de la chaussée entre les kilomètres 380 et 388	67 20	67 20	»	67 20	
Empierrement entre les kilomètres 344-400 et 356-250	769 10	769 10	»	769 10	
Chemin de Bouguetoub à Géryville					
Liquidation de la dépense faite en 1908 pour réparation de dégâts causés par les orages.	14.018 71	14.018 71	»	14.018 71	Travaux terminés.

Désignation des travaux portés au programme	Evaluation de la dépense totale à la charge de la colonie	au 31 décemb. 1905	En 1906	Total au 31 décembre 1906	Observations
Résiliation de l'entreprise Gibou (solde) . . .	5.086 99	5.086 99	»	5.086 99	id.
Diverses entreprises Gayral.	9.166 73	9.166 73	»	9.166 73	id.
Travaux de nivellement de la plate-forme et établissement de fossés et de cassis sur les parties pourvues d'une chaussée mais non ouvertes en terrassements.	30.000 »	30.000 »	»	30.000 »	id.
Etablissement de pistes carrossables entre Beni-Ounif et Figuig	3.000 »	3.000 »	»	3.000 »	id.
	764.834 93	315.953 54	305.784 05	621.739 59	
TRAVAUX HYDRAULIQUES					
Travaux d'adduction des eaux d'alimentation d'Aïn-Sefra	134.000 »	133.743 39	6 30	133.749 69	
Construction d'épis et de cavaliers de protection sur la berge rive gauche de l'Oued-Sefra. .	2.000 »	»	2.000 »	2.000 »	
	136.000 »	133.743 39	2.006 30	135.749 69	
RÉCAPITULATION					
Travaux de colonisation.	384.795 »	272.784 41	109.712 »	382.496 41	
Travaux de route	764.834 93	315.953 54	305.784 05	621.737 59	
Travaux hydrauliques.	136.000 »	133.743 39	2.006 30	135.749 69	
	1.285.629 93	722.481 34	417.502 35	1.139.983 69	

Il ressort du rapprochement de ces divers tableaux, d'une part, que l'emprunt de 50 millions est insuffisant pour assurer l'exécution du programme prévu, d'autre part, que certains services ont déjà épuisé l'intégralité de leur dotation ou sont sur le point de l'épuiser, alors que d'autres n'en ont employé qu'un tiers (ouvrages maritimes), ou un quart (travaux hydrauliques).

Les causes des retards survenus dans ces deux dernières catégories de travaux, de même que celles de l'excédent des projets sur les crédits mis à la disposition des services sont connues. On se bornera à préciser dans le relevé ci-dessous, l'insuffisance de la dotation provenant de l'emprunt de 50 millions et la situation des crédits pour chacun des services.

Catégorie des travaux		Evaluation de la dépense à la charge de la colonie prévue au programme	Dotation effective	INSUFFISANCE	Dépense prévue au 31 décembre 1906	Reste à dépenser au 1er janvier 1907	Proportion par rapport à la dotation
Travaux publics	Travaux hydrauliques..	13.659.997	6.692.757	6.967.240	1.905.966	4.786.791	71 %
	Routes et chemins. . .	30.090.390	11.126 528	(1) 18.963.862	11.126.528	»	»
	Travaux maritimes . .	19.767.374	11.910.000	(2) 7.857.374	4.478.995	7.431.005	62 %
	Totaux.	62.419.705	29.729.285	(3) 33.788.476	17.511.489	12.217.796	»
Colonisation		23.829.000	12.320.465	(4) 11.508.535	8.539.886	3.780.579	29 %
Forêts		11.500.000	6.054 250	5.445.750	4.949.171	1.105.079	17 %
Totaux généraux. . . .		97.748.705	48.104.000	(5) 50.742.761	31.000.546	17.103.454	»

(1). — Il y a lieu toutefois de déduire de cette insuffisance les dotations exceptionnelles accordées pour l'exécution du programme des routes au titre du budget ordinaire de 1907 (1,700,000 fr.) et au titre des excédents budgétaires dont la colonie est autorisée à disposer (3,900,000 fr., dotations qui atteignent 5,600,000 fr. Les insuffisances se sont ainsi réduites pour les routes à 13,363,862 fr. D'autre part, le service des travaux publics dispose de la somme de 5,600,000 fr. pour le paiement des travaux de construction de routes à poursuivre ou à entreprendre en 1907.

(2). — Une dépense de 775,774 fr. a pu être imputée sur les crédits du budget ordinaire. L'insuffisance est ainsi réduite à 7,081.600 fr.

(3). — Pour les raisons indiquées aux deux nota qui précèdent l'insuffisance de la dotation des travaux publics se réduit à 27,412,702 fr.

(4). — L'administration ayant abandonné des projets s'élevant à 771,810 fr. et une dépense de 251,900 fr. ayant pu être imputée sur les crédits du budget ordinaire, l'insuffisance des crédits de la colonisation est réduite à 10,484,825 fr.

(5). — Pour les motifs qui précèdent l'insuffisance des fonds d'emprunt se réduit actuellement à 43,313,277 fr.

TROISIÈME PARTIE

PROGRAMME DES TRAVAUX A EXÉCUTER AU MOYEN DU NOUVEL EMPRUNT

Programme des travaux à exécuter au moyen du nouvel emprunt

Cette partie se subdivise en six chapitres, savoir :

Chapitre I. — *Chemins de fer.*
— II. — *Travaux publics : Routes et chemins.*
— *Travaux maritimes.*
— *Travaux hydrauliques.*
— III. — *Colonisation.*
— IV. — *Forêts.*
— V. — *Assistance publique.*
— VI. — *Postes, télégraphes et téléphones.*

CHAPITRE I. — CHEMINS DE FER

Le réseau actuel des chemins de fer d'intérêt général. — Le réseau des chemins de fer algériens d'intérêt général doit sa création au décret du 8 avril 1857. Sa configuration comportait une ligne principale courant parallèlement au littoral entre Alger et Constantine, d'une part, Alger et Oran, de l'autre, et des lignes perpendiculaires à la première, partant des principaux ports et aboutissant à la ligne principale.

Le tableau suivant indique les lignes comprises dans ce premier programme, la longueur de chacune d'elles et la longueur totale du réseau projeté :

Alger à Constantine.	464 k.
Alger à Oran.	426
Philippeville à Constantine.	87
Bougie à Sétif.	125
Bône à Constantine par Guelma.	219
Ténès à Orléansville.	58
Arzew à Relizane.	102
Mostaganem à Relizane	76
Oran à Tlemcen par Ste-Barbe du Tlélat et Sidi-bel-Abbès	166
Longueur totale.	1.722 k.

Les deux lignes d'Alger à Oran et de Philippeville à Constantine furent concédées respectivement par la loi du 20 juin et le décret du 11 juillet 1860 et par la loi et le décret du 11 juin 1863.

La section du chemin de fer d'Alger à Constantine comprise entre cette dernière ville et Sétif, d'une longueur de 155 kilomètres, fut concédée ensuite par la loi du 15 décembre 1875.

La ligne de Bône à Guelma, concédée comme chemin de fer d'intérêt local par un décret du 7 mai 1874, fut incorporée au réseau d'intérêt général par une loi du 26 mars 1877, qui déclara en outre, d'utilité publique les lignes de Duvivier à Souk-Ahras et de Guelma au Kroubs.

Ces trois lignes, d'une longueur totale de 255 kilomètres, formèrent le réseau de la compagnie Bône-Guelma.

La loi du 11 juillet 1879 a complété et modifié comme il suit le programme de 1857 :

Lignes nouvelles

Tlemcen à la frontière du Maroc. . . .	70 k.
La Sénia à Aïn-Temouchent et Tlemcen.	145
Rio Salado à la ligne de la Sénia à Aïn-Temouchent	25
Sebdou à la ligne de Tlemcen à la frontière du Maroc.	45
Sidi-bel-Abbès à Magenta.	63
Mostaganem à Tiaret	202
Mascara à Tizi	12
Ténès à Orléansville.	58
Affreville à Haouch Moghzen.	48
Mouzaïaville à Berrouaghia par Haouch Moghzen	96
Berrouaghia aux Trembles.	70
Les Trembles à Bouïra.	30
Ménerville à Sétif par Bouïra.	254
Ménerville à Tizi-Ouzou	53
Beni-Mançour à Bougie.	89
Oued-Tixter vers Bougie par la vallée du Bou-Sellam.	85
El-Guerrah à Batna.	81

Batna à Biskra.	121
Aïn-Beïda aux Ouled Rhamoun.	93
Tébessa à Souk-Ahras.	128

Lignes concédées à titre d'intérêt local

Ste-Barbe du Tlélat à Sidi-bel-Abbès. .	52
Maison-Carrée à Ménerville.	43
Longueur totale.	1.863 k.

En dehors des lignes comprises dans ces deux classements, le gouvernement avait concédé, par un décret du 29 avril 1874, à la compagnie franco algérienne, pour l'exploitation de l'alfa des hauts plateaux. un chemin de fer d'Arzew à Saïda avec prolongement jusqu'à Kralfallah, d'une longueur totale de 214 kilomètres.

Depuis cette époque, des considérations d'ordre militaire et politique ont déterminé les pouvoirs publics de la métropole à prolonger cette ligne, d'abord jusqu'à Mécheria, sur 138 kilomètres (loi du 8 août 1881), puis jusqu'à Aïn-Sefra, sur 102 kilomètres (loi du 31 juillet 1886). Enfin, la loi du 25 février 1901 a décidé la continuation du chemin de fer du sud oranais jusqu'à Igli ; à l'heure actuelle, trois sections seulement de cette dernière partie de la ligne sont construites : ce sont les sections d'Aïn-Sefra à Beni-Ounif (146 kil.), de Beni-Ounif à Ben-Zireg (61 kil.) et de Ben-Zireg à Béchar (50 kil).

Si l'on ne fait pas entrer en compte le chemin de fer exclusivement stratégique de Kralfallah à Béchar, dont la longueur est de 497 kilomètres, le réseau des chemins de fer algériens classés d'intérêt général se trouve comprendre :

1° En exécution du décret du 8 avril 1857 :

les concessions de la compagnie P.-L.-M..	513 kil.
la ligne de Sétif à Constantine	155 kil.

2° En exécution du décret du 29 avril 1874 :

concession primitive de la compagnie franco-algérienne . . . . 214 kil.

3° En exécution de la loi du 26 mars 1877 :

concession primitive de la compagnie Bône-Guelma . . . . 255 kil.

4° En exécution de la loi du 11 juin 1879 :

lignes diverses . . . . 1.863 kil.

Ensemble. . . . . 3.000 kil.

En fait, le réseau existant est constitué et réparti entre les diverses compagnies suivant les indications du tableau ci-après :

Compagnies de chemins de fer	Désignation des lignes	Longueur des lignes en km.	Longueur des réseaux en km.	Observations
P.-L.-M.	Alger à Oran..........	426	513	
	Philippeville-Constantine..................	87		
Franco-algérienne (actuellement chemins de fer algériens de l'état	Arzew à Kralfallah.....	214	(1) 428	Voie de 1.055.
	Tizi à Mascara.........	12		
	Mostaganem à Tiaret...	202		
Est-algérien.	Maison-Carrée-Constantine..................	452	888	
	Ménerville à Tizi-Ouzou.	53		
	El-Guerrah-Biskra	201		
	Bougie-Beni-Mançour...	89		
	Ouled-Rhamoun à Aïn-Beïda (a)............	93		(a) Voie de 1 m.
Ouest-algérien.	Sainte-Barbe-du-Tlélat à Sidi-bel-Abbès........	52	439	
	Sidi-bel-Abbès à Raz-el-Ma...................	100		
	La Sénia à Aïn-Témouchent...............	70		
	Tabia à Tlemcen.......	64		
	Blida à Berrouaghia (b).	83		(b) Voie de 1.05.
	Tlemcen à la frontière du Maroc...........	70		
Bône-Guelma.	Bône à Guelma.........	88	435	
	Guelma au Kroubs.....	115		
	Duvivier à Souk-Ahras.	52		
	Souk-Ahras à Sidi-el-Hemessi............	52		
	Souk-Ahras à Tébessa (c)	128		(c) Voie de 1 m.
	Ensemble..................		2.703	dont 1.971 km. à voie large et 732 à voie étroite.

(1) Dans ce nombre ne sont pas compris les 497 kilomètres de Kralfallah à Béchar. Avec cette ligne stratégique, le réseau de l'état a une longueur totale de 925 kilomètres.

Si l'on ajoute à ce chiffre les 33 kilomètres du chemin de fer de Bône à Aïn-Mokra, dont l'établissement a été autorisé par un arrêté du gouverneur général de l'Algérie du 12 juin 1863, pour l'exploitation des minerais de la compagnie de Mokta-el-Hadid, la longueur totale du réseau des chemins de fer algériens d'intérêt général ressort à 2,736 kilomètres, non compris les 497 kilomètres du chemin de fer stratégique du sud oranais, au sud de Kralfallah.

Nécessité d'accroître le réseau actuel. — Lors de la préparation de la loi du 11 juillet 1879, M. Pomel, rapporteur du projet de loi au sénat, définissait comme il suit les conditions d'établissement du réseau que le gouvernement et les chambres estimaient convenir à l'Algérie : « L'ensemble du » réseau aura 3,041 kilomètres de développement, » pour une population de 2,800,000 habitants, et une » superficie d'environ 160,000 kilomètres carrés. » La proportion entre la longueur du réseau, d'une part, la population et le territoire, de l'autre, qui était en France, à cette époque, de 1 k. 05 par 1,000 habitants et de 0 k. 074 par kilomètre carré, était ainsi fixée pour le territoire civil de l'Algérie à 1 k. 09 à 1,000 habitants et à 0 k. 02 par kilomètre carré.

Le réseau algérien d'intérêt général, défalcation faite des sections de Bône à Aïn-Mokra et de Kralfallah à Béchar, ne comprend encore aujourd'hui que 2,703 kilomètres, c'est à dire 338 kilomètres de moins que les prévisions de 1879. Mais la population a passé de 2,800,000 habitants à 4,150,000. L'Algérie, considérée dans la superficie qu'envisageait M. Pomel, ne possède donc que 0 k. 66 de chemins de fer par 1,000 habitants et 0 k. 017 de chemins de fer par kilomètre carré, proportion de beaucoup inférieure aux fixations du programme de 1879.

L'infériorité de ces chiffres éclate avec plus d'évidence encore si on les compare avec ceux qu'accuse pour la métropole la dernière statistique parue, celle de 1904. Au 31 décembre 1904, la proportion était, en effet, dans la métropole, de 1 k. 14 de chemin de fer d'intérêt général par 1,000 habitants et de 0 k. 08 par kilomètre carré.

D'autre part, l'observation des dates d'ouverture des différentes lignes à l'exploitation, relevées dans le tableau qui suit, permet de constater que le développement des moyens de transport par voie ferrée n'a pas suivi, comme cela eût été normal, les progrès de la colonisation du pays :

Années	Lignes ouvertes à l'exploitation	Compagnies concessionnaires	Longueurs partielles en kilomètres	Longueurs totales en kilomètres
1871	Alger à Oran.	P.-L.-M.	426	513
	Philippeville à Constantine	P.-L.-M.	87	
1877	Bône à Guelma.	B.-G.	88	140
	Ste-Barbe-du-Tlélat à Sidi-bel-Abbès	O.-A	52	
1879	Constantine-Sétif. . . .	E.-A.	155	439
	Guelma à Kroubs. . . .	B.-G.	115	
	Arzew à Saïda	F.-A.	169	
1881	Saïda à Kralfallak . . .	F.-A.	45	97
	Duvivier à Souk-Ahras.	B.-G.	52	
1882	El-Guerrah à Batna. . .	E.-A	84	84
1884	Souk-Ahras à Sidi-el-Hemessi	B.-G	52	52
1885	La Sénia à Aïn-Temouchent.	O.-A	70	170
	Sidi-bel-Abbès à Ras-el-Mâ	O.-A.	100	
1886	Maison-Carrée à Sétif. .	E.-A.	297	309
	Tizi à Mascara.	E.-A.	12	
1888	Souk-Ahras à Tébessa.	B.-G.	128	301
	Batna à Biskra.	E.-A.	120	
	Ménerville à Tizi-Ouzou.	E.-A.	53	
1889	Mostaganem à Tiaret. .	E.-A.	202	384
	Bougie à Beni-Mançour.	E.-A.	89	
	O. Rahmoun à Aïn-Beïda	E.-A.	93	
1890	Tabia à Tlemcen. . . .	O.-A.	64	64
1892	Blida-Berrouaghia . . .	O.-A	83	83
1893 1907	Néant (1)		Total..	2.633(A)

(A). — Les 70 kilomètres de la ligne de Tlemcen, en construction, ne seront livrés à l'exploitation, qu'en 1908,

(1). — Pour mémoire on rappellera que l'ouverture à l'exploitation des diverses sections du chemin de fer du sud oranais a eu lieu :

Pour la section de Kralfallah à Méchéria. . . . . 138 kil. en 1883
— Mécheria à Aïn-Sefra . . . . 102 — — 1887
— Aïn-Sefra à Duveyrier . . . . 118 — — 1901
— Duveyrier à Beni-Ounif . . . . 28 — — 1903
— Beni-Ounif à Ben-Zireg. . . . . 61 — — 1905
— Ben-Zireg à Béchar . . . . 50 — — 1906

Ainsi, depuis 1892, c'est-à-dire depuis quinze ans, le réseau algérien est resté stationnaire. Pendant un intervalle un peu moindre, de 1892 à 1904, le réseau métropolitain a passé de 35,375 à 39,588 kilomètres en exploitation, soit un accroissement de 4,213 kilomètres.

La disproportion devient encore plus sensible si l'on remarque que, dans le cours de la même période, le réseau des chemins de fer d'intérêt local a passé dans la métropole, de 4,232 kilomètres à 8,297 kilomètres, soit un accroissement de 4,065 kilomètres, à peu près égal à celui des chemins de fer d'intérêt général, alors que, dans la colonie, les chemins de fer d'intérêt local représentent une longueur totale de 167 kilomètres seulement.

Cet arrêt dans la construction des chemins de fer en Algérie est d'autant plus caractéristique qu'il a coïncidé avec une ère de progression constante des recettes du réseau existant, qui se sont élevées régulièrement de 24,858,950 francs en 1892 et à 38,000,000 de francs en 1906.

Les exigences de l'équilibre du budget de la métropole semblent avoir été la seule cause de cette stagnation, particulièrement fâcheuse dans un pays neuf. La nécessité d'accroître le réseau algérien d'intérêt général a d'ailleurs été, on le sait, au même degré que l'utilité du développement des routes, des ports, des ouvrages hydrauliques, l'une des causes déterminantes de l'institution du budget spécial.

Mais tandis que la loi du 19 décembre 1900 donnait à l'administration et aux assemblées financières algériennes la possibilité de prendre, dès 1901, les mesures susceptibles d'assurer la mise au point rapide des travaux publics proprement dits, les dispositions qu'elle renfermait au sujet des chemins de fer d'intérêt général rendaient particulièrement difficiles les études relatives à l'extension du réseau. Ce n'est, en réalité, que depuis le vote de la loi du 23 juillet 1904, portant décentralisation administrative et financière du service des chemins de fer, que la colonie a toute latitude pour reprendre l'œuvre interrompue et mettre, dans la limite de ses ressources, son outillage de voies ferrées, en rapport avec ses besoins.

Demandes dont l'administration a été saisie. — L'administration algérienne a, du reste, été saisie de nombreuses demandes tendant à la construction de nouveaux chemins de fer. Les lignes qui ont fait l'objet des vœux les plus fortement motivés sont mentionnées dans le tableau suivant, par catégories d'urgence, avec indication de leur longueur et de leur prix de revient.

Nos	Désignation des lignes	Longueur des lignes en kilomètres	Longueur totale en kilomètres	Prix d'établissement	Observations
	LIGNES DE 1re URGENCE				
	Département d'Alger				
1	Berrouaghia à Boghari. . . .	42		7.000.000	Toutes les lignes sont supposées à voie étroite (1m055 d'écartement entre rails).
2	Boghari à Guelt-es-Stel. . . .	92		5.220.000	
3	Guelt-es-Stel à Djelfa.	64		3.164.200	
4	Bouïra les Trembles-Berrouaghia avec embranchement sur Aumale.	129		9.055.000	
5	Ténès à Orléansville.	58		6.230.000	
	Total pour le départ. d'Alger.	......	385	30.669.200	
	Département d'Oran				
6	Relizane à Prévost-Paradol. .	85		6.770.000	
7	Mascara à Uzès-le-Duc. . . .	55		3.426.000	
8	Sidi-bel-Abbès à Tizi	82		4.674.000	
	Total pour le départ. d'Oran.	......	222	14.870.000	
	Département de Constantine				
9	Constantine à Djidjelli	200		17.000.000	
10	El-Milia à Philippeville. . . .	92		10.000.000	
11	Aïn-Beïda à Tébessa	72		4.000.000	
	Total pour le département de Constantine	.....	364	31.000.000	
	Total des lignes de 1re urgence. . . .		971	76.539.200	

Nos	Désignation des lignes	Longueur des lignes en kilomètres	Longueur totale en kilomètres	Prix d'établissement	Observations
	LIGNES DE 2e URGENCE				
	Département d'Alger				
13	Djelfa à Laghouat	114		7.000.000	Toutes les lignes sont supposées à voie étroite 1m055 d'écartement entre rails.
14	Alger à Blida	50		5.000.000	
15	Orléansville à Vialar	108		10.000.000	
16	Affreville à Berrouaghia . . .	80		6.578.000	
	Total pour le départ. d'Alger		352	28.578.000	
	Département d'Oran				
17	Tlemcen à Beni-Saf	67		8.504.000	
18	Nemours à El-Aricha par Marnia et Sebdou	163		11.860.000	
19	Bou-Guetoub à Géryville . . .	108		4.600.000	
	Total pour le départ. d'Oran		338	24.964.000	
	Département de Constantine				
20	Sétif à Bougie	125		9.000.000	
21	Philippeville à Gastu par le Filfila	55		5.300.000	
22	La Calle à la frontière tunisienne	16		930.000	
23	Guelma à Aïn-Beïda	108		15.900.000	
24	Guelma à Gastu	46		3.500 000	
	Total pour le département de Constantine		350	34.630.000	
	Total des lignes de 2e urgence		1.040	88.172.000	
	Report des lignes de 1re urgence . . .		971	76.539.200	
	Ensemble		2.011	164.711.200	

A ces lignes, il faut ajouter celles d'Arzew à Oran et de Mostaganem à la Macta, l'une construite, l'autre projetée par le département d'Oran, en quelque sorte à titre d'avance faite à l'état et dont la reprise est évaluée :

pour la ligne d'Arzew à Oran (47 kil.) à	2.265.000
pour celle de Mostaganem à la Macta (30 kil.) à	1.846.200 (1)
soit ensemble à	4.111.200

pour 77 kilomètres.

L'exécution de la totalité des lignes demandées aurait pour résultat d'augmenter de 2.088 kilomètres la longueur du réseau et de la porter, par suite, de 2,703 à 4,791 kilomètres, ce qui donnerait une proportion de 1 kil. 15 de chemin de fer d'intérêt général par 1,000 habitants et de 0 k. 03 par kilomètre carré au prix d'une dépense évaluée :

pour les lignes nouvelles à. . . .	164.711.200 fr.
pour les lignes rachetées à. . . .	4.111.200
soit ensemble à	168.822.400 fr.

Le gouvernement général n'a d'ailleurs pas été saisi seulement de vœux tendant à l'extension du réseau des chemins de fer d'intérêt général. Il a dû envisager, en outre, la nécessité, qui lui a été maintes fois signalée par les doléances du public, de mettre les lignes existantes en état de suffire à un développement de trafic qui, pour quelques unes, ne pouvait guère être escompté lors de leur établissement. On ne reviendra pas ici sur le programme d'action que l'administration s'est tracé en vue d'obtenir des compagnies l'exécution des travaux complémentaires, et qui a déjà été porté à la connaissance des assemblées algériennes à l'occasion de leurs sessions

(1). — Y compris 148,730 francs de travaux d'appropriation des gares communes de Mostaganem et de la Macta, sur le réseau actuel des chemins de fer de l'état.

de 1905 et 1906. L'exécution s'en poursuit régulièrement.

Jusqu'à présent, la gestion des lignes n'a révélé la nécessité d'une intervention exceptionnelle du budget de la colonie que pour deux réseaux : celui de la compagnie Bône-Guelma en vue de la transformation des lignes de Bône à Souk-Ahras et à Tébessa et celui de l'est-algérien où certains travaux complémentaires, le renforcement de la voie entre Maison-Carrée et Constantine et l'augmentation du matériel roulant, ont une ampleur trop considérable et sont trop urgents pour qu'il soit possible d'en assurer l'exécution avec les seuls crédits du budget ordinaire.

La transformation des lignes de Bône à Souk-Ahras et à Tébessa est estimée à 7 millions et le renforcement de la ligne de Maison-Carrée à Constantine et l'augmentation du matériel roulant du réseau de la compagnie de l'est-algérien à 17,190,000 francs, soit ensemble 24,1900,000 de francs.

La réalisation du programme qui vient d'être exposé entraînerait, par suite, les dépenses ci-après :

1° construction de lignes nouvelles.	164.711.200 fr.
2° rachat des lignes	4.111.200 »
3° travaux complémentaires .	24.190.000 »
ensemble. . .	193.012.400 fr.

en chiffres ronds 193 millions de francs.

Travaux à comprendre dans le programme de l'emprunt projeté. — Comme on l'a dit dans la note relative à l'économie générale du projet d'emprunt, il n'a pas paru possible d'aborder d'un seul coup un programme aussi étendu et, par mesure de prudence budgétaire, il a semblé convenable de scinder ce programme en plusieurs fractions. Il ne fallait pas songer, en raison même de leur urgence, sur laquelle on insistera plus loin, à ajourner les travaux complémentaires dont il vient d'être question.

Mais certaines des nouvelles lignes projetées ont été comprises par les conseils généraux des trois départements dans le réseau des chemins de fer d'intérêt local ou des tramways en voie d'exécution. De ce nombre sont les lignes

de Bouïra aux Trembles et à Aumale;
de Ténès à Orléansville;
d'Affreville à Amoura;
de Sétif à Bougie.

De même que la métropole, la colonie encourage les départements, en leur allouant, au besoin, les subventions prévues par l'article 15 de la loi du 11 juin 1880, à développer le réseau des chemins de fer d'intérêt local, parallèlement au réseau d'"intérêt général (1). On pouvait donc laisser aux conseils généraux intéressés le soin de construire ces cinq lignes.

D'autre part, en ce qui concerne les voies ferrées d'Oran à Arzew et de la Macta à Mostaganem, l'administration a acquis la conviction que les plus-values des recettes de chemins de fer réalisées en 1906 lui donneront la possibilité d'effectuer, au moyen des crédits du budget ordinaire, l'incorporation dans le réseau d'intérêt général décidée en principe.

Enfin, parmi les lignes dont la construction a été sollicitée, les unes pourront donner, dès la première année de leur exploitation, des recettes supérieures aux dépenses, autrement dit des produits nets, tandis que les autres, pendant plus ou moins longtemps, laisseraient des insuffisances. Dès l'instant qu'il fallait opérer un choix, il était naturel de construire tout d'abord les premières, tant pour éviter de grever le budget de nouvelles charges au titre de la garantie d'intérêt (insuffisances d'exploitation), que pour ménager à la colonie les moyens d'établir plus tard de nouvelles lignes sans recourir à l'emprunt.

Or, les seules lignes qui paraissent ne pas devoir donner lieu à des insuffisances d'exploitation, sont les suivantes :

---

(1) Dans la métropole, le rapport entre les longueurs des deux réseaux est de 19 °/₀; en Algérie, ce rapport est de 6 °/₀.

Nos	Désignation des lignes	Longueur des lignes en kilomètres	Longueur totale	Prix d'établissement	Observations
	Département d'Alger				
1	Berrouaghia à Boghari . . .	42		7.000.000	
2	Boghari à Guelt-es-Stel . . .	92		5.220.000	
3	Guelt-es-Stel à Djelfa	64		3.164.200	
	Total pour le département d'Alger.		198	15.384.000	
	Département d'Oran				
4	Relizane à Prévost-Paradol .	85		6.770.000	
5	Mascara à Uzès-le-Duc . . .	55		3.426.000	
6	Sidi-bel-Abbès-Tizi.	82		4.674.000	
	Total pour le département d'Oran.		252	14.870.000	
	Département de Constantine				
7	Constantine à Djidjelli. . . .	200	200	17.000.000	
	Total général.		650	47.254.200	

Le crédit à prévoir pour l'ensemble du programme ainsi défini, s'élèverait donc en dernière analyse :

1° pour la construction de nouvelles lignes à. 47.254.200

2° pour les travaux complémentaires à. 24.190.000

soit à. 71.444.200

chiffre qu'il y a lieu de réduire à 70.444.200 fr., une somme d'un million ayant été affectée aux travaux de la ligne de Berrouaghia à Boghari sur les fonds du budget de 1908.

Tous les travaux envisagés dans ce programme sont déjà connus depuis longtemps. Il ne paraît cependant pas sans intérêt de rappeler sommairement les conditions dans lesquelles ils se présentent.

Ligne de Berrouaghia a Boghari

Cette section du chemin de fer d'Alger à Laghouat a été concédée éventuellement à la compagnie des chemins de fer de l'ouest-algérien par la loi du 30 juin 1886. Les délégations financières, dans leur séance du 2 juin 1906, et le conseil supérieur, dans sa séance du 25 du même mois, ont approuvé en principe la construction de cette ligne et alloué un premier crédit de 375,000 francs pour le commencement des travaux en 1907.

Le tracé a une longueur de 47 kilomètres; la dépense d'établissement prévue est de 7,000,000 de francs, soit 166,667 francs par kilomètre.

La section de Blida à Berrouaghia a produit, en 1906, avec les nouveaux tarifs, 6,600 francs environ par kilomètre; le service du contrôle évalue à 5,000 francs par kilomètre les recettes de la section de Berrouaghia à Boghari pendant les premières années. Ce chiffre doit être considéré comme un minimum; il ne suppose aucun transport d'alfa ni de moutons. On peut admettre que les dépenses d'exploitation seront inférieures aux recettes d'une somme de 200 à 300 francs pendant cette première période. Le surcroît de trafic que l'ouverture de la section de Berrouaghia à Boghari procurera à celle de Blida à Berrouaghia diminuera, d'ailleurs, la garantie d'intérêt de cette dernière.

La situation s'améliorera, en outre, au fur et à mesure que la ligne d'Alger à Laghouat gagnera vers le sud. Les transports d'alfa et de moutons font prévoir des recettes que le service du contrôle estime pouvoir atteindre 12,000 francs, lorsque la ligne sera ouverte à l'exploitation jusqu'à Djelfa, et 14,000 francs lorsqu'elle arrivera jusqu'à Laghouat.

Ligne de Boghari a Guelt-es-Stel

Entre Boghari et Guelt-es-Stel, la route nationale a été établie dans des conditions de tracé et de profil qui permettent de l'utiliser d'une manière générale pour l'établissement d'une voie ferrée.

Les travaux d'infrastructure sont exécutés entre Aïn-Ousserra et Guelt-es-Stel, sur une longueur de 36 kilomètres. De Boghari à Aïn-Oussera, la route peut servir à asseoir la voie sur 40 kilomètres ; pour 16 kilomètres seulement, il y aura lieu de faire des déviations.

La dépense est évaluée à 5,220,000 francs, soit 56,750 francs par kilomètre.

Ligne de Guelt-es-Stel a Djelfa

De même que dans la section de Boghari à Guelt-es-Stel, la route nationale servira de plate-forme à la voie ferrée. Les travaux d'infrastructure sont exécutés, sauf une lacune de 8 kilomètres.

La dépense est évaluée à 3,164,200 francs, soit à 49,440 francs par kilomètre.

L'exploitation des deux sections de Boghari à Guelt-es-Stel à Djelfa doit être considérée dans son ensemble. Il existe sur ce parcours deux marchés importants : Aïn-Oussera et Djelfa. Le chemin de fer desservira la zone de l'alfa, depuis Aïn-Oussera. Les forêts qui s'étendent entre Bou-Saâda et Djelfa apporteront leur contingent aux transports. Enfin, les moutons pourront emprunter la voie ferrée, surtout lorsque le transbordement cessera à Blida. L'importance de ce dernier élément de trafic peut être appréciée par ce seul fait qu'il se vend chaque année pour plus de 2,000,000 de francs de moutons sur le marché de Djelfa.

Les études faites à plusieurs reprises depuis vingt cinq ans par le service du contrôle établissent que, dès l'ouverture à l'exploitation de la ligne d'Alger à Laghouat, entre Berrouaghia et Djelfa, les recettes kilométriques donneront, pour les trois sections une moyenne de 6,000 francs.

Ce chiffre résulte du relevé du trafic existant actuellement sur les sections des voies ferrées construites et sur les diverses sections de la route nationale, auquel on ajoute le transport du tiers des moutons qui s'effectue entre Djelfa et Blida. La recette kilométrique afférente à ce transport est comptée pour 800 francs seulement ; elle atteindra 2,800 francs pour une exportation moyenne de 400.000 moutons par an, sur laquelle il paraît possible de compter.

L'exportation de l'alfa est susceptible de donner une recette de plus de 1,000 francs par kilomètre.

Enfin, le ravitaillement en céréales des populations comprises entre Djelfa et le M'Zab constitue un élément de trafic important, puisque, dans les années médiocres, qui sont la règle, et *a fortiori* dans les années mauvaises, il faut importer dans le sud de l'orge et du blé. Le tonnage moyen annuel de ces importations est de 9.000 tonnes. Indépendamment du bénéfice que ce trafic pourra procurer au chemin de fer, il y a un intérêt évident à faciliter ce ravitaillement qui s'opère aujourd'hui à des prix excessifs. C'est ainsi que l'orge qui vaut 12 à 15 francs à Alger, se vend 40 francs à Laghouat. Le prix de transport moyen des marchandises entre ces deux localités dépasse 2,000 francs par tonne. Il est de 100 à 120 francs d'Alger à Djelfa. La construction du chemin de fer le fera tomber à 30 francs pour ce dernier parcours. Peut-être ne verra-t-on plus dans l'avenir se produire les disettes et les accaparements qui sont une cause de misère profonde pour la population indigène.

Ligne de Relizane a Prévost-Paradol

Cette ligne a pour objet :

1° de remplacer le tronçon de la ligne de Mostaganem à Tiaret compris entre Relizane et Uzès-le-Duc (Fortassa), périodiquement détruit par les crues de la Mina et qui traverse une vallée pauvre ;

2° de mettre en valeur la région riche et peuplée de Zemmora, Mendez, La Rahouïa et le pays des Flittas.

La longueur de la variante est de 85 kilomètres ; son prix d'établissement ressort à 8,075,000 francs, de laquelle il convient de déduire 1,305,000 francs, valeur du matériel provenant de la suppression de la voie dans la vallée de la Mina et susceptible d'être réemployée. Le coût de la ligne se trouve ainsi ramené à 6,770,000 francs.

Le profil en long du chemin de fer sera, en outre, sensiblement amélioré ; d'où il résultera une diminution des frais d'exploitation.

La recette kilométrique prévue est de 4,500 francs, donnant un produit net de 500 francs par an environ.

Cette augmentation du trafic local entre Relizane et Prévost-Paradol contribuera, en outre, à améliorer les résultats de l'exploitation de la section de Relizane à Mostaganem.

Ligne de Mascara a Usès-le-Duc et de Sidi-bel-Abbès a Tizi

Ces deux lignes rattachent la grande ligne de pénétration d'Arzew à Béchar, d'une part, à la ligne de

Mostaganem à Tiaret, d'autre part, à celle d'Oran à Raz-el-Mâ.

Elles traversent, l'une et l'autre, des plaines fertiles où la colonisation s'est développée rapidement et n'attend que des moyens de transport accélérés pour faire de nouveaux progrès.

La première desservira les centres de la Maoussa, Medjaref, Palikao et Uzès-le-Duc, ainsi que de nombreuses fermes.

La seconde desservira les centres de Boulet, Baudens, Mercier-Lacombe, Aïn-Fras, Aïn-Fekan et les exploitations agricoles en bordure de la route départementale.

La ligne de Mascara à Uzès-le-Duc a une longueur de 55 kilomètres ; son prix d'établissement est de 3,426,500 francs, soit 62,300 francs par kilomètre.

La ligne de Tizi à Sidi-bel-Abbès a une longueur de 82 kilomètres : son prix d'établissement est de 4,674,000 francs, soit 57,000 francs par kilomètre.

La recette kilométrique de la ligne de Mascara à Uzès-le-Duc est évaluée à 4,500 francs par kilomètre dans les premières années ; la dépense sera inférieure. La recette paraît devoir atteindre ensuite assez rapidement 5,400 francs, pour une dépense de 5,000 francs, et donner 400 francs environ de produit net.

La recette kilométrique de la ligne de Tizi à Sidi-bel-Abbès est évaluée à 6,000 francs, la dépense correspondante à 5,000 francs, soit un produit net de 1,000 francs par kilomètre.

Ligne de Constantine à Djidjelli

Cette ligne a été concédée, par le conseil général de Constantine, comme chemin de fer d'intérêt local ; mais une ligne de 200 kilomètres de longueur, qui part du chef-lieu du département, qui met en communication les hauts plateaux avec un port de mer et qui est destinée à mettre en valeur des régions agricoles, forestières et minières, présente évidemment tous les caractères d'un chemin de fer d'intérêt général, au même titre que les lignes de Constantine à Philippeville et de Constantine à Bône.

Le tracé adopté par le département passe par Oued-Athménia, Mila, El-Milia ; il paraît pouvoir être accepté sans modifications pour la section de Mila à Djidjelli, mais donne lieu à des réserves pour la section de Constantine à Mila, où le tracé direct procurerait une réduction de parcours de 14 kilomètres.

Le prix d'établissement de la ligne est évalué à 17,000,000 de francs, soit 85,250 francs par kilomètre. La recette paraît devoir s'élever à 5,000 francs par kilomètre dès les premières années ; les frais d'exploitation correspondants seraient de 4,500 francs et le produit net de 500 francs.

Transformation des lignes de Bone a Souk-Ahras et a Tébessa

Dans l'état actuel de ses installations, la ligne de Bône à Souk-Ahras et à Tébessa, dans la partie comprise entre Duvivier et Tébessa, a atteint à peu près le maximum de sa capacité de trafic. Pour faire face à l'augmentation des transports de matières pondéreuses, phosphates et minerais, qu'il y a lieu d'escompter pour un avenir très prochain, divers intéressés ont préconisé la construction de lignes déversoirs destinées à recevoir l'excédent de transport qui ne pourrait emprunter les lignes existantes. On a proposé, comme susceptibles de remplir ce rôle, un chemin de fer d'Aïn-Beïda à Tébessa, qui aurait évacué les phosphates sur le port de Philippeville et, plus récemment, un chemin de fer de l'Ouenza à Bekrouch (sur la ligne de Souk-Ahras à Tébessa, près de M'Daourouch) et à Medjez-Sfa.

Sans rejeter absolument la solution d'une ligne déversoir, qui peut trouver son emploi dans certaines circonstances, si l'on considère que la construction d'un chemin de fer dans un pays aussi accidenté que celui qu'il s'agit de desservir exigerait une dépense de premier établissement très élevée ; que, de plus, toute nouvelle ligne, destinée à peu près uniquement au transport de matières pondéreuses, serait condamnée à des insuffisances d'exploitation qui viendraient en augmentation des charges de la garantie, on reconnaîtra qu'il est de l'intérêt bien entendu de la colonie de ne recourir à la création d'une nouvelle ligne dans la région de Tébessa à Souk-Ahras qu'au cas où la ligne actuelle ne serait pas susceptible d'être améliorée de manière à suffire à l'augmentation progressive du trafic.

Or, les études entreprises depuis 1902 par le service du contrôle ont abouti à une conclusion contraire et établi notamment qu'au prix d'une dépense qui ne dépassera pas 7 millions, même dans l'hypothèse où il serait reconnu nécessaire de procéder au doublement de la voie sur quelques points et de rectifier partiellement le tracé et le profil, il serait possible de faire débiter à la ligne plus de 700.000 tonnes de phosphates par an et de réduire les frais d'exploitation dans une mesure permettant d'intéresser la compagnie exploitante au développement du trafic.

Renforcement de la ligne entre Maison-Carrée et Constantine

Le rail de 25 kg. 500 en service sur la ligne de Maison-Carrée à Constantine est trop léger pour se prêter à l'emploi de machines puissantes, à l'augtation de la vitesse et du tonnage des trains que les voyageurs, d'une part, les chambres de commerce, de l'autre, sont unanimes à réclamer depuis longtemps. La compagnie de l'est-algérien avait entrepris de renforcer la voie en remplaçant le rail de 25 kg. 500 par un rail de 28 kg. et en augmentant le nombre des traverses. Elle avait, d'ailleurs, reconnu l'insuffisance de cette demi mesure et proposé à la colonie d'adopter un rail de 35 kg. 800, moyennant la prise en charge par l'état d'une quote-part de six millions de francs dans la dépense.

Le renforcement de la voie est une des premières mesures que devra réaliser la direction des chemins de fer de l'état, après la prise de possession du réseau de l'est-algérien. La dépense que nécessite cette transformation est évaluée à 30,000 francs environ par kilomètre, soit, pour les 453 kilomètres de Maison-Carrée à Constantine, à 13,590,000 francs. Par suite de réemploi du matériel existant, ce chiffre peut être réduit à 11,000,000.

Ces travaux n'étant susceptibles de produire leur effet qu'après leur exécution sur tout le parcours de Maison-Carrée à Constantine, il y a intérêt à ce qu'ils soient effectués aussi rapidement que possible. C'est cette condition d'urgence qui justifie leur dotation sur les fonds de l'emprunt.

Augmentation du matériel roulant du réseau de l'est-algérien

L'effectif des machines et des voitures de l'est-algérien est des plus restreints. Il comporte, en effet, 71 machines seulement pour 898 kilomètres exploités, soit un coefficient de 0,079 par kilomètre. Ce coefficient est de 0 1,559 pour le P.-L.-M., de 0 1,108 pour l'ouest-algérien, de 0 109 pour le Bône-Guelma, et, en moyenne, de 0 1,213 pour ces trois dernières compagnies.

Quant aux voitures à voyageurs, le nombre de places offertes par la compagnie de l'est-algérien à 100,000 voyageurs kilométriques est de 9,72 seulement contre 10,36 par le P.-L.-M., 12,11 par l'ouest-algérien, 12,08 par le Bône-Guelma, soit en moyenne, 11,52 pour ces trois dernières compagnies.

Comme première amélioration, la direction des chemins de fer de l'état se propose de porter respectivement à 0 0,983 et à 11,52 les coefficients des machines et des voitures et, par suite, d'augmenter l'effectif actuel de 17 locomotives et de 27 voitures.

D'autre part, la diminution notable des taxes (15 % environ) qu'entraînera l'unification des tarifs de petite vitesse est appelée à provoquer un accroissement rapide du trafic. Cet accroissement sera très sensible dès 1909. Il importe au plus haut degré que le matériel suive une progression parallèle, de façon à se trouver toujours au niveau des exigences du public. Or, si l'on tient compte des délais ordinaires de construction des locomotives, voitures et wagons et des délais supplémentaires qu'occasionnera la situation de . industrie nationale, il semble difficile que les commandes faites au lendemain de la reprise du réseau puissent être livrées avant le cours de l'année 1909. Il est donc de toute nécessité que ces commandes correspondent au développement du trafic d'ici à 1909. D'après l'expérience de son exploitation, la direction des chemins de fer de l'état estime qu'elles devront comprendre 3 locomotives, 3 voitures et 200 wagons.

En totalité, le matériel nouveau à mettre en service en 1909 comprendra donc :

20 locomotives avec leurs tenders ;

30 voitures à voyageurs

et 200 wagons à marchandises.

La dépense à prévoir pour ces acquisitions est de 6,190,000 francs.

Après l'exécution des diverses lignes comprises au programme, la consistance du réseau des chemins de fer d'intérêt général sera la suivante :

	Longueur des lignes			
	Départem. d'Alger	Départem. d'Oran	Départem. de Constantine	Totale
Ancien réseau.	540	967	1.196	2.703
Nouveau réseau { lignes à construire .	198	252	200	650
Nouveau réseau { lignes à racheter . .	»	77	»	77
Total.	738	1.296	1.396	3.430
Chemin de fer Sud-Oranais. . .	»	497	»	497
Bône-Aïn-Mokra.	»	»	33	33
Ensemble	738	1.793	1.429	3.960

Echelonnement des travaux et des dépenses. — La décision que les assemblées financières sont appelées a prendre sur le projet d'emprunt entraînera, en ce qui concerne les chemins de fer, une adhésion définitive au classement des nouvelles lignes dans le réseau des chemins de fer d'intérêt général et une adhésion de principe à la déclaration d'utilité publique et à la construction de chacune d'elles.

Mais, ni cette décision, ni l'approbation du projet d'emprunt n'auront pour conséquence la mise à exécution immédiate des travaux. Il faut, en effet, ne pas perdre de vue que la déclaration d'utilité publique d'un chemin de fer d'intérêt général de 20 kilomètres de longueur et au-dessus ne peut être prononcée que par une loi, sur le vu d'un avant-projet et d'une convention d'exploitation (1). L'avant-projet doit lui-même être soumis, au préalable, à une enquête d'utilité publique et, le plus souvent, à des conférences mixtes. Le dossier est ensuite examiné par le conseil général des ponts et chaussées et par le conseil d'état. Enfin, quand la déclaration d'utilité publique a été prononcée, il reste à établir les projets d'exécution, à procéder aux expropriations, à passer les marchés de fournitures, à mettre les travaux en adjudication et à organiser les chantiers.

A cet égard, les lignes proposées se trouvent dans une situation d'avancement très inégale : les unes peuvent être entreprises à bref délai, comme celle de Berrouaghia à Boghari, pour laquelle les études préliminaires sont faites depuis longtemps, de sorte que la déclaration d'utilité publique pourra intervenir en 1907 et que les travaux pourront être inaugurés incessamment ; l'instruction de certaines autres est assez avancée à l'heure actuelle pour permettre d'envisager le commencement des travaux dès 1908 ; d'autres ne semblent pouvoir être entreprises qu'en 1909, en 1910 et en 1912.

(1) Législation en matière de chemins de fer et loi du 19 décembre 1900 sur le budget spécial.

Cet échelonnement ne doit pas être considéré d'ailleurs comme un inconvénient ; il offre au contraire le sérieux avantage de permettre l'utilisation de la main d'œuvre disponible en Algérie pendant une assez longue période sans nécessiter un appel exagéré à la main d'œuvre étrangère et d'éviter les relèvements de prix qui sont la conséquence ordinaire de l'exécution simultanée d'un trop grand nombre de travaux publics de même nature.

En tenant compte des précédents, particulièrement des résultats obtenus pendant la période de 1886 à 1889 par les compagnies de chemins de fer et plus récemment, pendant la période de 1903 à 1906, par le service des ponts et chaussées dans la construction du chemin de fer d'Aïn Sefra vers Igli, il semble qu'on peut admettre, *toutes réserves étant faites sur les conséquences que pourraient avoir des événements imprévus,* que les formalités d'instruction et les travaux s'effectueront à peu près dans l'ordre suivant :

1907

Département d'Alger. — Déclaration d'utilité publique de la ligne de Berrouaghia à Boghari. Projet d'exécution.

Commencement des travaux (375.000 francs sur le budget ordinaire). Etablissement de l'avant projet de la ligne Boghari à Guelt-es-Stel.

Département d'Oran. — Enquête d'utilité publique sur la ligne de Relizane à Prévost-Paradol (avant projet dressé en 1906 ; il n'y a pas lieu à conférences mixtes).

Etablissement de l'avant projet de la ligne de Mascara à Uzès-le-Duc.

Département de Constantine. — Etablissement d'un avant projet pour la ligne de Constantine à Djidjelli.

1908

Département d'Alger. — Continuation des travaux de la ligne de Berrouaghia à Boghari. Enquête d'utilité publique et conférences mixtes au sujet de la ligne de Boghari à Guelt-es-Stel.

Département d'Oran. — Déclaration d'utilité publique de la ligne de Relizane à Prévost-Paradol. Projet d'exécution et commencement des travaux. Enquête d'utilité publique et conférences mixtes sur la ligne de Mascara à Uzès-le-Duc.

Département de Constantine. — Conférences mixtes et enquête d'utilité publique sur la ligne de Constantine à Djidjelli.

1909

Département d'Alger. — Continuation des travaux de la ligne de Berrouaghia à Boghari. Déclaration d'utilité publique de la ligne de Boghari à Guelt-es-Stel.

Département d'Oran. — Continuation des travaux de la ligne de Relizane à Prévost-Paradol. Déclaration d'utilité publique de la ligne de Mascara à Uzès-le-Duc. Projet d'exécution ; commencement des travaux.

Préparation de l'avant projet de la ligne de Tizi à Sidi-bel-Abbès.

Département de Constantine. — Déclaration d'utilité publique de la ligne de Constantine à Djidjelli.

Projet d'exécution et commencement des travaux de la section de Constantine à El-Milia.

1910

Département d'Alger. — Fin des travaux de la ligne de Berrouaghia à Boghari ; ouverture à l'exploitation. Commencement des travaux de la ligne de Boghari à Guelt-es-Stel.

Préparation de l'avant projet de la ligne de Guelt-es-Stel à Djelfa.

Département d'Oran. — Continuation des travaux des lignes de Relizane à Prévost-Paradol et de Mascara à Uzès-le-Duc.

Enquête d'utilité publique et conférences mixtes sur la ligne de Tizi à Sidi-bel-Abbès.

Département de Constantine. — Continuation des travaux de la section de Constantine à El-Milia. Préparation du projet d'exécution de la section d'El-Milia à Djidjelli.

1911

Département d'Alger. — Continuation des travaux de la ligne de Boghari à Guelt-es-Stel. Enquête d'utilité publique et conférences mixtes sur la ligne de Guelt-es-Stel à Djelfa.

Département d'Oran. — Continuation des travaux de la ligne de Relizane à Prévost-Paradol. Fin des travaux de la ligne de Mascara à Uzès-le-Duc et ouverture à l'exploitation.

Déclaration d'utilité publique de la ligne de Tizi à Sidi-bel-Abbès.

Département de Constantine. — Fin des travaux de la section de Constantine à El-Milia ; ouverture de la ligne à l'exploitation.

Commencement des travaux de la section d'El-Milia à Djidjelli.

1912

Département d'Alger. — Fin des travaux de la ligne de Boghari à Guelt-es-Stel ; ouverture à l'exploitation.

Déclaration d'utilité publique de la ligne de Guelt-es-Stel à Djelfa. Projet d'exécution et commencement des travaux.

Département d'Oran. — Fin des travaux de la ligne de Relizane à Prévost-Paradol ; ouverture à l'exploitation. Commencement des travaux de la ligne de Tizi à Sidi-bel-Abbès.

Département de Constantine. — Continuation des travaux de la section d'El-Milia à Djidjelli.

1913

Département d'Alger. — Continuation des travaux de la ligne de Guelt-es-Stel à Djelfa.

Département d'Oran. — Continuation des travaux de la ligne de Tizi à Sidi-bel-Abbès.

Département de Constantine. — Continuation des travaux de la section d'El-Milia à Djidjelli.

1914

Département d'Alger. — Continuation des travaux de la ligne de Guelt-es-Stel à Djelfa.

Département d'Oran. — Continuation des travaux de la ligne de Tizi à Sidi-bel-Abbès.

Département de Constantine. — Continuation des travaux de la section d'El-Milia à Djidjelli.

1915

Département d'Alger. — Fin des travaux de la ligne de Guelt-es-Stel à Djelfa ; ouverture à l'exploitation.

Département d'Oran. — Fin des travaux de la ligne de Tizi à Sidi-bel-Abbès ; ouverture à l'exploitation.

Département de Constantine. — Fin des travaux de la ligne de Constantine à Djidjelli ; ouverture à l'exploitation.

1916

Travaux de parachèvement ; paiement des retenues de garantie ; réglement définitif des dépenses.

1917

Comme en 1916 ; les travaux de parachèvement seront ultérieurement exécutés sur les crédits du budget ordinaire.

La réalisation de ce programme conduirait aux résultats qui sont indiqués dans le tableau ci-après :

Désignation des lignes	Longueur des lignes en kilomètres	Délai d'exécution (1)	Date du commencement des travaux (2)	Date de l'ouverture à l'exploitation
Berrouaghia à Boghari. . .	42	4 ans	1907	1910
Relizane à Prévost-Paradol.	85	5 ans	1908	1912
Mascara à Uzès-le-Duc. . .	55	3 ans	1909	1911
Constantine à Djidjelli . . .	200	7 ans	1909	1915
Boghari à Guelt-es-Stel. . .	92	4 ans	1910	1913
Tizi à Sidi-bel-Abbès	82	4 ans	1912	1915
Guelt-es-Stel à Djelfa. . . .	64	4 ans	1912	1915

(1) Les délais d'exécution courent à partir de la loi déclarative d'utilité publique.

(2) Les travaux commencent avec la rédaction des projets d'exécution.

En défalquant l'année 1907, qui ne doit pas compter en raison du peu d'importance des travaux, la longueur kilométrique annuelle à construire est en moyenne de 77 kil. 5 pour l'ensemble des 3 départements. Elle est de 24, 75 pour le département d'Alger, de 27, 75 pour le département d'Oran et de 28, 56 pour le département de Constantine.

Les dépenses de construction des chemins de fer ne se répartissent d'ailleurs pas également sur les années de construction ; elles ne sont même pas renfermées exactement dans la période de la construction. Généralement faibles la première année, où elles ne comprennent guère que les frais de préparation des projets d'exécution, de mise en adjudication et d'organisation des chantiers, elles suivent une marche rapidement ascendante jusqu'à l'année de l'ouverture à l'exploitation, où elles atteignent leur maximum, en raison des acquisitions de matériel, qui s'effectuent en dernier lieu. Les parachèvements de toute nature, les remboursements des retenues de garantie et les apurements de comptes se prolongent encore plusieurs années après l'ouverture des lignes à l'exploitation.

Autant qu'il est permis de formuler des prévisions en semblable matière et à si longue échéance, on peut dire que la répartition des dépenses d'établissement proposée paraît devoir se faire dans les conditions suivantes :

Répartition des fonds d'emprunt entre les lignes à construire : 46.254.200 francs

ANNÉES	Ligne de Berrouaghia à Boghari	Ligne de Relizane à Prévost-Paradol	Ligne de Mascara à Uzès-le-Duc	Ligne de Constantine à Djidjelli	Ligne de Boghari à Guelt-es-Stel	Ligne de Tizi à Sidi-bel-Abbès	Ligne de Guelt-es-Stel à Djelfa	Totaux annuels
1907	(1) »	»	»	»	»	»	»	»
1908	(2) 1.000.000	300.000	»	»	»	»	»	1.300.000
1909	2.500.000	500.000	166.000	300.000	»	»	»	3.466.000
1910	(3) 2.000.000	1.000.000	1.000.000	1.000.000	1.000.000	»	»	6.000.000
1911	500.000	1.470.000	(3) 2.000.000	2 100.000	1.200.000	»	»	7.270.000
1912	»	(3) 3.000.000	260.000	2.500.000	1.200.000	250 000	200.000	7.410.000
1913	»	500.000	»	3.000 000	(3) 1.600.000	1.000.000	800.000	6.900.000
1914	»	»	»	3.000.000	220.000	1.000.000	1.000.000	5.220.000
1915	»	»	»	(3) 3.500.000	»	(3) 2.000.000	(3) 1.000.000	6.500.000
1916	»	»	»	1.500.000	»	350.000	100.000	1.950.000
1917	»	»	»	100.000	»	74.000	64.200	238.200
TOTAUX.	6.000.000	6.770.000	3.426.000	17.000.000	5.220 000	4.674.000	3.164.200	46.254.200

(1) Pour mémoire, 375,000 francs sur le budget ordinaire.
(2) Pour mémoire, 1,000,000 de francs sur le budget ordinaire. — Dépense d'établissement : 7,375,000 francs.
(3) Date de l'ouverture probable à l'exploitation.

En ce qui concerne les travaux complémentaires :

Les acquisitions de matériel roulant pour le réseau racheté à la compagnie de l'est-algérien, sur commandes faites après l'approbation de l'emprunt, seront vraisemblablement fournies en 1909 et 1910 et comporteront, sur ces deux exercices, des dépenses respectives de 3,714,000 francs et de 2,476,000 francs.

Le renforcement de la voie sur la ligne de Maison-Carrée à Constantine commencera en 1908 à raison de 50 km. par an environ et portera sur les exercices

1908 à raison de.	2.000.000 fr.
1909 à raison de.	3.000.000
1910 à raison de.	3.000.000
1911 à raison de.	3.000.000
	11.000.000

Enfin la transformation des lignes de Bône à Souk-Ahras et de Souk-Ahras à Tébessa ne pourra commencer qu'en 1908, si d'ici là un accord est intervenu entre l'administration et la compagnie de Bône-Guelma. Dans ce cas, les dépenses à engager pourront être réparties comme suit :

1908	300.000 fr.
1909	1.000.000
1910	2.700.000
1911	3.000.000
	7.000.000

Par suite et *sous les réserves qui ont été formulées ci-dessus*, on peut tabler, dans les prévisions relatives à la réalisation des fonds d'emprunt, sur la répartition ci-après des dépenses de chemins de fer (construction de lignes nouvelles et travaux complémentaires).

Répartition annuelle des fonds d'emprunt : 70.444.200 francs

Années	Construction de lignes	Est-Algérien — Augmentation du matériel roulant	Est-Algérien — Renforcement de la voie entre Maison-Carrée et Constantine	Transformation de la ligne de Bône à Tébessa	Total des travaux complémentaires	Total des dépenses annuelles
1907	»	»	»	»	»	»
1908	1.300.000	»	2.000.000	300.000	2.300.000	3.600.000
1909	3.466.000	3.714.000	3.000.000	1.000.000	7.714.000	11.180.000
1910	6.000.000	2.476.000	3.000.000	2.700.000	8.176.000	14.176.000
1911	7.270 000	»	3.000.000	3.000.000	6.000.000	13.270.000
1912	7.410.000	»	»	»	»	7.410.000
1913	6.900.000	»	»	»	»	6.900.000
1914	5.220.000	»	»	»	»	5.220.000
1915	6.500.000	»	»	»	»	6.500.000
1916	1.950.000	»	»	»	»	1.950.000
1917	238.000	»	»	»	»	238.000
Totaux	46.254.200	6.190.000	11.000.000	7.000.000	24.190.000	70.444.200

Exploitation des lignes nouvelles. — Ainsi qu'il a été dit précédemment, le dossier destiné à provoquer la déclaration d'utilité publique d'un chemin de fer doit comprendre, non-seulement un avant-projet d'établissement, mais encore les précisions les plus complètes sur les dispositions prévues et les arrangements intervenus en ce qui concerne l'exploitation.

La construction des lignes du réseau complémentaire étant assurée par la colonie, celle-ci pourra en confier l'exploitation, soit à des compagnies de chemins de fer nouvelles, spécialement constituées à cet effet, soit aux compagnies existantes ; elle pourra également les exploiter en régie.

Toutes les lignes que l'on propose de classer d'intérêt général, moins une seule, celle de Berrouaghia à Djelfa, aboutissent, soit au réseau racheté à la compagnie franco-algérienne, soit au réseau de la compagnie de l'est-algérien, dont le rachat est imminent. Il sera normal, dans ces conditions, de rattacher l'exploitation de ces nouvelles lignes, au fur et à mesure de leur ouverture au trafic, à l'un ou à l'autre des deux réseaux exploités directement par la colonie. Ce rattachement s'opèrera de la même manière que s'est fait celui des diverses sections de la ligne d'Aïn-Sefra vers Igli au réseau racheté à la compagnie franco-algérienne.

L'exploitation des lignes de Relizane à Uzès-le-Duc par la Rahouïa, de Mascara à Uzès-le-Duc et de Tizi à Sidi-bel-Abbès sera ainsi confiée aux chemins de fer de l'état, dont le réseau s'augmentera également des lignes d'Oran à Arzew et de la Macta à Mostaganem.

De même, l'exploitation de la ligne de Constantine à Djidjelli sera confiée à la direction qui aura été chargée de la gestion du réseau actuellement géré par la compagnie de l'est-algérien.

Quant à la ligne de Berrouaghia à Djelfa, elle constitue le prolongement du chemin de fer de Blida à Berrouaghia, concédé à la compagnie de l'ouest-algérien par la convention du 16 avril 1886, approuvée par la loi du 31 juillet de la même année. La même convention a, d'ailleurs, concédé également à la compagnie, à titre éventuel, la construction et l'exploitation de la section de Berrouaghia à Boghari, en stipulant que cette concession deviendrait définitive par le seul fait de la déclaration d'utilité publique. Il paraît donc rationnel de remettre à la compagnie de l'ouest-algérien l'exploitation de la totalité de la ligne de Berrouaghia à Djelfa. Aux termes de l'article 2 de la convention précitée du 16 avril 1886, la dite convention était applicable tant pour la construction que pour l'exploitation, non seulement au chemin de fer de Blida à Berrouaghia, mais encore à celui de Berrouaghia à Boghari. Les assemblées algériennes ayant décidé que cette dernière ligne serait construite par la colonie, l'administration est entrée en pourparlers avec la compagnie et celle-ci, acceptant le principe de la construction par la colonie, a présenté un projet de convention modifiant sur ce point celle du 16 avril 1886. La nouvelle convention s'appliquera à la section de Berrouaghia à Boghari; elle pourra être étendue successivement aux autres sections comprises entre Boghari et Djelfa, sous réserve des modifications qu'il y aurait lieu d'apporter au forfait d'exploitation par suite du prolongement de la ligne.

Cette convention est d'ailleurs soumise, par une note spéciale, aux délibérations des assemblées financières.

En résumé, la ligne de Berrouaghia à Djelfa fera seule l'objet d'une convention d'exploitation qui devra être approuvée par la loi déclarative d'utilité publique; pour les autres lignes du réseau complémentaire, il suffira de stipuler dans la loi déclarative d'utilité publique qu'elles seront rattachées pour l'exploitation soit au réseau racheté à la compagnie franco-algérienne, soit au réseau racheté à la compagnie de l'est-algérien.

CHAPITRE II. — TRAVAUX PUBLICS

Méthode pour l'élaboration du programme. — Ainsi qu'il a déjà été dit dans la note relative à l'emprunt de 1902, il n'a pas été établi de programme ferme pour l'utilisation des fonds provenant de cet emprunt. En ce qui concerne les travaux publics, ce n'est qu'en 1905 que l'administration a arrêté définitivement la liste des ouvrages dont l'exécution était prévue au moyen de ces fonds et qu'elle a signalé la nécessité d'en éliminer une partie ou de faire un nouvel appel au crédit.

Après une consultation générale, en ce qui touche la construction des voies de terre, des conseils généraux, des préfets et des généraux de division et du général commandant le 19e corps d'armée, l'administration algérienne avait toutefois :

1° dans une note imprimée en 1902, à l'occasion de la session des délégations financières, sous la rubrique « études faites en vue de l'établissement d'un programme pour la construction de routes et chemins » ;

et 2° dans une note autographiée à la même époque et intitulée « travaux publics, propositions en vue de l'emploi de la première fraction de l'emprunt de 50 millions »,

dressé une énumération générale des travaux publics qui, dans la situation de l'outillage économique de la colonie à cette époque, paraissaient mériter d'être dotés sur les fonds d'emprunt.

Il y a lieu de bien remarquer que, dans l'ordre d'idées qui avait présidé à la rédaction de ces propositions, il ne s'agissait pas, à proprement parler, d'un programme d'affectation des ressources disponibles.

D'une part, en effet, les listes énumératives des projets des diverses catégories correspondaient, pour les travaux hydrauliques et ceux des routes et chemins, à des dépenses totales bien supérieures aux disponibilités, savoir :

Construction de routes et chemins	24.600.000	»
Travaux maritimes	12.000.000	»
Travaux hydrauliques.	24.000.000	»
Total.	60.000.000	»

D'autre part, on admettait et on a admis, par la suite, que les listes précitées n'étaient même pas strictement limitatives, et les assemblées financières ont, au contraire, à chacune de leurs sessions successives, élargi ce champ, déjà extrêmement vaste, par des additions de nouveaux projets. L'on trouvait à ce procédé l'avantage, précieux dans un pays à transformation rapide, d'offrir une grande souplesse et de permettre à l'administration d'exécuter, sur chaque chemin, dans chaque port, ou, relativement à chaque projet d'irrigation ou de dessèchement, les travaux les plus urgents, en ajournant ceux d'une utilité moins immédiate.

L'expérience a montré que la méthode adoptée présentait, par contre, de graves inconvénients. En effet, il a fallu tenir compte de l'impatience des populations intéressées, des démarches et des vœux de leurs représentants et des assemblées régionales, lorsque les projets étaient présentés par les services techniques. Il était d'autant plus difficile de résister à cette pression que de grosses sommes se trouvaient sans emploi et que, surtout au début, il semblait que l'on n'arriverait jamais à utiliser les fonds d'emprunt dans un délai raisonnable. Dans ces conditions, l'on pouvait craindre légitimement que le choix des travaux dotés ne fût plutôt déterminé, en définitive, par la rapidité avec laquelle les études étaient menées et les projets présentés que par le degré d'utilité comparative de chacun d'eux.

Si l'on n'avait pu disposer d'autres ressources que celles de l'emprunt de 50 millions, il eût été impossible de pallier à cette difficulté. La dotation des travaux devant être arrêté automatiquement au moment où tous les crédits disponibles auraient été engagés, l'on aurait eu, comme travaux exécutés, un ensemble d'ouvrages auquel on aurait pu reprocher, à juste raison, de ne pas correspondre au choix le plus rationnel, par ordre d'urgence et d'utilité, des projets énumérés dans les listes-programmes dont il a été fait mention plus haut.

La création de nouvelles ressources provenant soit de prélèvements autorisés sur les excédents du fonds de réserve, soit du nouvel emprunt, dont le principe a été admis au cours du dernier exercice, permet aujourd'hui d'écarter cet inconvénient du passé et d'en éviter le retour pour ce qui concerne les travaux futurs.

Le développement des études techniques et de la procédure administrative relative aux grands travaux, notamment l'émission successive des lois et décrets déclarant l'utilité publique des améliorations des ports de mer et en réglant l'exécution ; d'un autre côté, les approbations données aux projets présentés et les vœux émis par les délégations financières au cours de leurs diverses sessions depuis 1902 ; enfin, une connaissance comparative beaucoup plus approfondie des besoins des diverses régions de l'Algérie, résultant précisément de l'ensemble des études entreprises en vue de l'emploi des fonds de l'emprunt de 50 millions, ont permis à l'administration algérienne d'envisager la possibilité d'établir, dès l'année 1905, un véritable programme des travaux à exécuter au moyen des ressources extraordinaires.

A ce moment, l'insuffisance des crédits affectés au service des travaux publics était déjà considérable; elle s'est chiffrée, en 1906, alors que le projet du nouvel emprunt a été envisagé, à une somme de 27,412,700 francs, se décomposant ainsi par département et par nature de travaux :

Sommes nécessaires pour l'achèvement du programme primitif

Catégorie des travaux	Département d'Oran	Département d'Alger	Département de Constantine	Totaux par catégories
Construction des routes et chemins. .	3.909.000	6.091.000	3.363.860	13.363.860
Travaux maritimes	2.754.000	2.360.600	1.967.000	7.081.600
Travaux hydrauliques.	2.975.240	1.128.000	2.864.000	6.967.240
Totaux par départements. . . .	9.638.240	9.579.600	8.194.860	27.412.700

Ayant attribué un caractère ferme à ce programme de travaux considéré comme suffisamment justifié par les circonstances du passé et que nous appellerons dorénavant « programme primitif », il était logique de prélever, tout d'abord, sur les ressources du nouvel emprunt, les sommes nécessaires à l'achèvement des projets qui y sont inscrits, soit 27,400,000 francs. C'est ce que les délégations financières et le conseil supérieur ont expressément décidé à leur dernière session

Mais, en outre, dès l'instant que l'on étudiait un nouveau projet d'emprunt, il était nécessaire de se préoccuper des compléments que comportait ce programme primitif pour satisfaire aux exigences de la situation économique actuelle.

La méthode suivie pour la création de ce programme que nous désignerons sous la rubrique de « programme complémentaire » a été la suivante :

En ce qui concerne les travaux maritimes, la création et l'aménagement des ports dépendent d'études techniques et économiques de longue haleine et la mise à exécution des projets est précédée d'une procédure d'instruction minutieuse et fixée par des règlements. L'administration algérienne était donc suffisamment renseignée pour arrêter, sans recourir à une enquête spéciale, la liste des travaux complémentaires à doter dans cette catégorie.

Au contraire, pour les travaux hydrauliques, il était indispensable de consulter les services techniques et les autorités locales. De même pour les travaux, encore plus nombreux et disséminés, de la construction des routes et chemins, il convenait de prendre l'avis des conseils généraux partiulièrement intéressés, ainsi qu'on l'avait déjà fait en 1901, au cours des études préliminaires relatives à l'emprunt de 50 millions.

Cette consultation a fait l'objet de deux circulaires gouvernementales des 21 septembre et 17 novembre 1906, reproduites en annexes (1).

(1) Annexes 5 et 6.

Pour éviter l'éparpillement des demandes sur une quantité de projets, manifestement démesurée par rapport aux ressources éventuelles, l'administration a cru bon d'indiquer, dans une certaine mesure, dès ces premières communications, ses propres intentions au sujet de l'affectation des crédits. Les deux circulaires précitées donnent des énumérations de travaux, retenus après un premier élagage opéré parmi tous les projets demandés depuis 1901, en dehors de ceux qui ont été inscrits au programme primitif. Les instructions du 21 septembre 1906, spéciales aux travaux des voies de communication terrestres, indiquent, en outre, pour les projets à prévoir au programme complémentaire dans cette catégorie, une division éventuelle en trois sections distinctes (classement de nouvelles routes nationales, pavages sur les routes nationales, constructions nouvelles de routes et chemins), ce qui correspondait évidemment à un acheminement vers une répartition déjà de plus en plus précise et étroite des ressources disponibles.

Ces propositions de l'administration ont reçu, en général, des conseils généraux et des autorités locales intéressées un accueil très favorable, particulièrement en ce qui concerne le principe d'un classement de nouvelles routes nationales. Mais, tout en admettant les travaux indiqués, on y a ajouté de toutes parts de nouvelles demandes dont l'admission aurait eu pour effet de porter le programme complémentaire à une somme de 74,855,770 francs.

Sommes demandées pour les travaux du programme complémentaire

Catégories de travaux	Département d'Oran	Département d'Alger	Département de Constantine	Totaux par catégories
Construction de routes et chemins. . .	9.247.500	17.372.000	19.030.500	45.650.000
Travaux maritimes	8.000.000	7.400.000	4.750.000	20.150.000
Travaux hydrauliques.	3.570.500	3.755.170	1.730.100	9.055.770
Totaux par départements. . . .	20.818.000	28 527.170	25.510.600	74.855.770

La situation du budget ne permettait pas, on l'a dit dans la note sur l'économie générale du projet d'emprunt, d'accepter immédiatement une telle charge. Il fallait sérier les travaux demandés, retenir les plus urgents pour les exécuter au moyen du nouvel emprunt et ajourner les autres jusqu'à ce que la colonie disposât de ressources nouvelles, soit au titre du budget ordinaire, soit au titre des excédents de la caisse de réserve, soit par suite d'un troisième emprunt.

D'autre part, le gouvernement général avait l'obligation de tenir compte de la charge supplémentaire qui résultera pour les dépenses ordinaires des budgets des exercices futurs, de l'exécution du programme, notamment du classement de nouvelles routes nationales.

Enfin, il fallait répartir l'utilisation de l'emprunt entre les diverses régions de la colonie d'une façon aussi équitable que possible, de manière à ne pas rompre le développement harmonique des forces économiques du pays.

Ce sont ces considérations générales qui ont guidé l'administration dans l'établissement du programme définitif des travaux complémentaires à exécuter au moyen des ressources à provenir du nouvel emprunt projeté. On ajoutera encore que l'on a donné la préférence aux travaux maritimes et à ceux de la construction de routes et chemins sur les travaux hydrauliques dont la réalisation dans la colonie, comme dans la métropole d'ailleurs, a été loin jusqu'ici, dans son ensemble, de donner des résultats satisfaisants en proportion des dépenses considérables qu'ils entraînent.

Les exposés qui suivent donnent pour chaque grande catégorie de travaux, les justifications de détail relatives à l'affectation proposée des ressources à créer.

Routes et chemins

A la suite de la consultation des conseils généraux et des autorités locales, prescrite par la circulaire précitée du 21 septembre 1906, tous les travaux signalés ont fait l'objet d'études sommaires et un dossier spécial a été constitué pour chacun d'eux. Ces dossiers sont déposés à la direction des travaux publics du gouvernement général, où ils seront tenus à la disposition des commissions compétentes des délégations financières et du conseil supérieur. C'est au vu des renseignements qu'ils contiennent que l'administration a arrêté, dans les conditions qui vont être indiquées, le programme des routes qu'elle soumet à l'examen des assemblées algériennes.

Les travaux envisagés ont été divisés en quatre catégories distinctes, savoir :

A — Achèvement du programme primitif dressé en vue de l'emploi des fonds de l'emprunt de 50 millions.

B — Construction et amélioration de voies terrestres nécessitées par un nouveau classement de routes nationales.

C — Etablissement d'un programme spécial de pavage des routes nationales dans les traverses des villages et sur les sections où cette opération serait reconnue économique.

D — Etablissement d'un programme complémentaire de construction de routes et chemins.

A. — *Achèvement du programme primitif.* — L'exécution intégrale du programme primitif établi en vue de l'emploi de l'emprunt de 50 millions et élargi à diverses reprises par les assemblées financières, exigera, comme on l'a vu précédemment (1), un complément de ressources de 13,363,860 francs, à prélever sur le nouvel emprunt. Le montant de cette dépense, qui doit être inscrite en tête du nouveau programme, se répartit ainsi entre les trois départements :

(1) Voir note relative à l'emprunt autorisé par la loi du 7 avril 1902.

Département d'Oran.	3.909.000	»
Département d'Alger	6.091.000	»
Département de Constantine. . .	3.363.860	»
Total.	13.363.860	»

B. — Nouveau classement de routes nationales. — La nécessité d'un classement étendant le réseau des routes nationales de la colonie n'est plus à démontrer; des régions entières de l'Algérie sont totalement dépourvues de ces voies, notamment dans ce département de l'est.

Le réseau, tel qu'il a été complété par la loi du 29 mars 1879, comprend 10 lignes, d'une longueur totale de 2,944 kilomètres, dont 2,469 kilomètres sont à l'état d'entretien et 475 kilomètres en lacune.

Les portions inachevées sont presque entièrement situées en territoire de commandement ou dans les territoires du sud, et on peut évaluer à 2,500 kilomètres le développement des routes nationales en territoire civil.

Ce développement représente 0 kil. 60 par habitant et 0 kil. 19 par hectare, alors que la France possède une longueur de routes nationales de 0 kil. 98 par habitant et 0 kil. 72 par hectare.

La question d'un classement complémentaire de routes nationales n'est, du reste, pas nouvelle. Elle préoccupe, depuis longtemps, les corps élus de la colonie, et l'administration n'a pas laissé d'examiner la possibilité d'accueillir les vœux qui lui ont été communiqués à ce sujet.

En 1881 et 1882 notamment, le gouvernement général a adressé au ministère des travaux publics des propositions tendant à l'extension du réseau des routes nationales de l'Algérie et, après étude par le conseil général des ponts et chaussées, ce département ministériel avait admis, en principe, le classement des voies suivantes :

De Sebdou à Nemours par Marnia ;

De Sebdou à Beni-Saf par Tlemcen et Raschgoun ;
D'Alger à Bougie par Tizi-Ouzou et El-Kseur ;
D'Affreville à Bouïra par Médéa et Souk-el-Khemis ;
D'Affreville à Tiaret par Téniet-el-Haâd ;
De Bourkika à Cherchell ;
De Dellys à Beni-Mansour par Tizi-Ouzou et Fort-National ;
De Philippeville à Bône et à La Calle ;
De Constantine à Djidjelli par Fedj-F'doulès ;
De Collo à Constantine ;
D'Aïn-Beïda à Khenchela ;
Et de La Calle à Souk-Ahras.

Ces routes représentaient un développement total de 1,424 kilomètres, nécessitant une dépense d'achèvement de 19,535,000 francs et un accroissement des crédits d'entretien inscrits aux budgets annuels de 1,419,000 francs.

Ces dépenses furent jugées trop lourdes par le ministère des finances et le projet de loi nécessaire pour opérer le classement ne fut pas déposé.

La question a été reprise par le gouvernement général dès que la tractation d'un nouvel emprunt a paru s'imposer.

Le programme envisagé dans la circulaire du 21 septembre 1906 et les additions que les assemblées départementales ont proposé d'y faire sont résumés dans le tableau suivant :

Désignation des voies de communication	Dépenses de construction ou d'amélioration	Dépenses annuelles d'entretien	Observations
Département d'Oran			
Voies indiquées par l'administration dans la circulaire du 21 septembre 1906.			
Route de la frontière tunisienne à Mostaganem par le littoral. .	600.000	88.000	
Route de Beni-Saf à El-Aricha par Raschgoun, Tlemcen et Sebdou.	51.500	110.000	Le préfet et l'agent-voyer proposent de substituer à cette route celle d'Arzew à El-Aricha par le Tlélat, Bel-Abbès, le Télagh et Bedeau.
Route de Marnia à Adjeroud par Boudjenane.	455.000	50.000	
Route d'Affreville à Tiaret par Téniet el-Haâd.	50.000	15.000	
Voies demandées par le conseil général en sus des précédentes			
Prolongement jusqu'à Mascara de la route Affreville-Tiaret. .	210 000	85.000	
Route d'Arzew à El-Aricha par le Tlélat, Bel-Abbès, le Télagh et Bedeau.	415.000	170.000	Le conseil général et le préfet ont inscrit cette route en tête du programme.
Route de Mostaganem à Aflou. .	75 000	170.000	
Totaux.	1 856.500	688.000	
Département d'Alger			
Voies indiquées par l'administration dans la circulaire du 21 septembre 1906.			
Route de la frontière tunisienne à Mostaganem par le littoral. . .	709.800	338.800	
Route de Bouïra à Berrouaghia par Bir-Rabalou.	50.000	74.520	
Route de Tizi-Ouzou à Beni-Mansour par Fort-National	364.000	45.100	
Route d'Affreville à Tiaret par Téniet-el-Haâd.	275.000	108.430	
A reporter.	1.398.800	566.850	

Désignation des voies de communication	Dépenses de construction ou d'amélioration	Dépenses annuelles d'entretien	Observations
Département d'Alger (suite)			
Report.	1.398.800	566.850	
Voies demandées par le conseil général en sus des précédentes			
Route de Ténès à Vialar par Orléansville, Masséna et Souk-el-Haâd	2 670.000	110.000	
Totaux.	4.068.800	676.850	
Département de Constantine			
Voies indiquées par l'administration dans la circulaire du 21 septembre 1906.			
Routes de la frontière tunisienne à Mostaganem par le littoral .	1.418.000	481.000	
Route de Bône à Guelma et au Kroubs	»	185.000	
Route de la Calle à Tébessa par le Tarf et Souk-Ahras.	882.000	135.000	
Voies demandées par le conseil général en sus des précédentes			
Route de Constantine à Djidjelli par Mila et El-Milia.	582.000	102.000	Le tracé comporte le 3e pont sur le Rhumel demandé par le conseil général.
Prolongement jusqu'à la frontière tunisienne de la route projetée de La Calle à Tébessa.	200.000	26.000	
Totaux	3 082.000	929.000	

Récapitulation

	Dépenses de construction ou d'amélioration	Dépenses annuelles d'entretien
Département d'Oran	1.856.500	688.000
Département d'Alger.	4.068.800	676.850
Département de Constantine . . .	3.082.000	929.000
Totaux généraux. . . .	9 007.300	2.293.850

Ce programme ne pouvait être retenu en entier, non seulement parce qu'il fallait réduire le montant global des demandes faites au titre du prochain emprunt, mais aussi parce qu'il n'était pas possible d'accepter une aggravation de 2,300,000 francs des dépenses ordinaires d'entretien.

Après étude, l'administration a cru ne devoir maintenir, pour une première étape, que les cinq artères désignées ci-dessous qui lui ont paru être, parmi toutes les lignes proposées, celles qui présentaient le maximum d'intérêt.

Désignation des routes à classer	Dépenses de construction ou d'amélioration			Dépenses annuelles d'entretien		
	Oran	Alger	Constantine	Oran	Alger	Constantine
Route de la frontière tunisienne à Mostaganem par le littoral	600.000	710.000	1.418.000	88 000	339.000	481.000
Route de Marnia à Adjeroud par Boudjenane	455.000	»	»	50.000	»	»
Route d'Arzew à El-Aricha par le Tlélat Bel - Abbès et Bedeau.	415.000	»	»	170. 00	»	»
Route de Tizi-Ouzou à Beni-Mansour par Fort-National . . .	»	364.000	»	»	45.000	»
Route de La Calle à Tébessa par le Tarf et Souk-Ahras. . .	»	»	882.000	»	»	(1)
Totaux. . . .	1.470.000	1.074.000	2.300.000	308.000	384.000	481.000
Totaux généraux .	4.844.000			1.173.000		

(1) Il n'est pas compté de dépenses d'entretien pour la route de La Calle à Tébessa dont le classement serait subordonné à l'acceptation par le département de Constantine du déclassement de la route nationale actuelle n° 10 de Constantine à Tébessa, peu importante Les dépenses d'entretien de ces deux routes sont jugées équivalentes, soit 140,000 francs par an pour chacune d'elles.

Ces cinq artères se présentent dans les conditions suivantes :

Route de la frontière tunisienne a Mostaganem par le littoral

Cette route incorporerait dans le réseau des routes nationales, les voies vicinales suivantes :

Département d'Oran. — Le chemin dit du littoral, entre Mostaganem et la limite du département d'Alger et d'Oran par Ouillis et Lapasset, sur une longueur de 88 kilomètres.

Département d'Alger. — Le chemin de grande communication n° 1 d'Alger à Mostaganem, entre la limite des deux départements et Alger d'une longueur de 262 kil. 2 ; le chemin de grande communication n° 1ª, entre sa jonction avec le précédent (près de Zurich) et Cherchell, sur une longueur de 12 kil. 5 ; le chemin de grande communication n° 1ª et son embranchement, entre Ménerville et Tamda, sur 63 kil. 4 ; le chemin de grande communication n° 5ª, entre Tamda et la limite du département d'Alger et de Constantine (col de Djelila), sur une longueur de 43 kil, 3.

Département de Constantine. — Le chemin de grande communication n° 21, entre le col de Djelila et El-Kseur, sur 47 kil. 6 ; le chemin de grande communication n° 3, entre El Kseur et Bougie, sur 22 kil. 6 ; le chemin de grande communication n° 29, en entier soit sur 60 kilomètres ; le chemin de grande communication n° 2, sur 6 kil. 7 ; le chemin de grande communication n° 9, entre sa jonction avec le précédent et Saint-Antoine, sur une longueur de 139 kil. 7 ; la partie du chemin de grande communication n° 6, empruntée par le chemin de grande communication n° 9, sur 8 kil. 4 ; la route départementale n° 5, entre Philippeville et Jemmapes, su 39 kil. 8 ; la route départementale n° 1, entre Jemmapes et Bône, sur 68 kil. ; un tronçon de la route départementale n° 2 et de la chaussée du quai ouest à Bône sur

1 kil. 9 et, enfin, la route départementale n° 3, entre Bône et la frontière tunisienne, sur 112 kil. 2.

Soit, en tout, une longueur de 967 kil. 3 de chemins vicinaux dont les départements n'auraient plus les charges d'entretien.

Cette grande voie de communication présente un caractère d'intérêt général aussi marqué que toutes les routes nationales déjà classées. Au point de vue stratégique, son importance est capitale ; c'est, en effet, la seule voie commode qui existe au bord de la mer ou qui traverse la grande Kabylie. De plus, elle sera prolongée vers l'ouest jusqu'à Marnia, par les routes nationales n° 4, 2 et 7 passant par Oran, Arzew, Aïn-Témouchent et Tlemcen ; et de Marnia à la frontière marocaine par deux voies, l'une se dirigeant vers Oudjda et l'autre vers Adjeroud par Boudjenane. A l'est, elle se soude au point d'origine des deux grandes routes tunisiennes, l'une allant à Tabarka et l'autre à Aïn-Draham, Souk-el-Arba et Tunis.

L'utilité de son classement est donc parfaitement justifié.

Les chemins ou routes à incorporer sont à l'état d'entretien, sauf en ce qui concerne le chemin du littoral entre Dupleix et l'embranchement du Chéliff, dont la construction se poursuit actuellement à l'aide des fonds de l'emprunt de 50 millions et des ressources supplémentaires mises à la disposition du service des travaux publics en 1905 et 1906. Les sommes prévues pour frais de premier établissement s'appliquent surtout à des travaux d'amélioration, tels que rechargements, élargissements, renforcements d'ouvrages d'art, défense contre les érosions des torrents, etc.

Certaines parties des chemins à incorporer, servant de plate-forme à des voies ferrées d'intérêt local, (chemin de grande communication n° 1 dans le département d'Alger et route départementale n° 3 dans le département de Constantine) les conseils généraux devront, préalablement à tout classement, faire abandon à l'état de tous les droits qu'ils peuvent tenir en fin de concession des cahiers des charges et conventions en vigueur. Des négociations seront, à cette fin, engagées avec les départements d'Alger et de Constantine. Si les délégations financières approuvent les propositions qui précèdent et, dans le cas où les conseils généraux se refuseraient à faire abandon de leurs droits, le classement serait ajourné pour toutes les parties où se trouveraient des voies ferrées concédées par eux.

Route de Marnia a Adjeroud par Boudjenane

Cette route serait formée d'une voie nouvelle à ouvrir complètement entre Marnia et la rencontre du chemin de Nemours à Adjeroud près de Boudjenane et d'une partie (33 k. 1) de ce dernier chemin dont l'achèvement se poursuit à l'aide des fonds d'emprunt. Elle aurait une longueur totale de 62 kilomètres et exigerait une dépense de premier établissement évaluée à 455,000 francs et une dépense annuelle d'entretien de 50,000 francs.

Le classement projeté est d'une utilité incontestable, en ce sens qu'il formera le prolongement de la route nationale n° 7 jusqu'au marché d'Adjeroud, c'est-à-dire jusqu'à la frontière marocaine. La nouvelle route nationale desservirait en outre des terrains très fertiles sur lesquels la colonisation pourrait se développer et créerait des relations plus faciles entre Marnia et Nemours. Le chemin actuel entre ces deux villes est très pénible parce qu'il gravit, pour atteindre la mer, un col situé à plus de 800 mètres d'altitude, tandis qu'en empruntant la nouvelle voie, le point culminant du tracé ne serait plus qu'à la cote 530.

Route d'Arzew a El-Aricha par le Tlélat, Bel-Abbès et Bedeau

Cette route comprendrait les chemins vicinaux suivants : grande communication n° 9, entre Arzew et Sidi-bel-Abbès, sur 88 k. 9 ; grande communication n° 4, entre Sidi-bel-Abbès et Bedeau, sur 96 k. 7, grande communication n° 16, entre Bedeau et El-Aricha, sur 54 kilomètres. Soit en tout 239 k. 6 de voies vicinales, dont 206 k. 2 sont à l'état d'entretien, 1 k. 5 ouverts en terrassements et ouvrages d'art et 31 k. 9 en lacune. La construction de cette lacune entraînera une dépense de 415,000 francs, et l'entretien de la nouvelle route coûtera, annuellement, 170,000 francs.

Cette route met en relations directes la côte avec les régions du sud oranais, en desservant les centres importants de Bel-Abbès, le Telagh et Bedeau, où se traitent de grosses affaires commerciales ; elle dessert aussi des centres dont le dévoloppement s'accentue de jour en jour, tels que les Trembles, Prudon, Tenira, Tirman et Bossuet, ainsi que de nombreuses fermes disséminées sur tout son parcours.

Au point de vue stratégique, et comme voie de pénétration dans le sud, son utilité n'est pas moins incontestable. Il suffit de jeter un coup d'œil sur la carte pour se rendre compte des services qu'elle peut rendre pour le transport des troupes et les approvisionnements des postes avancés vers la frontière marocaine. Son classement est du reste demandé par le préfet et par le général commandant la division ; l'assemblée départementale l'a, de son côté, inscrit en tête de ses propositions.

Route de Tizi-Ouzou a Beni-Mansour par Fort-National

La nouvelle route serait formée de l'embranchement du chemin de grande communication n° 1 vers Fort National, d'une longueur de 20 kilomètres, en y comprenant la traverse de cette ville ; du chemin stratégique de Fort-National à Beni-Mansour, actuellement entretenu par la colonie et d'une longueur de 66 kil. 900, enfin d'un tronçon du chemin de grande communication n° 19, d'une longueur de 8 kil 500, entre l'extrémité du précédent chemin et la route nationale n° 5. Elle aurait donc une longueur totale de 95 kil. 400. Les voies empruntées sont toutes à l'état d'entretien, mais une dépense de 364,000 francs serait nécessaire pour donner à la route une largeur uniforme de 6 mètres.

Le chemin de Fort-National à Beni-Mansour étant entretenu par la colonie, la dépense supplémentaire d'entretien qui incomberait au budget ne serait que de 45,000 francs.

Il semble inutile d'insister sur l'utilité de l'incorporation au réseau national d'une voie dont l'intérêt stratégique est indiscutable et qui, en réalité, est la seule qui permette, en cas de nécessité, de jeter rapidement une colonne militaire au cœur de la Kabylii. Au surplus, le fait seul que la plus grande partie de la route est déjà entretenue par la colonie, justifie le classement proposé.

ROUTE DE LA CALLE A TÉBESSA PAR LE TARF ET SOUK-AHRAS

Cette route aurait une longueur totale de 219 kilomètres ; elle engloberait le chemin de grande communication n° 4 sur toute sa longueur, un tronçon du chemin vicinal ordinaire n° 9 de la commune mixte de Souk-Ahras sur 6,700 mètres et la traversée de Souk-Ahras (420 mètres). Ces voies sont en lacune entre Zarouria et Morsott et leur achèvement nécessitera une dépense de 882,000 francs.

La ligne de La Calle à Tébessa offre un caractère d'intérêt stratégique évident, accusé nettement par les avis de l'autorité militaire. C'est à ce titre que son classement dans le réseau national est proposé.

Toutefois, en raison de la nécessité où se trouve l'administration de ne pas accroître, dans des proportions trop considérables, les charges d'entretien que supporte déjà le budget algérien, le classement de cette voie n'est proposé que sous la réserve expresse que le département de Constantine acceptera de prendre en échange la route nationale actuelle n° 10 de Constantine à Tébessa, qui est peu importante et dont le déclassement serait provoqué. Si les assemblées algériennes approuvent cette manière de voir, les négociatians utiles seront engagées sans retard.

C. — Pavages sur les routes nationales. — Le développement de la circulation sur certaines parties des routes nationales, en particulier dans les traverses et aux abords des grands centres, a pris une intensité telle que la substitution de pavages en matériaux durs aux chaussées empierrées est devenue une mesure justifiée. Il en est ainsi dès que l'économie à réaliser sur les frais annuels d'entretien devient sensiblement égale à l'intérêt du capital à engager pour la confection des pavages, d'autant plus que les chaussées pavées sont bien supérieures à l'empierrement au point de vue de la facilité du roulage, de la propreté et de l'hygiène.

L'administration a pris l'initiative d'entrer dans cette voie. Récemment, plusieurs projets de pavages se rapportant à la route nationale nº 5 entre Maison-Carrée et Rouïba et à certaines traverses dans les villes d'Alger, Maison-Carrée, Sétif et Constantine, ont été approuvés. D'autres projets sont à l'étude pour la ville d'Oran.

Il a paru qu'il conviendrait de réserver une fraction des ressources à provenir du nouvel emprunt à l'extension des travaux de cette nature. Pour permettre l'établissement du programme, les chefs de services de la voirie terrestre ont été invités à examiner, en ce qui concerne les routes nationales de leur circonscription (ou les routes susceptibless d'être classées comme routes nationales), les projets méritant d'être pris en considération à ce point de vue.

Les propositions qui sont parvenues au gouvernement général sont résumées dans le tableau ci-après :

Désignation des voies de communication	Evaluation des dépenses	Observations et renseignements
Département d'Oran		
Route nationale nº 4 d'Alger à Oran . . .	100.000	Traverse d'Oran-pavage entre les portes de Mostaganem et le terminus de la ligne des tramways.
Id.	40.000	Pavage entre les points 24 k. 25 et 25 k. 2 et construction de fossés maçonnés.
Route nationale nº 7 de Relizane au Maroc.	94.000	Pavage de la traverse de Sidi-bel-Abbès entre les portes de Tlemcen et de Mascara sur une longueur de 873 m. Le projet s'élève à 188,000 francs : la ville prend la moitié de la dépense à sa charge.
Total. . . .	234.000	
Département d'Alger		
Route nationale nº 1 d'Alger à Laghouat. .	64.000	Pavage dans la traverse d'Alger rue Michelet.
Id.	175.700	Pavage de la traverse de Boufarik.
Id.	67.200	Pavage de la traverse de Médéa.
Route nationale nº 5 d'Alger à Constantine	1.000.000	Pavage entre Maison-Carrée et Rouïba.
Route de la frontière tunisienne à Mostaganem.	»	Le conseil général d'Alger a émis le vœu que soient pavées toutes les traverses occupées par des voies ferrées, notamment sur le trajet de la route de la frontière tunisienne à Mostaganem, et celles des centres importants comme Tizi-Ouzou et Cherchell. Les ingénieurs estiment que ces travaux ne sont pas urgents.
Total. . . .	1.306.200	

Désignation des voies de communication	Evaluation des dépenses	Observations et renseignements
Département de Constantine		
Route nationale n° 3 de Stora à Biskra. . . .	140.000	Traverse de Philippeville.
Id.	66.000	Traverse de Constantine.
Id.	130.000	Traverse de Batna.
Route nationale n° 5 d'Alger à Constantine	108.000	Traverse de Sétif (faubourg de la gare).
Route nationale n° 9 de Sétif à Bougie. . . .	6.500	Pavage de la partie en tunel entre 30 k. 330 et 30 k. 819.
Route de la frontière tunisienne à Mostaganem.	180.000	Traverse de Bône.
Route de Bône à Guelma et au Kroubs.	23.000	Traverse de Guelma.
Total. . . .	653.500	

Récapitulation

Département d'Oran.	234.000
Département d'Alrer.	1.306.200
Département de Constantine. . .	653.500
Total général.	2.193.700

Si justifiés que fussent ces travaux, la dépense qu'ils devaient occasionner était trop élevée pour qu'il fût possible de les retenir tous. Pour le moment, l'administration propose de limiter les pavages aux voies suivantes où ils paraissent s'imposer plus particulièrement :

Département d'Oran

Traverse de la route nationale n° 4, à Oran.	100.000	194.000
Traverse de la route nationale n° 7, à Sidi-bel-Abbès (évaluation totale 188.000 fr.) part de la colonie.	94.000	

Département d'Alger

Traverse de la route nationale n° 1, à Boufarik.	100.000	500.000
Route nationale n° 5, entre Maison-Carrée et Rouïba (parties les plus fatiguées)	400.000	

Département de Constantine

Traverse de la route nationale n° 3, à Batna.	100.000	280.000
Traverse de la nouvelle route nationale de la frontière tunisienne à Mostaganem dans la ville de Bône.	180.000	
Total général.		974.000

Le gouvernement général s'efforcera de poursuivre progressivement les pavages momentanément ajournés, au moyen des crédits ordinaires ou en y appliquant les ressources exceptionnelles qui pourraient être attribuées dans l'avenir aux travaux publics par imputation sur les excédents de la caisse de réserve.

D. — Programme complémentaire. — L'administration avait indiqué, dans la circulaire du 21 septembre 1906, 39 voies sur lesquelles son attention avait été attirée à différentes époques par les vœux des assemblées locales ou coloniales et dont les travaux lui paraissaient susceptibles d'être retenus en vue d'un examen préliminaire.

Les conseils généraux, d'une part, les chefs des services intéressés, d'autre part, en ont signalé un grand nombre d'autres, de sorte que l'on s'est trouvé en présence de la liste ci-après ne comprenant pas moins de 70 chemins correspondant à une dépense de 34.449.000 francs.

Désignation des voies de communication	Dépenses	Observations
Département d'Oran		
Chemins indiqués par l'administration dans la circulaire du 21 septembre.		
Chemin de Sidi-Bel-Abbès à Saïda	»	Construits ou en cours de construction à l'aide de subventions au titre de la colonisation.
Pont sur l'Oued-Saïda à Franchetti.	»	
Chemin de Frenda à Djilali ben Amar par Medroussa.	100.000	
Chemin d'Aïn-Temouchent à Hammam bou-Hadjar par les Berkèche	200.000	
Chemin de Marnia à El-Aricha par Sidi-Djilali. .	1.195.000	
Chemins demandés par le conseil général en sus des précédents.		
Chemin de Frenda à El-Ousseuk (chemin vicinal ordinaire n° 1 de la commune du Djebel-Nador) .	350.000	
Chemin de Mostaganem à Inkermann (chemin de grande communication n° 44 d'Aïn-Tédelès à l'Ouarizane).	590.000	
Chemin du Pont du Chéliff à l'embouchure du Chéliff	95.000	
Chemin de Renault à Taougrit	185.000	
Chemin de Frenda à Prévost-Paradol (partie comprise entre Medroussa et Prévost).	210.000	
Chemin de grande communication n° 4 partie comprise entre Bedeau et Daya (Bossuet)	270.000	
A reporter.	3.195.000	

Désignation des voies de communication	Dépenses	Observations
Département d'Oran (suite)		
Report.	3.195.000	
Chemin du Pont de l'Isser à Montagnac (en prolongement du chemin de grande communication nº 19)	207.000	
Chemin de Thiersville à Aïn-Sultan par Béniane.	420.000	
Chemin de l'Oued-Taria à Tagremaret.	650.000	
Chemin de Chanzy à Mercier-Lacombe	570.000	
Chemin de grande communication nº 53 de Saf-Saf à Lamoricière.	140.000	
Chemin de Marhoum à Daya (Bossuet)	600.000	
Chemin de Renault à Tiaret par Ammi-Moussa (grande communication nº 8).	800.000	
Chemins proposés par les services techniques		
Voies d'accès reliant les nouveaux terre-pleins du port d'Oran à la ville haute	575.000	
TOTAUX du département d'Oran.	7.157.000	
Département d'Alger		
Chemins indiqués par l'administration dans la circulaire du 21 septembre.		
Chemin de Michelet à Azazga.	770.000	
A reporter.	770.000	

Désignation des voies de communication	Dépenses	Observations
Département d'Alger (suite)		
Report.	770.000	
Pont sur le chemin de grande communication n° 11 à la traversée de l'Oued Chiffa.	150.000	
Chemin d'intérêt commun n° 7 de Bou-Medfa à Médéa.	570.000	
Chemin de grande communication n° 16 du Retour de la Chasse à Palestro. Traversée de Bou-Zegza.	90.000	
Chemin de Guelta à Vialar (section comprise entre Rabelais et Vialar, intérêt commun n° 2 et grande communication n° 2). . .	2.220.000	
Chemin d'intérêt commun n° 8 de Bérard à Blida (achèvement)	135.000	
Chemin de grande communication n° 5 de Molière à Boghar (section de Kherba à Boghar). . . .	40.000	
Chemin de grande communication n° 3 d'Adélia à Renault (lacunes dans la plaine du Chéliff)	1.440.000	
Chemin de Boghari à Sidi-Aïssa par Aïn-Boucif. . .	1.500.000	
Chemin de Bou-Saada à Aïn-Oussera.	950.000	
Chemin d'intérêt commun n° 37 de Boughzoul à Chellala.	372.000	
Chemin du boulevard Bon Accueil à El-Biar (banlieue d'Alger)	300.000	
A reporter.	8.537.000	

Désignation des voies de communication	Dépenses	Observations
Département d'Alger (suite)		
Report.	8.537.000	
Chemins demandés par le conseil général en sus des précédents.		
Néant		
Chemins proposés par les services techniques		
Chemin de grande communication nº 4a (embranchement de Téniet-el-Haad à Chellala).	520.000	
Chemin d'intérêt commun nº 24 de Tigzirt à Tizi-Ouzou.	350.000	
Chemin de Dra-el-Mizan à Michelet (Grande communication nº 17, vicinal ordinaire nº 4 de Fort-National et vicinal ordinaire nº 1 de la commune mixte du Djurjura). . . .	515.000	
Chemin vicinal ordinaire nº 2 de Tizi-Ouzou à Boghni (pont sur l'Oued Fali).	35.000	
Chemin d'Azazga à Akbou.	540.000	
Chemin de Bou-Saada à Djelfa.	1.000.000	
Chemin d'Alger à Maison-Carrée par le bord de la mer.	500.000	
Totaux du département d'Alger.	11.997.000	

Désignation des voies de communication	Dépenses	Observations
Département de Constantine		
Chemins indiqués par l'administration dans la circulaire du 21 septembre.		
Chemin d'intérêt commun nº 43 d'Oued-Zenati à Sedrata par Rénier et Gounod	167.000	
Chemin de grande communication nº 41 de Tébessa à Thala	92.000	
Chemin de grande communication nº 15 de Sétif à Bougie par les Caravansérails	1.020.000	
Chemin d'intérêt commun nº 22 d'Hammam Meskoutine à Jemmapes par Roknia et la Robertsau.	»	A l'état complet de viabilité.
Chemin de St-Joseph à Duvivier par la rive droite de la Seybouse (vicinal ordinaire nº 4 de Duvivier)	352.000	
Chemin d'intérêt commun nº 30 de Philippeville à Guelma par l'Oued-Soudan	221.500	
Chemin de Tébessa à El-Meridj (vicinal ordinaire nº 5 de la commune mixte de Morsott)	325.000	
Chemin d'Aïn-Tagrout à Lafayette	290.000	
Chemin de grande communication nº 33, d'El-Arrouch à Oued-Zenati. . .	891.500	
A reporter.	3.359.500	

Désignation des voies de communication	Dépenses	Observations
Département de Constantine (suite)		
Report.	3.359.000	
Chemin d'intérêt commun nº 52 de Richelieu à Aïn-Melouk	»	A l'état complet de viabilité.
Chemin d'intérêt commun nº 9, pont sur la Maffrague	»	Projet abandonné.
Chemin d'intérêt commun nº 33, de Constantine à Aïn-Abid	55.000	
Chemin de grande communication nº 16 de Bône à Herbillon par Bugeaud .	530.000	
Chemin d'Akbou au col de Tizi-N'Cheria (chemins vicinaux ordinaires nºs 1, 2 et 9).	270.000	
Chemin d'intérêt commun nº 54 de St-Arnaud à Fedj-M'Zala par Djemila.	550.000	
Chemin de grande communication nº 31 de Biskra à El-Amri.	70.000	
Chemin en bordure de la mer, des terre-pleins de Philippeville au Filfila. .	500.000	
Chemin de Youks à Chéria.	317.000	
Chemin de Barika à N'Gaous.	195.000	
Chemin allant du chemin de grande communication nº 1 à Gounod.	»	(1) Ce projet avait été porté par erreur, Il est compris dans celui relatif à la construction du chemin d'intérêt commun nº 43 porté en tête de l'état.
Chemin de Batna à Sétif par Bernelle et Corneille (intérêt commun nº 53). (1)	»	
Pont sur la Seybouse au Nador. (2)	99.500	(2) Pourra être entièrement construit à l'aide des fonds de l'emprunt de 1902.
A reporter.	5.945.500	

Désignation des voies de communication	Dépenses	Observations
Département de Constantine (suite)		
Report.	5.945.500	
Chemins demandés par le conseil général en sus des précédents.		
Chemin de grande communication n° 11 de Sétif à Mac-Mahon par le Bou-Thaleb et Barika.	1.203.000	
Chemin de Khenchela à Khanga-Sidi-Nadji. . . .	1.850.000	
Chemin de grande communication n° 5 de Batna à St-Arnaud.	360.000	
Chemin d'intérêt commun n° 34 d'Oued-Athménia à Rouffach.	310.000	
Chemin d'intérêt commun de Djidjelli à Sétif par Babor.	1.050.000	
Chemin de Khenchela à Cheria.	600.000	
Chemin de grande communication n° 25 de Tamentout à Mila par Fedj-M'Zala.	500.000	
Chemin de grande communication n° 15 de Bougie à Sétif.	»	Figure déjà sur le présent état. Demandé par erreur par le conseil général.
Pont de la Soummam au passage de La Réunion .	158.000	
Deuxième pont sur la Seybouse en remplacement du bac actuel	»	Cet ouvrage est compris pour une somme de 137,000 fr. dans l'évaluation déjà donnée à la rubrique : chemin de Duvivier à St-Joseph.
Ponts sur les oueds Djendjen et Nil au passage du chemin d'intérêt commun n° 35.	590.000	
A reporter.	12.566.500	

Désignation des voies de communication	Dépenses	Observations
Département de Constantine (suite)		
Report.	12.566.500	
Chemins proposés par les services techniques		
Chemin d'intérêt commun n° 16 de Duvivier à Petit.	163.500	
Chemin de Blandan à Lamy par la Cheffia (chemin vicinal ordinaire n° 8 de la commune mixte des Beni-Salah)	160 000	
Chemin d'accès au Cap Sigli (vicinal ordinaire n° 4 de la commune mixte de la Soummam)	150.000	
Chemin de grande communication n° 23 de Ben Zerigue à Seddouk.	1.500.000	
Pont sur l'Oued-Kébir (chemin rural n° 8 du Lac des Oiseaux à l'Oued-Kébir, commune mixte des Beni-Salah).	40.000	
Chemin de grande communication n° 20 de Batna à l'Oued - Mellègue par Khenchela et la Meskiana.	125.000	
Chemin de grande communication n° 26 de Batna à Aïn-Beïda	150.000	
Chemin de grande communication n° 32, de Batna à Biskra par la vallée de l'Oued-el-Abiod	440.000	
Totaux du département de Constantine . . .	15 295.000	

Récapitulation

	Dépenses
Département d'Oran.	7.157.000
Département d'Alger	11.997.000
Département de Constantine	15.295.000
Totaux	34.449.000

Obligée de faire une sélection dans ces demandes, l'administration a, tout d'abord, éliminé toutes celles qui concernaient des voies n'ayant pas un caractère d'intérêt général suffisamment marqué, puis elle a écarté celles qui tendaient à faire doubler en quelque sorte des chemins déjà existants sans que leur établissement fut imposé par des considérations exceptionnelles ; enfin, elle a ajourné les routes dont les frais de construction semblaient trop élevés eu égard aux avantages qu'elles présentaient. Le tableau ci-après indique les chemins que la direction des travaux publics est d'avis de maintenir au programme complémentaire. Il doit d'ailleurs rester bien entendu que, comme cela a été formellement dit à plusieurs reprises, à l'occasion de l'emploi des fonds d'emprunt de 1902, aucun chemin ne sera entrepris si l'assemblée départementale intéressée n'a pas pris, à l'avance, l'engagement de l'entretenir au fur et à mesure de sa construction.

Département d'Oran

Chemin de Frenda à Prévost-Paradol par Medroussa	300.000
Chemin d'Aïn-Témouchent à Hammam-bou-Hadjar par les Berkèche.	200.000
Chemin de Marnia à El-Aricha par Sidi-Djilali, terrassements et ouvrages d'art. . .	500.000
Création d'une voie d'accès du port à la gare d'Oran. . .	650.000

Chemin de grande communication n° 8 de Renault à Tiaret par Ammi-Moussa (évaluation totale 800,000 fr.), subvention	200.000	
Chemin de l'Oued Taria à Tagremaret (évaluation totale 650,000 fr.), subvention . . .	150.000	
Total pour le départ. d'Oran	2.000.000	2.000.000

Département d'Alger

Chemin de Michelet à Azazga	200.000	
Pont sur le chemin de grande communication n° 11 à la traversée de l'Oued Chiffa . . .	150.000	
Chemin de grande communication n° 16 du Retour de la chasse à Palestro, traversée de Bouzegza.	90.000	
Chemin de Guelta à Vialar entre Masséna et Vialar (évaluation totale 2,220,000 fr.), subvention	300.000	
Chemin de grande communication de Molière à Boghar section de Kherba à Boghar .	40.000	
Chemin d'intérêt commun n° 37 de Bou-Guezoul à Chellala	372.000	
Chemin vicinal ordinaire n° 2 de Tizi-Ouzou à Boghni-Pont sur l'Oued Fali	35.000	
Chemin de grande communication n° 3 d'Adélia à Renault (évaluation totale 1,440,000 fr.) subvention.	200.000	
Chemin d'Alger à Maison-Carrée par le bord de la mer.	500.000	
Total pour le départ. d'Alger	1.887.000	1.887.000

Département de Constantine

Chemin de grande communication n° 15 de Sétif à Bougie par les caravansérails. . . .	1.000.000	
Chemin d'Aïn-Tagrout à Lafayette.	290.000	
Chemin d'intérêt commun n° 33 de Constantine à Aïn-Abid	55.000	
Chemin d'intérêt commun n° 54 de St-Arnaud à Fedj-M'Zala par Djemila	550.000	
Chemin de Barika à N'Gaous	195.000	
Chemin de Youks à Chéria (évaluation totale 317,000 fr.), subvention.	45.000	
Pont sur la Seybouse au Nador (évaluation totale 109,500 fr.), subvention.	90.000	
Pont sur la Soumam . . .	158.000	
Total p. le dép. de Constantine	2.383.000	2.383.000
Total général		6.270.000

L'établissement de ces divers chemins se justifie par les considérations suivantes :

Chemin de Frenda a Prévost-Paradol par Médroussa

Ce chemin est destiné à relier Frenda et surtout Medroussa à la ligne de chemin de fer de Tiaret à Mostaganem, tout en desservant une riche région, où la colonisation est prospère. Il a déjà fait l'objet d'un avant-projet, adopté en principe par décision gouvernementale du 19 mai 1906.

Actuellement, le chemin est ouvert en terrassements et ouvrages d'art entre Frenda et Medroussa et en lacune jusqu'à l'oued Mina. La somme de

300,000 francs prévue au programme permettra de l'achever complètement.

Chemin d'Aïn-Temouchent a Hammam-bou-Hadjar par les Berkèche

Ce chemin aurait son origine au point 1 kil. 500 du chemin vicinal ordinaire n° 6 de la commune d'Aïn-Temouchent (P. E.), traverserait le douar de Souf-el-Tel et la région nord des Berkèche sur le territoire de la commune mixte d'Aïn-Temouchent pour aboutir au kilomètre 12,430 du chemin de grande communication n° 4, à la limite de la commune d'Hammam-bou-Hadjar.

Cette voie traversera une région très fertile, où il existe déjà de nombseuses et importantes exploitations agricoles ; elle facilitera le développement de la colonisation dans toute la région nord des Berkèche, où existent des terrains domaniaux qui acquerront sûrement une plus grande valeur lorsqu'ils seront desservis par un chemin carrossable.

Chemin de Marnia a El-Aricha par Sidi-Djilali

Ce chemin présente un intérêt stratégique des plus marqués. Son achèvement complet nécessiterait une dépense de 1,195,000 francs. Mais, précisément en raison de son caractère stratégique, on peut se borner à construire la plate-forme et les ouvrages d'art ; l'exécution de la chaussée peut être ajournée sans inconvénient. Une somme de 500,000 francs sera suffisante pour remplir ce programme.

Actuellement, le chemin est ouvert à 6 mètres de Marnia au col de Korchef et à 4 mètres entre ce point et Sidi-Djilali, avec ouvrages permettant l'élargissement à 6 mètres. Entre Sidi-Djilali et El-Aricha, il n'existe qu'une piste ouverte par la main-d'œuvre militaire.

Création d'une voie d'accès du port a la gare d'Oran

Cette voie est destinée à relier les nouveaux terre-pleins du port et ceux existants avec les quartiers hauts de la ville. Elle a été demandée par la chambre de commerce et par la municipalité. Sa construction s'impose, car la question de l'accès des quais est capitale pour le commerce oranais. La route nationale qui relie actuellement le quai Sainte-Marie à la place d'Armes est déjà notoirement insuffisante; elle a, de plus, l'inconvénient de déboucher en un point de la ville où la circulation est très intense, ce qui constitue une gène considérable qui ira en s'aggravant après l'achèvement des nouveaux terre-pleins.

La somme de 650,000 francs, prévue pour l'ouverture de la nouvelle voie, est supérieure à celle indiquée au tableau général; cela tient à ce que les ingénieurs n'avaient pas envisagé la jonetion des terre-pleins du port avec la gare de Karguentah, qui est indispensable.

Chemin de grande communication n° 8 de Renault a Tiaret par Ammi-Moussa

La longueur de ce chemin est de 129 kilomètres; il dessert Inkermann et Ammi-Moussa et suit la vallée de l'oued Riou. Il est construit jusqu'au kilomètre 76, 6 et en lacune au delà. Mais, entre 108 kil. et 129 kil., les travaux vont être prochainement entrepris au titre de la colonisation comme chemin d'accès au centre projeté de l'oued Lili.

La somme de 200,000 francs, inscrite au programme, permettrait d'ouvrir le chemin en terrassements entre les kilomètres 76 et 108 et de constuire les ouvrages d'art ordinaires les plus indispensables.

Chemin de l'oued Taria a Tagremaret

C'est une ligne médiane entre les chemins de Tagremaret à Mascara et de Tagremaret à Saïda; elle suit les vallées de l'oued Taria et de l'oued-el-Kebir, franchit le col de l'oued Taria, se développe dans la plaine des Outa-Guiberen pour arriver au col de Sidi-bou-Ali et de là redescendre facilement sur Tagremaret.

Actuellement, le chemin est à peine ébauché et sa construction entraînerait une dépense de 650,000 francs. On peut se borner, pour le moment, à faire porter les efforts vers les deux extrémités du chemin où existent des terres de colonisation et des fermes ; une subvention de 150,000 francs a paru suffisante pour cet objet.

CHEMIN DE MICHELET A AZAZGA

Ce chemin présente surtout un caractère stratégique et, comme tel, il n'est pas nécessaire d'envisager, pour l'instant du moins, sa mise à l'état complet de viabilité. Il suffirait d'ouvrir la lacune qui existe entre Tizi-Merguel et Azazga, à 4 mètres, par exemple, et d'aménager les plus mauvais passages. A cet effet, une somme de 200,00 francs paraît suffisante.

PONT SUR LE CHEMIN DE GRANDE COMMUNICATION N° 11 A LA TRAVERSÉE DE L'OUED CHIFFA

La construction de ce pont, d'une longueur de 180 mètres, fera disparaître la seule lacune qui existe sur le chemin de grande communication n° 11 et qui a pour effet d'imposer aux populations de Mouzaïaville et de la Chiffa un sérieux allongement de parcours pour se rendre, soit à Oued-el-Alleug, soit au marché de Boufarik, lorsque la hauteur des eaux sur le gué rend celui-ci impraticable.

CHEMIN DE GRANDE COMMUNICATION N° 16 DU RETOUR DE LA CHASSE A PALESTRO. — TRAVERSÉE DU BOUZIGZA

Il s'agit de combler une petite lacune pour achever une voie qui sera très fréquentée lorsqu'elle sera livrée entièrement à la circulation, en raison du raccourci qu'elle présente sur la route nationale n° 5, entre Alger et Palestro. La somme nécessaire, 90,000 francs, est relativement minime et peut être inscrite au programme.

Chemin de Guelta a Vialar, entre Masséna et Viazar

La lacune comprise entre Guelta et Rabelais figure au programme primitif pour une somme de 650,000 francs.

L'ouverture complète du chemin entre Masséna et Vialar nécessiterait une dépense de 2,220,000 francs. Cette voie de communication est certainement très intéressante et sa construction aurait une importance considérable au point de vue des relations commerciales entre les hauts plateaux du Sersou et la plaine du Cheliff, en même temps qu'elle permettrait de relier Vialar et les centres nouvellement créés dans le Sersou à la ligne ferrée qui va être établie entre Orléansville et Ténès ; mais le chiffre de la dépense est trop élevé pour pouvoir être maintenu. Une subvention de 300,000 francs pourrait toutefois être allouée au département pour parer aux besoins les plus urgents et l'encourager à poursuivre l'achèvement du chemin par petites étapes.

Chemin de grande communication n° 5 de Molière a Boghar. — Section de Kherba a Boghar

Ce chemin n'a entre Kherba et Boghar, qu'une largeur réduite de 4 mètres, notoirement insuffisante, principalement en hiver, au moment des grandes pluies et de la chute des neiges qui provoquent de nombreux éboulements et des glissements de terrain. Pour remédier à cette situation, il est indispensable d'élargir la plate-forme à 6 mètres et de construire onze petits ouvrages pour assainir le chemin.

La somme de 40,000 francs prévue sera suffisante pour atteindre ce but.

Chemin d'intérêt commun n° 37 de Bouguezoul à Chellala

Chellala n'est pas encore relié à un centre quelconque par une voie carrossable ; c'est une lacune qu'il importe de combler au plus tôt. La mise en état de viabilité complète du chemin d'intérêt commun n° 37 facilitera les communications entre Chellala et Boghari et rendra les plus grands services pour l'exploitation des vastes territoires situés au sud des plateaux du Sersou.

L'inscription de ce travail au programme pour une somme de 372,000 francs est donc parfaitement justifiée.

Pont sur l'oued Fali au passage du chemin vicinal ordinaire n° 2 de Tizi-Ouzou à Boghni

La construction de cet ouvrage a été demandée par la section kabyle des délégations financières. Le chemin auquel il donne passage dessert de nombreux villages de la région riche et peuplée des Maatkas ; il passe au marché de Souk-el-Khemis et aboutit à la ligne du tramway de Dellys à Boghni, à 5 kilomètres de la gare de cette localité. Ce chemin, très fréquenté par les indigènes, a, de plus, une importance stratégique considérable, puisque la piste qu'il emprunte a été ouverte par l'autorité militaire.

La dépense à envisager ne s'élève d'ailleurs qu'à 35,000 francs.

Chemin de grande communication n° 3 d'Adélia à Renault

Ce chemin suit la rive droite du Chéliff, dessert les centres de Miliana, Littré, Kherba, Carnot, Hoche, Rabelais et facilite les communications entre les deux rives du Chéliff. Il présente une série de lacunes, notamment entre Levacher et Kherba et entre Carnot et Hoche. Son achèvement coûterait 1,440,000 francs, chiffre trop élevé eu égard aux ressources envisagées.

Une subvention de 200,000 francs a été néanmoins prévue afin de permettre au département d'ouvrir les parties les plus utiles.

Chemin d'Alger a Maison-Carrée par le bord de la mer

Depuis quelques années, à la demande des communes comprises entre Alger et Maison-Carrée, l'administration a fait étudier diverses solutions en vue de l'établissement, le long du littoral, entre le marché de Maison-Carrée et l'arrière-port de l'Agha, d'une piste destinée au passage des moutons. Le mouvement d'exportation de ces animaux, qui atteint 500,000 têtes en année moyenne, est principalement concentré pendant une courte période de trois mois et occasionne sur la route nationale n° 5 une gêne très sensible à la circulation générale, qui y est déjà fort intense. Mais, entre l'arrière-port de l'Agha et Hussein-Dey, la piste ne peut trouver sa place que par de nouvelles conquêtes sur la mer, ce qui exige des travaux fort onéreux, dont le coût serait hors de proportion avec le but à atteindre.

Il faut donc renoncer à l'idée de la création d'une simple piste à moutons et adopter une autre combinaison. Celle que l'administration fait étudier en ce moment est la suivante :

Ouverture, entre l'arrière-port et le pont du Caroubier, d'une voie assez large (16 à 20 mètres) pour qu'elle puisse servir en même temps au passage des moutons et à la circulation en général. Entre le pont du Caroubier et celui de l'Harrach à Maison-Carrée, ouverture d'une route d'une largeur de 10 mètres, cette section ne devant plus recevoir de circulation autre que celle des moutons et des voitures agricoles.

La dépense totale, dans cette combinaison, ne sera pas supérieure à celle qui résultait des premières études faites, grâce à l'économie que l'on ferait d'un deuxième pont sur l'Harrach. Les communes intéressées participeront à la dépense. La part à la charge de la colonie peut être évaluée à 500,000 francs.

Chemin de grande communication n° 15 de Sétif à Bougie par les caravansérails

Ce chemin réunirait à Bougie les régions de Takitount et du Guergour ; il desservirait ce territoire riche en minerais de toutes natures et ouvrirait à la colonisation de grandes espaces de terres fertiles, mais encore incultes. Il est à l'état complet d'entretien à ses deux extrémités sur 25 kilomètres du côté de Bougie et sur 37 kilomètres du côté de Sétif ; la partie médiane, d'une longueur de 72 kilomètres environ, reste à achever.

L'importance de ce chemin n'est pas à démontrer, et le fait seul que le département de Constantine a consacré une somme voisine de 2 millions de francs à la construction des deux tronçons sus-visés constitue un témoignage suffisamment éloquent en faveur du maintien de cette voie au programme.

Au surplus, le chemin de grande communication n° 15 pourra rendre de grands services lorsque des avaries intercepteront la circulation sur la route nationale n° 9, ce qui arrive assez souvent en hiver.

Chemin d'Aïn-Tagrout à Lafayette

Le chemin aurait son origine à la borne 152,500 de la route nationale n° 5, descendrait la vallée du Bou-Sellam en empruntant le chemin rural n° 6 des Maadids, rejoindrait le chemin rural n° 10 du Guergour, dont il suivrait le tracé jusqu'à Lafayette en remontant la vallée de l'oued Saf-Saf et en passant près des mines de zinc de Kef-Semmah. Sa longueur totale atteindrait 25 kilomètres.

Son utilité est incontestable. Ce chemin, en effet,

permettrait, d'une part, la mise en valeur d'une région où il existe encore près de 700 hectares de terres de cultures domaniales et qui renferme d'importants gisements miniers. D'autre part, il constituerait une voie de pénétration excellente vers les centres kabyles de l'oued Bou-Sellam et de ses affluents.

La dépense prévue de 290,000 francs paraît suffisamment justifiée.

Chemin d'intérêt commun nº 33 de Constantine a Ain-Abid

Cette voie d'une longueur totale de 40 k. 6 est entièrement ouverte, tous les ouvrages d'art sont fait et il ne reste plus, pour l'achever, qu'à empierrer un tronçon de 12 kilomètres entre la ferme Lavie et le bled Bouziane. Une somme de 55,000 francs jugée suffisante par le service technique pour terminer le chemin a été inscrite au programme.

Chemin d'intérêt commun nº 54 de Saint-Arnaud a Fedj-M'zala, par Djemila

Ce chemin traverserait une région fertile totalement dépourvue, pour l'instant, de chemins carrossables. En particulier, il desservirait les intéressantes ruines romaines de Djemila. Cette voie d'une longueur totale de 56 kil. est presqu'entièrement à l'état de lacune. Sa construction nécessitera une dépense de 550,000 francs qui paraît être en rapport avec les services qu'elle pourra rendre lorsqu'elle sera ouverte à la circulation.

Chemin de Barika a N'Gaous

Ce chemin est connu sous le nom de « Piste des caravanes ». Il est entièrement construit et empierré sur le territoire de la commune mixte des Ouled-Soltan et à l'état de piste sur la longueur de 13 kil.

située sur le territoire de l'annexe de Barika. La dépense à faire pour l'achever complètement est évaluée à 195,000 francs.

L'achèvement de ce chemin aurait pour résultat de relier directement par une voie carossable le centre important de Barika à Sétif. Cette solution serait infiniment préférable à celle qui consiste à terminer le chemin de Sétif à Mac-Mahon qui serait plus long de 10 kil. environ et coûterait plus de douze cent mille francs.

Chemin de Youks a Chéria

Le chemin de Youks à Chéria est certainement très intéressant car il ouvre à l'action européenne une vaste région qui a une valeur immédiate au point de vue de l'agriculture et où les découvertes minières peuvent se multiplier. La mise en état de viabilité complète exigerait une dépense de 317,000 francs mais on peut se borner pour le moment, à ouvrir la partie difficile du chemin, longue de 5 kil. pour monter de Youks sur le plateau au col d'Aïn-Taga. Des travaux ont déjà été exécutés sur ce tronçon à l'aide des prestations et de subventions du département (5,000 francs) et de la colonie (10,000 francs) il manquerait encore 40 à 50,000 francs pour l'achever. Ce dernier chiffre a été porté au programme.

A partir du col d'Aïn-Taga jusqu'au centre de Chéria, le terrain est peu accidenté et la piste, telle qu'elle existe, sera suffisante pendant de nombreuses années.

Pont de la Seybouse au Nador

L'établissement de cet ouvrage assurerait des communications faciles entre la voie ferrée et les riches vallées de l'oued Sekaka et de l'oued Halia, aussi les populations de ces régions le réclament-elles depuis longtemps.

D'autre part, le pont rendrait de grands services à la société minière du Nador pour l'expédition de ses minerais ; dans ces conditions il a paru à l'administration que la dite société devrait participer aux dépenses de premier établissement évaluées à 109,500 fr. pour une somme à déterminer. Le Conseil d'administration, pressenti à cet effet, a fait connaître qu'il était disposé à fournir un contingent de 10,000 francs. Ce subside paraît trop faible eu égard aux avantages qu'assurera à la compagnie l'ouvrage en question et il ne paraît pas exagéré de lui demander une vingtaine de mille francs. Le complément, soit 90,000 francs, serait supporté par la colonie.

Pont sur la Soummam au passage de la Réunion

Cet ouvrage relierait entre eux les chemins de grande communication n° 3 et 15. Son utilité est reconnue ; elle a été affirmée à diverses reprises par le conseil général.

Le pont aura 100 mètres d'ouverture en deux travées et la dépense est évaluée à 158,000 francs d'après un avant-projet dressé par le service technique en 1903. Ce chiffre peut être maintenu.

En résumé, le programme des routes et chemins dont l'exécution au moyen des fonds du prochain emprunt est proposé par la direction des travaux publics s'établit ainsi :

CATÉGORIE DES TRAVAUX	DÉPARTEMENT D'ORAN	DÉPARTEMENT D'ALGER	DÉPARTEMENT de CONSTANTINE	TOTAUX
A. — Achèvement du programme primitif....................	3.909.000	6.091.000	3.363.860	13.363.860
B. — Classement de nouvelles routes nationales....................	1.470.000	1.074.000	2.300.000	4.844.000
C. — Pavages sur les routes nationales ou les routes susceptibles d'être classées	194.000	500.000	280.000	974.000
D. — Programme complémentaire....	2.000.000	1.887.000	2.383.000	6.270.000
Totaux des routes et chemins..	7.573.000	9.552.000	8.326.860	25.451.860

Travaux maritimes

Achèvement du programme primitif

L'achèvement du programme primitif tel qu'il a été défini d'autre part (1), engage les fonds du nouvel emprunt jusqu'à concurence d'une somme de 7,081,600 francs dont la répartition par département, au prorata des dépenses prévues, serait :

Département d'Oran	2.754.000	»
Département d'Alger.	2.360.600	»
Département de Constantine. . . .	1.967.000	»
Total égal.	7.081.600	»

Travaux complémentaires

Port de Nemours

Le trafic du port de Nemours est actuellement d'une vingtaine de mille tonnes de marchandises dont plus de 16.000 à l'exportation. Nemours est le débouché d'un vaste territoire algérien et d'une partie du Maroc voisine de la frontière. Il y a lieu d'espérer que le trafic augmentera rapidement par le fait :

1° du développement de la colonisation dans les riches régions de Nemours, Marnia et Nédroma ;

2° de l'ouverture de nouvelles routes en construction qui doivent relier le port à Tlemcen par Nédroma et Hennaya, à Raschgoun par le littoral et à Adjeroud à l'ouest, par la ligne des crêtes qui entourent le bassin de l'oued Kouarda et par la vallée de l'oued Kiss ;

3° de la création d'une zone irrigable de 5,000 hectares autour de Marnia.

(1) Voir emploi des fonds de l'emprunt de 1902.

D'évaluations qui ne paraissent pas d'un optimisme exagéré, il résulte que l'on pourrait compter, dans un avenir rapproché, sur un trafic de 50,000 tonnes au port de Nemours, dont l'aménagement présente, en outre, un intérêt particulier, à raison des efforts actuellement tentés par les puissances européennes en vue de la pénétration pacifique du Maroc et de la création de zones d'influence commerciale.

Malheureusement, les circonstances géographiques se prêtent fort mal à la création d'un port en ce point de la côte, qui n'offre pas le moindre abri naturel et dont la plage est exposée à tous les vents dangereux. Les travaux à entreprendre seront fort coûteux. Il ressort des études techniques des ingénieurs de la circonscription d'Oran, révisées par le conseil général des ponts et chaussées, que l'aménagement d'un bassin, capable de recevoir et d'abriter des navires ayant jusqu'à 7 mètres de tirant d'eau, nécessitera la construction de deux grandes jetées et d'un brise-lames en haute mer. La dépense totale à envisager est mal connue, les projets définitifs des travaux n'étant pas encore dressés ; mais le chiffre de 6 millions doit être considéré comme un minimum, et le conseil général des ponts et chaussées a indiqué celui de 8,500,000 francs comme ayant les plus grandes chances d'être atteint en cours d'exécution.

La ville de Nemours ne pouvant guère y participer que dans la limite d'un subside de 1,000,000 de francs, entraînant déjà la perception d'une taxe de un franc par tonne sur les marchandises importées et exportées, c'est donc à une dépense de 7,500,000 francs qu'aurait à faire face le budget colonial,

Il n'a pas paru possible d'inscrire un chiffre aussi élevé dans le programme du nouvel emprunt, car les travaux de Nemours auraient absorbé la presque totalité de la portion des ressources réservées aux ports de mer. La somme réduite de 2,000,000 de francs, qui figure au programme, correspond à l'exécution des travaux ci-après :

1° construction de la jetée de l'est, de 430 mètres de longueur, destinée à abriter la rade contre les vents les plus dangereux ;

2° création d'un terre-plein de 150 mètres de longueur et 80 mètres de largeur, abrité derrière la jetée ;

3° construction d'un appontement en charpente métallique ou en béton armé, de 200 mètres de longueur, permettant aux navires de faire leurs opérations quand la mer ne sera pas trop dure.

Port de Mostaganem

D'importants travaux, dont la dépense, évaluée à 1,600,000 francs, figure au programme primitif de l'emploi des fonds de l'emprunt de 50 millions, sont en cours d'exécution au port de Mostaganem. Ils ont pour objet de remettre en état et de renforcer, dans certaines parties reconnues faibles, les jetées qui ont subi des avaries très graves à la suite des tempêtes de novembre 1903.

Lorsqu'ils seront terminés, le port de Mostaganem sera de nouveau en état de recevoir et d'abriter les navires de moyen tonnage, mais les dispositions de l'entrée présenteront encore un obstacle assez grave pour la navigation. La passe, orientée vers le sud-ouest, n'est, en effet, protégée des lames du large que par un prolongement de la grande jetée ne s'avançant que de 100 mètres au delà de la jetée secondaire dans laquelle est ouverte l'entrée du bassin. Cette protection est insuffisante contre la houle soulevée par les vents dangereux du nord-ouest, et il sera très utile de prolonger la grande jetée et d'en reporter le musoir plus en avant de l'entrée.

L'amélioration projetée sera coûteuse, les jetées devant être établies à Mostaganem avec un profil exceptionnellement robuste, car le port a été créé en un point de la côte qui n'offrait pas le moindre abri naturel. On aura toutefois l'avantage de pouvoir exécuter le travail par étapes successives et, en quelque sorte, à la demande des crédits disponibles. L'exiguité des ressources n'a permis de comprendre le prolongement de la grande jetée de Mostaganem dans le programme des travaux maritimes complémentaires à doter sur le nouvel emprunt que pour une somme de 500,000 francs. Cet ouvrage sera ultérieurement continué avec les ressources dont le chapitre des travaux d'amélioration des ports serait doté.

On aura à faire, en outre, pour compléter l'outillage du port, une cale de hâlage des quais et des appontements, au moyen des ressources ordinaires et avec la participation de la chambre de commerce.

Port de Ténès

Le port de Ténès n'a reçu, pendant les dernières années écoulées, qu'un trafic maritime d'une quinzaine de mille tonnes de marchandises en moyenne, avec un maximum de 21,000 tonnes en 1905, trafic provenant presque exclusivement du cabotage côtier. Mais la création de la ligne de tramway d'Orléansville à Ténès, le développement de la colonisation dans la région du Dahra et celui de l'exploitation minière dans le bassin tributaire de ce port vont en modifier complètement les conditions économiques. Il ne semble pas exagéré d'admettre que, quelques années après la mise en service de la voie ferrée, le trafic s'élevera, comme celui du port de Mostaganem, à une centaine de mille tonnes et même plus probablement à 150,000 tonnes. Il est de toute nécessité de pourvoir le port de Ténès des aménagements indispensables pour faire face à ces besoins nouveaux.

Ces considérations n'ont, d'ailleurs, pas échappé à l'attention des représentants des populations intéressées et, dans sa séance du 22 mai 1906, la délégation financière des colons a été saisie d'un vœu tendant à la construction, dans le port de Ténès, d'un môle en eau profonde permettant l'accostage des navires ordinaires du commerce. La commission des travaux publics de cette assemblée a estimé que le vœu devait être pris en considération et elle a émis l'avis que cette construction pouvait être entreprise par la colonie à la condition que la commune de Ténès prendrait à sa charge la moitié de la dépense.

Il résulte des études d'ordre technique qui ont été entreprises pour déterminer la nature et l'importance des travaux d'amélioration à prévoir au port de Ténès que le programme à adopter par ordre d'urgence comprendrait :

1° la construction d'un môle en eau profonde, permettant l'accostage des navires de moyen tonnage et celle d'un vaste terre-plein pour le dépôt des marchandises à conquérir, par voie de déblaiement, sur les terrains déclives qui bordent la plage ;

2° le parachèvement des jetées et du brise-lames ;

3° des dragages généraux susceptibles d'assurer aux navires le maximum de tirant d'eau compatible avec la profondeur des bancs rocheux sous-marins qui constituent le fond du port.

La dépense totale est évaluée à 1,700,000 francs. Quant à la quote-part qui pourra être réclamée à la commune, elle est loin d'atteindre la proportion élevée de 50 % qui avait été envisagée dans le vœu susvisé des délégations financières. L'on ne peut, en effet, imposer au trafic des taxes calculées soit à la tonne de jauge, soit à la tonne de marchandises, supérieures aux maxima fixés par la loi du 7 avril 1902 sur la marine marchande. D'autre part, la jurisprudence administrative du conseil d'état a établi que le rendement des taxes en vue des emprunts à contracter par les chambres de commerce ou les communes subventionnant les travaux de ports de mer, ne devait pas être calculé sur un trafic escompté, mais bien sur le trafic constaté au cours des dernières années. L'application de ces règles ne permettra pas d'imposer actuellement à la commune de Ténès une participation de plus de 200,000 francs dans les travaux d'amélioration du port, et le chiffre de la dépense à la charge du budget colonial, qu'il y a lieu d'inscrire au programme du nouvel emprunt, ressort à 1,500,000 francs.

Il convient de noter que, du fait du développement du trafic, le produit des taxes de péage deviendra rapidement de beaucoup supérieur aux annuités de l'emprunt contracté par la commune pour faire face à son subside. La commune de Ténès se trouvera donc en situation de pouvoir gager un second emprunt qui permettra de donner, dans l'avenir, une nouvelle extension aux aménagements du port.

Port d'Alger

Des travaux considérables sont en cours d'exécution au port d'Alger.

Une loi du 19 juillet 1905 a déclaré d'utilité publique l'achèvement de l'arrière-port de l'Agha comprenant la construction d'un môle de 550 mètres de longueur et 145 mètres de largeur et celle des jetées nécessaires pour transformer l'arrière-port en un bassin complètement fermé et abrité. En outre, un décret du 12 juin 1906 a autorisé la création, dans l'ancien port d'Alger, d'un môle reliant l'îlot Al-Djefna à la terre. L'ensemble de ces travaux, y compris les installations complémentaires d'aménagement des quais et terre-pleins et l'établissement des voies ferrées de service, ne correspondra pas à une dépense moindre de 9,000,000 de francs, dont 3,200,000 environ à la charge de la chambre de commerce, le surplus étant couvert au moyen des ressources fournies par l'emprunt colonial de 50 millions. Les entreprises y relatives seront terminées dans un délai probable de 6 à 7 ans.

Malgré l'importance de ces travaux, qui doteront le port d'Alger de plus de 1,500 mètres de longueur de quais et de 8 hectares de quais et terre-pleins pour le dépôt et la manutention des marchandises en transit, il faut prendre garde que lorsque le nouvel emprunt aura été contracté, l'Algérie ne pourra peut-être pas consacrer de nouvelles ressources extraordinaires aux travaux d'amélioration des ports pendant une période assez longue. Or, le développement du trafic au port d'Alger, surtout comme mouvement de navires et tonnage de jauge, est tellement rapide que les grands travaux d'amélioration rappelés ci-dessus ne seront pas suffisants pour maintenir le port à la hauteur des besoins. Le mouvement de la navigation a passé, en effet, de 7,385,000 tonneaux de jauge, entrées et sorties réunies, en 1902, à 11,303,000 tonneaux en 1905, mettant ainsi Alger au second rang des ports de France à ce point de vue, (Marseille tient la première place avec 14,917,000 tonneaux en 1905) et lui donnant un classement honorable, après les plus grands ports de l'Europe. (En 1904 : Londres, 21.500,000 tonneaux ; Hambourg, 19,200,000 ; Anvers, 18,700,000 ; Liverpool 15,900,000 ; Rotterdam, 15,700,000).

Avec le nouveau bassin fermé de l'arrière-port de l'Agha, la surface totale en eau abritée du port d'Alger sera suffisante pour tous les besoins pendant une longue période de temps. Le point faible est l'insuffisance de la longueur des quais accessibles aux navires de grand et de moyen tonnage, insuffisance qui oblige aujourd'hui le commerce maritime à effectuer presque toutes les opérations d'acconage au moyen de chalands. Même après l'achèvement de l'arrière-port de l'Agha, la longueur totale des quais, offrant plus de 6 m. 58 de tirant d'eau, ne dépassera guère 2,500 mètres, alors qu'elle atteint 14 kilomètres au Havre et à Marseille, 20 kilomètres à Hambourg, 14 à Anvers, etc. On doit donc envisager d'ores et déjà, comme une nécessité, dès que l'avancement des travaux de l'arrière-port permettra d'y envoyer provisoirement la masse principale des marchandises, d'entreprendre un projet spécial d'aménagement intérieur de l'ancien port d'Alger, où l'on pourra, grâce à la construction de môles et à l'avancement des quais existants, créer au moins 2 kilomètres de nouveaux quais accostables par les grands navires.

L'étude du projet est assez délicate, au point de vue technique, à cause des précautions à prendre pour sacrifier le moins possible de la belle nappe d'eau abritée actuelle et surtout pour éviter d'augmenter le ressac déjà gênant. Les évaluations de dépense que l'on peut faire aujourd'hui n'ont donc qu'un caractère d'approximation. L'on sait, d'autre part, sans être fixé davantage, que la chambre de commerce pourra fournir une contribution très importante, basée, tant sur le produit des taxes de péage déjà instituées après libération des anciens travaux, que sur le produit de la location des terre-pleins existants ou à créer au port d'Alger et qui seraient concédés à cette compagnie. Il a été admis, d'après les prévisions assez vagues qu'il est possible de faire, que les travaux entraîneraient une dépense totale de 7 à 8,000,000 de francs et que l'on pourrait se contenter d'y faire participer le budget colonial pour une somme de 2,000,000 de francs qui a été inscrite à ce titre au programme des travaux nouveaux à doter sur l'emprunt projeté.

Port de Djidjelli

Un décret du 3 juin 1904, a déclaré d'utilité publique les travaux d'un avant-projet dressé en vue de la construction, au port de Djidjelli, d'une jetée de 300 mètres de longueur destinée à fermer la grande passe des récifs et à abriter la rade contre les vents du nord. Le projet, qui comprend en outre des améliorations accessoires consistant en agrandissement et exhaussement des terre-pleins actuels a été récemment adjugé. La dépense est évaluée à 2,300,000 francs dont 625,000 francs de subside fournis par la commune, le solde étant à la charge du budget colonial et figurant parmi les dépenses prévues au compte de l'emprunt de 50 millions.

L'exécution de ces travaux, particulièrement délicate en raison de la violence de la mer sur cette partie de la côte algérienne et de l'absence de tout abri permettant de conserver en sûreté du matériel naval, a révélé des difficultés beaucoup plus considérables que ne les avaient supposées les auteurs du projet. Ces difficultés sont encore aggravées par les mauvais résultats donnés par l'exploitation des seules carrières dont on dispose à proximité du port, et qui ne fournissent que des pierres très médiocres.

Il paraît certain que l'on sera obligé de modifier, en le renforçant beaucoup, le profil type adopté pour la jetée et même d'armer de fer la plate-forme en couronnement de manière à lui permettre de supporter, malgré les tassements du noyau en blocs artificiels sous jacents, le passage de la lourde grue titan qui, faute de pouvoir utiliser un matériel naval, est nécessaire pour construire la jetée par avancement. Il en résultera des dépenses supplémentaires très considérables qui dépasseront vraisemblablement un million de francs.

D'autre part, le conseil municipal de Djidjelli a demandé avec insistance que l'on envisage, dès maintenant, le prolongement sur 250 mètres de longueur, jusqu'à l'îlot du phare, de la jetée en construction. Les intéressés estiment que ce n'est qu'à cette condition que la rade sera suffisamment abritée.

Ce projet est rendu séduisant par l'existence d'une série d'écueils et de hauts fonds qui pointent dans le prolongement de la jetée en constrution jusqu'à l'îlot du phare, de sorte que l'on pourra profiter de cet embryon de défense naturelle de la rade. Toutefois, il était jusqu'ici impossible de le prendre en considération, les ressources dont on disposait pour l'exécution des grands travaux maritimes inscrits au programme de l'emprunt de 50 millions étant déjà manifestement insuffisantes pour terminer les travaux engagés.

Du moment que l'on dispose de nouveaux crédits, il paraît intéressant de reprendre la question de l'achèvement définitif de la jetée de Djidjelli. L'exemple des travaux en cours fait, en effet, ressortir la difficulté de l'exécution d'une jetée en ces parages et montre combien on a de peine à y maintenir des entrepreneurs disposant du matériel et des capitaux nécessaires pour mener l'œuvre à bonne fin. Si donc l'on réussit enfin, comme il faut espérer, à vaincre les obstacles rencontrés et à achever le tronçon de jetée qui fait l'objet de l'entreprise actuelle, il sera très rationnel de profiter de l'expérience acquise ainsi que des installations et du matériel créés pour en finir une fois pour toutes et n'avoir pas, dans quelques années, à repasser par une série analogue de déceptions et de dépenses improductives.

C'est dans cet ordre d'idées, et en escomptant une dépense d'environ 2,000,000 de francs pour le prolongement de la jetée jusqu'à l'îlot du phare, que l'on a inscrit, au programme du nouvel emprunt, une somme totale de 3,000,000 de francs pour les travaux du port de Djidjelli. La dépense à la charge du budget colonial sera peut-être un peu réduite s'il devient possible de demander une nouvelle contribution à la commune, mais l'on n'y saurait compter d'une manière ferme, le trafic étant sensiblement stationnaire autour d'une vingtaine de mille tonnes de marchandises depuis 7 à 8 ans, l'année 1905 étant un peu meilleure avec 28,000 tonnes.

Récapitulation et observations. — Les inscriptions au programme du nouvel emprunt pour les travaux maritimes se récapitulent donc comme suit, par département :

Nature des travaux	Département d'Oran	Département d'Alger	Département de Constantine	Totaux
Section A				
Achèvement du programme				
Primitif.	2.754.000	2.360.600	1.967.000	7.081.600
Section B				
Travaux complémentaires				
Port de Nemours	2.000.000	»	»	2.000.000
Port de Mostaganem	500.000	»	»	500.000
Port de Ténès.	»	1.500.000	»	1.500.000
Port d'Alger.	»	2.000.000	»	2.000.000
Port de Djidjelli.	»	»	3.000.000	3.000.000
Totaux.	5.254.000	5.860.600	4 967.000	16.081.600

Ces dotations paraissent suffisantes. En effet, les travaux d'amélioration nécessaires pour parer au développement probable du trafic pendant une vingtaine d'années sont prévus au programme primitif de l'emploi des fonds de l'emprunt de 50 millions pour les ports d'Oran, Arzew, Bougie, Collo et Bône. A Philippeville, le trafic sensiblement stationnaire depuis 15 ans autour d'une moyenne de 190,000 tonnes de marchandises, ne justifierait en rien la prévision de grands travaux neufs. La ville de la Calle est en pleine décadence et l'insuffisance naturelle de son port est irrémédiable. Quant aux petits ports et débarcadères de la côte, les ressources assez largement prévues dans les budgets ordinaires pour les travaux maritimes neufs seront très suffisantes pour faire face aux besoins reconnus, comme elles l'ont été jusqu'à ce jour.

Travaux hydrauliques

A. — Achèvement du programme primitif. — L'achèvement du programme primitif, en ce qui concerne les travaux hydrauliques, mettra à la charge du nouvel emprunt une dépense de 6.967.240 fr. qui se répartira entre les trois départements suivant les chiffres ci-après :

Département d'Oran	2.975.240	»
Département d'Alger.	1.128.000	»
Département de Constantine. . . .	2.864.000	»
Total	6.967.240	»

B. — Programme complémentaire. — Il serait sans intérêt d'énumérer ici, comme on l'a fait pour la construction des routes et chemins, la liste générale des avant-projets de travaux hydrauliques dont l'administration a été saisie par les services techniques à la suite de l'envoi de la circulaire gouvernementale du 17 novembre 1906.

L'établissement des projets de cette nature exige généralement en effet, des études de longue haleine, levers de plans et nivellements de précision portant sur des superficies considérables et, surtout, observations pluviométriques et jaugeages des débits disponibles étendus à de longues séries d'années. Il en résulte que les renseignements recueillis dans un court délai ont une valeur et une importance trop inégale tant au point de vue de la conception technique qu'à celui de l'évaluation des dépenses. Une simple énumération qui les mettrait en apparence tous sur le même pied comme éléments comparatifs, risquerait donc de suggérer des idées fausses et il a semblé, d'autre part, qu'un certain nombre de ces projets ne méritaient pas, dans une étude d'ensemble, la relation d'un examen détaillé et approfondi.

On rapportera donc simplement ci-dessous la monographie descriptive et justificative des projets ayant paru devoir être retenus dans la limite de la portion des nouveaux crédits qui a pu être réservée aux œuvres de l'hydraulique agricole.

Il convient toutefois de signaler par une mention spéciale les motifs particuliers qui, sauf une exception en faveur de l'aménagement du barrage existant de la Djidiouïa, ont fait attribuer la préférence aux travaux de desséchement et d'irrigation sur les projets de barrages réservoirs.

Ces grands ouvrages très coûteux n'ont pas donné en général les résultats qu'on en attendait. Au point de vue de la santé publique l'établissement de ces barrages est néfaste ; dans un pays où le premier devoir de l'administration doit être de combattre toute cause de paludisme, il est paradoxal de créer des lacs artificiels répandant l'insalubrité sur de vastes régions.

Au point de vue économique, les résultats ne sont pas encourageants : c'est à peine si les taxes perçues couvrent les frais d'entretien. L'état a dépensé des sommes considérables pour les travaux de premier établissement, il supporte encore les frais de grosses réparations résultant d'un entretien insuffisant, ceux occasionnés par les dévasements, les réparations d'avaries ou les travaux d'amélioration.

D'autre part, les barrages réservoirs sont toujours des ouvrages précaires ; ils s'envasent rapidement, la quantité d'eau retenue diminue progressivement, le remplissage de la réserve, qui dépend des conditions météorologiques, est fort aléatoire ; il arrive qu'ils manquent d'eau et cela précisément dans les années sèches où les irrigations sont le plus nécessaires.

En un mot, l'expérience n'est pas favorable à l'établissement de ces ouvrages. En dehors des circonstances tout à fait exceptionnelles où les inconvénients qui précèdent sembleraient pouvoir être évités, il serait de mauvaise administration de la continuer. Consacrés à des travaux plus modestes, les millions que coûteraient les barrages réservoirs permettront de satisfaire de plus nombreux besoins et de répartir d'une manière plus utile au développement parallèle des diverses régions l'effort de la colonie.

Les travaux compris au programme complémentaire sont indiqués au tableau ci-après :

Département d'Oran

Dévasement et reconstruction du barrag de la Djidiouïa .	700.000	1.400.000
Participation du budget de l'hydraulique agricole à l'alimentation en eau potable des villages de la région de Perrégaux.	300.000	
Dessèchement du lac de Télamine (évaluation totale 435.000) Part de la colonie.	400.000	

Département d'Alger

Dérivation du Sébaou à Rebeval (évaluation totale 325.000) Part de la colonie.	220.000	
Desséchement de Boufarik et de la rive droite de la Chiffa.	205.000	
Desséchement du lac Halloula (évaluation totale 1.200.000) Part de la colonie	800.000	1 300.000
Défense de Boufarik contre les inondations (évaluation totale 110.000) Part de la colonie	75.000	

Département de Constantine

Barrage de dérivation sur l'oued Barika.	260.000	
Barrage de dérivation sur l'oued Ksob à M'Sila . . .	60.000	
Assainissement de la plaine de Zeramna à Phillippeville (évaluation totale 430.000) Part de la colonie. . . .	150.000	
Défense de Batna contre les inondations	150.000	1.000.000
Desséchement des marais de Duzerville, Zerizer, Morris et du Bou Allalah, région de Bône	200.000	
Desséchement des marais d'Hippone et des environs immédiats de Bône. . . .	180.000	
Total général.		3.700.000

Chacune de ces entreprises est détaillée dans les monographies justificatives qui suivent :

Dévasement et construction du barrage de la Djidiouïa

Les eaux de la Djidiouïa, affluent du Chéliff, sont retenues, à 4 kilomètres en amont du village de Saint-Aimé, par un barrage de 17 mètres de hauteur.

Elles servent à l'irrigation de 2.767 hectares et à l'alimentation des villages de Saint-Aimé et Hamadéna.

La capacité primitive, d'environ 2.000.000 de mètres cubes, est réduite par les envasements au dixième de ce volume.

Le syndicat ne dispose que de faibles ressources, insuffisantes pour couvrir d'autres frais que ceux d'entretien. L'état lui vient en aide pour réparer les avaries causées par les inondations. Il a également entrepris, à différentes époques, de dévaser le réservoir ; mais les divers essais tentés n'ont pas réussi. La configuration naturelle des lieux, la pente minime de la rivière, la faible dimension de l'orifice évacuateur, la nécessité de ne pas interrompre l'alimentation du village de Saint-Aimé, la compacité des vases, rendent l'opération particulièrement difficile.

Pour assurer une réserve suffisante aux besoins des irrigations et combattre l'envasement, l'on sera obligé après le dévasement qui s'opérera en pratiquant dans le mur de retenue une brèche provisoire permettant l'évacuation immédiate des vases et des eaux de crue, de refermer la brèche, de construire des ouvrages évacuateurs de grandes dimensions et enfin d'exhausser le barrage pour en augmenter la capacité. L'ensemble de tous ces travaux donnera lieu à une dépense évaluée à 700.000 francs.

Mais tous ces travaux de dévasement et de reconstitution du barrage ne pourront être entrepris qu'après l'exécution d'ouvrages d'alimentation en eau potable pour les villages d'Hamadéna et de Saint-Aimé.

Participation du budget de l'hydraulique a l'alimentation en eau potable des villages de la région de Perrégaux.

Les villages de la plaine de l'Habra : Perrégaux, Nouvion, Sahouria, Ferme Blanche, Mocta-Douz et Bou Henni se servent actuellement des eaux dérivées du barrage de l'Habra pour l'alimentation de leurs habitants. Cette situation présente un double inconvénient : elle annule presque entièrement l'effet utile des opérations de dévasement du barrage-réservoir soit en empêchant de les entreprendre, soit en obligeant à les suspendre à certains intervalles pour renouveler dans les canaux la provision d'eau nécessaire à l'alimentation des villages. D'autre part, les eaux de l'Habra, même en dehors des périodes de dévasement, sont, malgré les filtrages qu'elles subissent, d'assez médiocre qualité et s'altèrent en séjournant dans les canaux.

La commune de Perrégaux ainsi que le syndicat des eaux de l'Habra se préoccupent depuis longtemps de porter remède à cette situation. Malheureusement, la pénurie de leurs ressources ne leur a pas permis jusqu'à présent, et ne semble pas devoir leur permettre, de donner suite à leurs projets. L'intervention de la colonie s'impose. L'administration a du reste pris l'initiative de faire étudier par le service des ponts et chaussées un projet d'alimentation des centres en eau de source. Ce projet comporte le captage et l'adduction des sources situées dans le douar Ouled Cheffa à 6 kilomètres environ au nord-est de Bouguirat. L'analyse des eaux de ces sources a donné des résultats satisfaisants ; les jaugeages effectués permettent de compter sur un débit journalier de 1.728 mètres cubes. La conduite pourrait débiter un volume double de celui qui est actuellement nécessaire à la population des villages alimentés.

La dépense des travaux est évaluée à 790.000 francs environ dont les deux tiers pourraient être couverts par la colonie : un tiers au titre du budget de la colonisation (subvention complémentaire aux centres de colonisation) et un autre tiers sur les fonds du budget de l'hydraulique agricole, en raison de l'intérêt qui s'attache pour le dévasement du barrage et pour les irrigations de la plaine de l'Habra à ce que le service de l'hydraulique recouvre la libre disposition des eaux de l'oued.

Desséchement du lac de Télamine (salines d'Arzew)

A différentes reprises, le conseil général du département d'Oran, ainsi que les conseils municipaux de Saint-Cloud, Assi-ben-Okba, Fleurus, Legrand et Saint-Louis, ont réclamé le desséchement du lac de Télamine, tant par raison de salubrité que dans l'intérêt de la conservation des vignobles avoisinant cette dépression.

Le projet de ce desséchement est étudié. Il comporte l'ouverture sur 6 kil. 200, dont 500 mètres en souterrain, d'un canal écoulant les eaux vers la mer et d'un chenal de 2 kil. 600 reliant deux bas-fonds distincts du lac.

Les travaux prévus s'élèvent à 435.000 francs. La dépense doit être supportée à concurrence de 35.000 francs par le département d'Oran et par les communes intéressées et pour le surplus par la Colonie. Comme à l'ordinaire, le concours financier de l'Algérie est subordonné à la constitution d'une association syndicale. Les formalités relatives à cette constitution sont en cours.

Dérivation du Sébaou a Rebeval

Cette dérivation permettrait l'irrigation d'une superficie de 988 hectares sur les territoires de Rebeval, Dellys et Bois-Sacré, savoir :

Territoire de Rebeval	282 hec.
Territoire de Dellys.	255 —
Territoire de Bois-Sacré.	451 —
Total.	**988 hect.**

Le volume d'eau serait de 495 litres par seconde. L'exécution des ouvrages de premier établissement : tronc commun comprenant la prise par dérivation directe en lit de rivière ; canal principal dit : branchement de Rébeval ; canal principal dit : branchement de Bois-Sacré ; canaux secondaires ; comporterait une dépense de 325,000 francs, se décomposant comme suit :

1° Tronc commun.	56.368
2° Canal principal dit : branchement de Rébeval	104.426
3° Canal principal dit : branchement de Bois-Sacré.	34.618
Total.	282.412
Somme à valoir et acquisition de terrains.	42.588
Total.	325.000

Il a été admis que la colonie couvrirait les deux tiers de la dépense après constitution définitive d'une association syndicale, si cette association réunissait un nombre d'adhérents suffisant pour représenter une superficie de 660 hectares. Cette condition est actuellement remplie : un arrêté préfectoral du 5 mai 1906 a autorisé l'association ; il ne reste plus au syndicat qu'à réunir le tiers qui lui incombe dans la dépense et dont l'emploi doit précéder le versement de la subvention de la colonie.

Canaux de desséchement de Boufarik et de la rive droite de la Chiffa

Le desséchement de la plaine de la Mitidja centrale entre l'Harrach et la Chiffa comporte un réseau de canaux recueillant et écoulant les eaux de 9.054 h. de terrains bas. Ces canaux, établis dès la fondation de Boufarik, se divisent suivant les groupes ci-après :

Groupe des oued Terro et Zouïne. .	1.337	hect.
— oued Tléta et Torfa . .	2.019	
— de Boufarik.	1.900	
— Ferghen	1.963	
— Oued-Saff.	1.292	
— Oued-Fathis.	543	
	9.054	hect.

Il importe au plus haut degré de ne pas laisser compromettre le fonctionnement de cette œuvre remarquable qui doit assurer la salubrité de la région. Les crédits que les particuliers et l'administration y affectent actuellement sont insuffisants même pour entretenir les ouvrages : d'importants travaux d'améliorations et de réparations devront être bientôt entrepris si l'on veut conserver au système de dessèchement toute son efficacité. L'administration se préoccupe de cette situation avec la plus grande sollicitude ; elle travaille à la constitution d'associations syndicales qui, à l'exemple de celle de Boufarik existant depuis 1865, assureront l'entretien et le fonctionnement régulier des canaux. Mais, pour la remise en parfait état de ce système de canaux d'assainissement, la colonie devra accorder d'importantes subventions. Il ne semble pas que ce soit à moins de 205.000 francs, résultat d'une première estimation, que l'on doive évaluer le sacrifice qu'elle aura à consentir.

Dessèchement du lac Halloula

Le lac Halloula est situé au pied du Sahel, au voisinage du village de Montebello. Il reçoit les eaux des collines méridionales du Sahel et celles des contreforts septentrionaux de l'Atlas.

Au début de l'occupation française, ces eaux réunies couvraient une surface de près de 2.000 hectares et croupissaient sans aucune issue. Vers 1860, l'état ouvrit un canal partant du point bas du lac et se dirigeant vers l'ancien lit de l'oued Djer, qui devint l'exutoire naturel de la cuvette. Malheureusement, la pente dont on disposait était trop faible, et le canal, malgré sa grande section, ne peut pas toujours assurer un écoulement assez rapide des eaux au moment des fortes crues. Cette situation critique se trouve encore aggravée, malgré une dépense excessive d'entretien (22.500 francs en moyenne pendant les dix dernières années), par des éboulements fréquents dans les hautes berges du canal et par les apports constants des ravins affluents.

Aussi l'administration s'occupe-t-elle depuis longtemps d'améliorer le système de desséchement de cette contrée.

Dès 1892, le service des ponts et chaussées présenta un programme comparatif de travaux complémentaires avec, comme corollaire, un avant-projet de constitution d'une association syndicale pour assurer l'exécution et l'entretien des ouvrages.

En 1899, une commission chargée d'examiner ce programme conclut au percement d'un tunnel qui aurait une pente suffisante pour permettre une évacuation rapide et complète des eaux sous le Sahel ; mais, les tentatives faites en 1901 et 1902, en vue de la constitution de l'association syndicale, n'aboutirent pas.

A la suite des pluies torrentielles de l'hiver 1903-1904, le lac se reforma et couvrit une surface de 750 hectares. Les sinistrés firent appel à l'état et les habitants de Montebello réclamèrent instamment l'ouverture du souterrain à travers le Sahel. Sur l'invitation du gouverneur général (décision du 4 février 1904), le service des ponts et chaussées dressa un avant-projet de tunnel et un nouveau projet d'association syndicale.

Le périmètre à engager, qui s'étend dans les communes d'Attatba, El-Affroun, Ameur-el-Aïn, Bourkika ei Marengo, enveloppe une superficie de 12.790 hectares, répartie en deux zones, selon le degré d'intérêt qu'offre l'opération pour les terrains englobés.

Le montant des travaux peut être évalué à 1,200,000 francs, dont la colonie pourrait couvrir les deux tiers, soit 800.000 francs.

Le dessèchement du lac Halloula doit être considéré comme une entreprise éminemment utile. Comme les retenues d'eau derrière les grands barrages réservoirs, le lac Halloula répand l'insalubrité sur une vaste et fertile région dépassant de beaucoup les abords immédiats de la surface couverte par les eaux. Le dessèchement du lac Halloula doit donc faire partie du programme d'assainissement général de la colonie et être exécuté dans le plus bref délai possible.

Défense de Boufarik contre les inondations

La ville de Boufarik a été établie au pied des contreforts du petit Atlas entre deux cours d'eau parallèles : l'oued bou Chemla et l'oued Khemis. Cette situation la place dans la dépression formée entre les deux cônes de déjection de ces rivières torrentielles, lesquels tendent à s'élever sans cesse par l'apport des sables et sont une menace permanente de débordements sur la ville.

En vue, non-seulement de donner un écoulement aux eaux de pluie mais encore de draîner le sol où émergeaient des sources, des canaux avaient été aménagés qui traversaient la ville et venaient aboutir au canal principal de dessèchement de Boufarik ; de plus, le fossé d'enceinte permettait à une partie des eaux de contourner la ville. Mais, des empiétements ont été faits sur les canaux intérieurs, le fossé d'enceinte a été supprimé et, à la suite de la construction d'un réseau d'égouts, la communication existante des canaux intérieurs avec la cuvette située à l'amont de Boufarik a été supprimée. Les égouts ont été insuffisants pour donner issue aux eaux débordant des torrents par dessus les cônes de déjection lors d'une crue exceptionnelle ; la ville a été obligée de subir un procès et de payer des indemnités à un propriétaire dont le terrain a été inondé.

Cette situation est devenue intolérable et le service hydraulique a été appelé à étudier les moyens d'y remédier.

Il a présenté un avant-projet de travaux s'élevant à la somme de 110.000 francs, dépense à laquelle la colonie contribuerait pour 75.000 francs.

BARRAGE DE DÉRIVATION SUR L'OUED BARIKA

Les irrigations autour de Barika sont indispensables pour assurer la culture des céréales. Les pratiques employées jusqu'à ce jour pour assurer l'arrosage des terres sont des plus rudimentaires ; une notable partie des eaux reste inutilisée. Le service des ponts et chaussées a étudié le moyen de tirer le plus grand parti possible des eaux disponibles. Il a présenté un projet comportant la construction d'un barrage de dérivation sur l'oued Barika et d'un canal bétonné à la suite, sur la rive droite de cet oued, d'une longueur de 13 kilomètres. Le canal bétonné permettrait d'amener au lieu d'emploi un débit pouvant atteindre 1.000 à 1.200 litres par seconde. Les arrosages seraient divisés en deux périodes consacrées respectivement à la culture des céréales et aux cultures d'été. Les superficies cultivées en céréales par les indigènes aux environs de Barika seraient accrues de plusieurs milliers d'hectares et, en ce qui concerne les irrigations d'été, le débit gagné, évalué à 130 litres par seconde au maximum, assurerait très convenablement l'arrosage de 90 hectares de jardins. La dépense totale est évaluée à 260.000 francs En cette région, il est à prévoir qu'elle devra être couverte entièrement par l'Algérie.

DÉRIVATION DE L'OUED-KSOB A M'SILA

Les travaux projetés consisteront à utiliser un barrage existant, celui de l'usine Fournier, pour l'irrigation des terres de rive droite de l'oued Ksob primitivement arrosées par un canal partant d'un barrage en terre et fascines placé plus amont. Ce dernier barrage étant enlevé périodiquement par les crues, les indigènes intéressés ont fini par se résigner à ne plus le reconstruire, préférant utiliser le canal d'amenée de l'usine Fournier pour assurer tant bien que mal les irrigations des terres placées à l'aval d'un tronc commun joignant les deux canaux.

La zone irrigable desservie par l'ancien barrage et le canal qu'il alimentait comprend une proportion importante de terres domaniales qu'il est question d'affecter à la colonisation. C'est pourquoi le service des ponts et chaussées a eu, depuis longtemps, à étudier des solutions susceptibles d'assurer en permanence les irrigations de rive droite. Après avoir envisagé l'éventualité de la construction d'un nouveau barrage, on s'est arrêté à la combinaison qui consisterait à utiliser le barrage Fournier.

Deux projets ont été dressés, l'un comportant l'utilisation partielle du canal usinier, l'autre la construction d'un canal entièrement distinct. Ce dernier constitue la moins bonne solution. La dépense dans les deux cas serait d'environ 60,000 francs.

L'exécution du projet est nécessaire pour la création du centre de colonisation projeté à M'Sila ; la dérivation procurera en outre aux indigènes la quantité d'eau qui leur revient et dont ils sont privés en grande partie depuis longtemps. Les intérêts de la colonisation suffisent à justifier la dépense à engager et il n'y a pas lieu de faire appel au concours des usagers dont les pertes subies depuis la destruction du dernier barrage sont considérables.

Assainissement de la plaine de Zeramna a Philippeville

On désigne sous le nom de plaine de la Zéramna un territoire comprenant la vallée inférieure de la Zéramna, affluent de la Saf-Saf, et aussi les terrains situés à droite de ce dernier oued près de son embouchure jusqu'à une ligne sud nord partant du village de Valée vers la mer.

Depuis fort longtemps, des travaux ont été exécutés pour rectifier le cours inférieur de l'Oued-Zeramna; quelques canaux de dessèchement ont été aussi établis dans la plaine basse à l'est du Saf-Saf. Grâce à ces travaux d'assainissement, il s'est créé aux portes de Philippeville des jardins et des vignobles d'une grande valeur. Malheureusement, ces premiers travaux sont insuffisants pour protéger les propriétés en temps de crues et lorsque les oueds débordent, les terrains cultivés sont inondés sur une étendue de 653 hectares. Le service des ponts et chaussées a étudié les moyens d'améliorer cette situation. Les travaux à prévoir consisteraient dans la construction de digues de protection le long du Saf-Saf, du canal dit romain et de la Zéramna, l'exécution de perrés et d'ouvrages spéciaux dans les digues de la Zéramna et dans le remblai du chemin de fer, enfin le débroussaillement du Saf-Saf.

La dépense qu'ils entraîneraient ne s'élèverait pas à moins de 430.000 francs dont 150.000 francs pourraient être couverts par la colonie après constitution des intéressés en association syndicale.

DÉFENSE DE BATNA CONTRE LES INONDATIONS

Les crues violentes de l'oued Azeb inondent chaque année et souvent à plusieurs reprises une zone de 250 hectares de la banlieue de Batna comprenant 22 hectares de jardins potagers ou fruitiers, plusieurs maisons d'habitation et la gare du chemin de fer.

Par leur soudaineté, ces crues ont déjà causé la mort de plusieurs personnes ; elles occasionnent en outre des avaries au chemin de grande communication n° 20 de Batna à l'Oued Mellègue qu'elles submergent sur une longueur de plusieurs centaines de mètres.

Sur la demande de la municipalité de Batna, le service des ponts et chaussées avait dressé un projet de barrage réservoir sur l'oued Azeb. Cet ouvrage avait pour but de retenir les eaux de crue et de permettre l'irrigation de la banlieue de la ville. Son établissement aurait occasionné une dépense de 690.000 francs. Mais, après étude, cette solution a dû être abandonnée en raison du danger que l'éventualité d'une rupture de la digue aurait fait courir à la ville de Batna et l'administration a fait examiner une combinaison qui consisterait à agrandir le canal construit autrefois par le génie pour protéger Batna contre les inondations. On peut prévoir qu'une subvention de 150,000 francs pourra être accordée par la colonie.

DÉSSÈCHEMENT DES MARAIS DE DUZERVILLE, DE ZERIZER, DE MORRIS ET DU BOU-ALLALAH (RÉGION DE BÔNE)

A l'est de Bône se trouve une vaste zone de terrains d'alluvions bordée, au nord, par les dunes du rivage de la mer ; à l'est, par la Bou Namoussa ; au sud par la ligne des villages de Randon, Oued Besbès, Zerizer ; à l'ouest, par les routes départementales n° 3 et 4. Cette région est sillonnée par de nombreux cours d'eau dirigés du sud au nord et entre lesquels existent des dépressions où croupissent les eaux débordées du lit des oueds.

Les territoires ainsi couverts d'eau stagnante comprennent la plaine de Zerizer, la plaine de Morris, la plaine de Duzerville, et la plaine entre la Seybouse et le Bou Allalah.

L'assainissement de cette région s'impose. Des études sont entreprises et on peut estimer à 200.000 fr. le montant de la participation de la Colonie dans la dépense des travaux à exécuter.

DESSÈCHEMENT DES MARAIS D'HIPPONE ET DES ENVIRONS IMMÉDIATS DE BÔNE

Aux portes de Bône, sur le sud ouest, existe une dépression de 2 kilomètres carrés environ formant marais dont les émanations sont des plus nuisibles à la santé des habitants. Le desséchement de cette région ne peut être différé plus longtemps.

D'autre part, pour achever l'assainissement de la ville et de ses environs immédiats, il est nécessaire, pendant la saison chaude, de rejeter les eaux provenant du réseau d'assainissement dit de la petite plaine de Bône à la mer assez loin de la ville pour que la décomposition des matières organiques ne nuise pas à la santé publique.

Ces travaux de salubrité sont à l'étude; on peut dès maintenant évaluer à 180.000 francs le montant de la participation de la Colonie dans la dépense.

La somme à demander au nouvel emprunt pour l'exécution des travaux hydrauliques s'élève ainsi à 10.667.000 francs, savoir :

Pour l'achèvement du programme élaboré à l'occasion de l'emprunt de 1902 (programme primitif)	6.967.000
Pour l'exécution du programme complémentaire	3.700.000
Ensemble	10.667.000

Résumé

Le tableau ci-dessous donne, par catégories de travaux et par départements, la récapitulation générale de l'affectation proposée pour les fonds d'emprunt réservés à l'exécution des travaux publics, emploi dont le détail a été passé en revue dans les sections précédentes de la présente étude.

TABLEAU RÉCAPITULATIF GÉNÉRAL DE L'EMPLOI DES FONDS

Catégorie des travaux	Département d'Oran	Département d'Alger	Département de Constantine	Totaux par catégorie de travaux
Routes et chemins				
Achèvement du programme primitif	3.909.000	6.091.000	3.363 860	13.363.860
Classement de routes nationales	1.470.000	1.074.000	2 300 000	4.844.000
Pavages sur les routes nationales	194.000	500.000	230.000	974.000
Programme complémentaire	2.000.000	1.887.000	2.383.000	6.270.000
Totaux des routes et chemins	7.573.000	9.552.000	8.326.860	25.451.860
Travaux maritimes				
Achèvement du programme primitif	2.754.000	2.360.600	1.967.000	7.081.600
Travaux complémentaires	2.500.000	3.500.000	3 000.000	9.000.000
Totaux des travaux maritimes	5.254.000	5.860.600	4.967.000	16.081.600
Travaux hydrauliques				
Achèvement du programme primitif	2.975 240	1.128.000	2.864.000	6.967.240
Programme complémentaires	1.400.000	1.300 000	1.000 000	3.700.000
Totaux des travaux hydrauliques	4.375.240	2.428.000	3.864.000	10.667.240
Totaux généraux	17.202.240	17.840.600	17.157.860	52 200.700

On peut aussi grouper les dépenses comme suit en mettant en évidence les prévisions relatives, d'une part, à l'achèvement du programme primitif et d'autre part, à la mise en exécution des travaux nouveaux.

TABLEAU RÉCAPITULATIF GÉNÉRAL (DEUXIÈME FORME)

Catégorie des travaux	Département d'Oran	Département d'Alger	Département de Constantine	Totaux par catégorie de travaux
Achèvement du programme primitif				
Construction des routes et chemins	3.909.000	6.091.000	3.363.860	13.363.860
Travaux maritimes	2.754.000	2.360.600	1.967.000	7.081.600
Travaux hydrauliques	2.975.240	1.128.000	2.864.000	6.967.240
Totaux pour l'achèvement	9.638.240	9.579.600	8.194.860	27.412.700
Travaux complémentaires				
Construction des routes et chemins	3.664.000	3.461.000	4.963.000	12.088.000
Travaux maritimes	2.500.000	3.500.000	3.000.000	9.000.000
Travaux hydrauliques	1.400.000	1.300.000	1.000.000	3.700 000
Totaux des travaux complémentaires	7.764.000	8.261.000	8.963 000	24.788.000
Totaux généraux	17.202.240	17.840.600	17.157.860	52.200.700

Majoration des dépenses d'entretien prévues au budget ordinaire

L'entretien des travaux neufs, dont les frais de premier établissement figureront dans ces conditions pour une somme totale de plus de 100 millions (part à la charge de la colonie et fonds de concours) aux programmes de l'emploi des fonds d'emprunt de 50 millions autorisé en 1902 et du nouvel emprunt projeté, exigera l'inscription de nouveaux crédits au budget ordinaire.

A ce sujet, on doit remarquer tout d'abord qu'il n'y a pas lieu de faire entrer en ligne de compte deux catégories importantes de travaux, savoir : 1° ceux de la construction des voies terrestres autres que les routes nationales, et 2° les travaux hydrauliques. L'administration, d'accord avec les assemblées algériennes, s'est, en effet, posé comme règle stricte de n'entreprendre de travaux neufs de cette nature que lorsque l'entretien ultérieur en serait assuré par les départements pour les chemins, et par les associations syndicales, les communes et les particuliers intéressés pour les ouvrages de l'hydraulique agricole.

D'autre part, loin de donner lieu à des dépenses supplémentaires d'entretien, les pavages sur les routes nationales produiront une économie qui, théoriquement, devrait égaler l'intérêt et l'amortissement du capital affecté à la construction, mais, qu'en pratique, il sera préférable de supposer équivalente à l'intérêt simple à 4 % du capital, car l'amélioration de la viabilité doit se payer.

En ce qui concerne les travaux maritimes, le budget de l'Algérie conservera à sa charge la majeure partie des dépenses d'entretien correspondant, non-seulement aux frais de premier établissement payés par la colonie, mais aussi à la partie des travaux neufs exécutés au moyen de subsides des chambres de commerce et des communes. Les budgets communaux n'interviennent pas, en effet, dans les dépenses d'entretien des ports, et quant à ceux des chambres de commerce, même lorsque ces compagnies ont été gratifiées de concessions, ils ne supportent jamais les frais principaux de l'entretien des jetées et des quais dont l'administration garde la charge afin d'assurer la conservation de ces ouvrages coûteux et particulièrement exposés.

En se basant sur ces principes généraux d'administration, on peut évaluer approximativement comme suit la majoration des dépenses d'entretien dont il s'agit, évaluée par rapport aux dépenses prévues au budget de l'exercice 1907 :

1° Pour la construction comprise aux programmes d'environ 200 kilomètres de lacunes de routes nationales existantes ou de chemins ayant un caractère stratégique.	150.000 »
2° Pour les routes nationales comprises dans le nouveau classement proposé (chiffre établi ci-dessus dans la partie de cette étude relative au programme des routes et chemins). .	1 173.000 »
3° Pour les travaux maritimes (correspondant à 35 millions environ de frais de premier établissement). .	150.000 »
Total en plus. . . .	1.473.000 »
A déduire :	
Economie résultant de l'exécution de 1.000.000 de pavages	40.000 »
Reste net.	1.433.000 »

En ce qui touche la prévision des délais dans lesquels les majorations des dépenses d'entretien deviendront effectives, il paraît convenable d'admettre :

1° Que l'opération du classement de nouvelles routes nationales mettra brusquement à la charge du budget colonial une dépense de un million pour les parties déjà construites. Mais, ce classement devant être prononcé par une loi, après accomplissement d'une longue procédure qui comporte des conférences mixtes, une enquête publique, l'avis des conseils généraux et des chambres de commerce, un examen par le conseil de gouvernement, l'avis du conseil général des ponts et chaussées et l'avis du conseil d'état, il ne semble pas que l'entretien par la colonie puisse se produire avant le 1er janvier 1909.

2° Que les majorations de dépenses résultant de l'exécution des travaux seront échelonnées sur une dizaine d'années à partir du 1er janvier 1909 à raison d'environ 50.000 francs par an.

Délai d'exécution des travaux publics compris au nouvel emprunt

Quel délai convient-il d'escompter à partir du 1er janvier 1907 pour l'exécution des travaux compris aux programes primitif et complémentaire ?

La totalité des crédits disponibles pour la part des dépenses à la charge de la colonie se récapitule comme suit :

1° Disponibilités provenant de l'emprunt de 50 millions, des prélèvements autorisés sur les excédents de la réserve et des dépenses déjà imputées sur les ressources ordinaires.	1° Construction des routes et chemins.....	16.726.530 (1)
	2° Travaux maritimes......	12 322.000 (2)
	3° Travaux hydrauliques...	6.692.760
2° Disponibilités à provenir du nouvel emprunt.	1° Achèvement du programme primitif........	27.412.700
	2° Programme complémentaire	24.788.000
	Total général......	87.941.990

D'autre part, les dépenses au compte de la colonie faites au cours des exercices écoulés, pour l'exécution des travaux publics dotés sur les ressources extraordinaires, sont les suivantes :

---

(1) 11.126.528 francs au titre de l'emprunt, 1.700.000 francs au titre du budget ordinaire de l'exercice 1907 et 3 900.000 francs au titre des excédents de la caisse de réserve.

(2) 11.910.000 francs au titre de l'emprunt et 412.000 francs imputés sur le budget ordinaire.

Exercice 1902.	2.032.770 fr.
Exercice 1903.	3.120.382 »
Exercice 1904.	3.528.037 »
Exercice 1905.	4.175.762 »
Exercice 1906 (non liquidé).	4.622.000 »
Total. . . .	17.478.951 »

Il résulte du rapprochement de ces chiffres :

1° Qu'au 1er janvier 1907, il restera à employer, sur les fonds de la colonie, en chiffres ronds, 70 millions dont plus de 18 sur les ressources existant actuellement.

2° Que par suite du développement progressif donné aux études et imprimé à l'activité des chantiers, la dépense totale en travaux payée en 1906 sur les ressources extraordinaires du budget colonial a atteint, en chiffres ronds, 4 millions et demi, après avoir progressé, assez régulièrement, de un demi million chaque année depuis 1902.

Les ressources du pays sont limitées en main-d'œuvre, en moyens de transport, en capitaux, en entrepreneurs expérimentés. En outre, la mise en œuvre parallèle de grands travaux concernant les voies ferrées sera une cause naturelle de pénurie pour les entreprises et chantiers des autres travaux publics. Il paraît donc prudent d'admettre que l'on n'emploiera pas plus de six millions en moyenne par an pendant la période d'achèvement des programmes, ce qui revient à assigner à cette période une durée totale de douze années, à partir du 1er janvier 1907. C'est donc sur cette base que l'on devra, en ce qui concerne les travaux publics, supputer l'échelonnement probable des appels de fonds.

Telles sont, dans leurs grandes lignes, les conditions dans lesquelles se présentent, au point de vue de l'exécution des travaux publics dotés sur les ressources extraordinaires, les propositions de l'administration algérienne concernant le nouvel emprunt à contracter.

CHAPITRE III. — COLONISATION

Les possibilités de colonisation officielle demeurent encore assez tangibles et assez vastes pour permettre d'affirmer que l'œuvre du peuplement français qui est sa préoccupation dominante, n'en est pas à ses dernières étapes.

Des voies nouvelles peuvent lui être grandement ouvertes avec d'autant plus de profit et de facilités que l'extension du réseau ferré et la multiplication des routes en rapprochant les régions colonisées des contrées inabordées jusqu'ici, assurent à l'établissement de nos futures agglomérations de meilleures conditions économiques et font disparaître les graves inconvénients des zones d'isolement. De même, les lois sur la propriété, appliquées pratiquement, en ouvrant avec largeur le champ des transactions foncières, contribuent aussi au succès de la création des périmètres de colonisation, soit qu'elles aident à les constituer, soit qu'elles se fassent les auxiliaires de leur agrandissement.

Les résultats acquis sont déjà considérables. Ceux que l'on est fondé à entrevoir pour maintenir en Algérie la permanence de la suprématie française, ne le seront pas moins. La terre inoccupée ou non vivifiée s'étend encore sur d'immenses surfaces. Si, sur tous les points, elle ne se prête pas à une utilisation commode et avantageuse faute d'eau ou de salubrité ou d'un climat supportable aux européens, elle offre des ressources nombreuses et importantes dont c'est le devoir de la colonisation de tirer le meilleur parti, en évitant d'apporter un trouble dans la situation acquise des indigènes.

Un regard rapide jeté sur la colonisation ancienne et plus récente montre que grâce à des efforts persistants poursuivis, suivant les circonstances, avec plus ou moins d'activité, la colonisation officielle a doté l'Algérie de 1830 à 1871 de 237 villes ou villages comportant 794,126 hectares, et de 1871 à 1902, de

462 centres nouveaux ou agrandis et groupes de fermes portant sur 724,855 hectares.

Considérée au point de vue de l'occupation du pays, la colonisation, après s'être établie aux abords des principaux ports, autour des villes dont elle a formé la banlieue, dans certaines plaines du littoral remarquables par leur fécondité, s'est implantée ensuite dans les grandes vallées desservies par les premières lignes ferrées, a pénétré quelques massifs montagneux et a fini par atteindre les points de contact du Tell avec les Hauts Plateaux où elle a été devancée par l'initiative privée qui y a fondé des établissements florissants.

L'examen de cette conquête montre bien que, suivant l'expression de M. Thomson, député de l'Algérie et rapporteur du projet de loi des 50 millions, les villages créés ont formé comme les nœuds d'un filet à larges mailles dans lesquelles la population française s'est développée et a concouru au progrès des intérêts matériels des indigènes.

Dans toutes les régions conquises par la colonisation, l'élément français s'est développé et le progrès économique a augmenté. Ni l'un ni l'autre ne sont parvenus au même résultat sur les points où elle s'est abstenue d'entrer.

En voici des exemples :

La région de Téniet-el-Haâd, dans le département d'Alger, celle des Hauts-Plateaux sétifiens, le quartier du Télagh en Oranie ont progressé d'une façon indéniable sous l'activité de la colonisation. La région d'Aumale, celle de Médéa, qui est aux portes d'Alger, celle de Batna, celle de Saïda, dont la colonisation s'est détournée, sont stationnaires. Chez elles, peu ou point d'accroissement de la population française, vie économique faible ou sans intensité.

L'action de la colonisation repose donc sur des réalités.

Dans la phase de 1871 à nos jours, la période de

1891 à 1902, c'est-à-dire celle qui a précédé l'emploi des ressources exceptionnelles fournies par l'emprunt actuel, se caractérise par une marche lente de la colonisation. Celle-ci, en effet, a été entravée par la faiblesse des dotations budgétaires qui y étaient affectées et dont la réduction s'est accentuée d'année en année. En 1881, cette dotation s'élevait à 3.515.000 francs ; en 1891, elle n'était plus que de 2.815.000, chiffre encore abaissé à 2.204.000 francs en 1901.

Une pareille diminution de crédits au moment où l'administration se trouvait dans l'obligation impérieuse d'acquérir des terres pour la constitution ou l'extension des périmètres, devait forcément faire abandonner des projets dont la réalisation exigeait des ressources que le budget de la colonie était impuissant à fournir.

De toutes parts, l'insuffisance de l'œuvre de la colonisation se manifestait. Les besoins se multipliaient et malgré leur caractère d'urgence, il était matériellement impossible d'y faire face.

Telle était la situation de la colonisation lorsque la conclusion en 1902 de l'emprunt de 50 millions permit d'introduire dans le budget de la colonie les moyens d'action indispensables à l'administration pour poursuivre l'œuvre commencée.

Le plan de colonisation que cette opération financière avait permis d'envisager comportait un ensemble de travaux de. . . . . 23.829.000 »

Mais comme il a été indiqué dans l'état des dépenses faites jusqu'au 31 décembre 1906 inséré dans la 2e partie de cette étude, des projets s'élevant à . . . . 771.810 »
ont été abandonnés.

Et des projets atteignant ensemble 251.900 »
ont pu être dotés au moyen des crédits du budget ordinaire.

Le programme des travaux à exécuter sur les fonds de l'emprunt a été ainsi réduit de. . . . . 1.023.710 »
et ramené à la somme de. . . . . 22.805.290 »

La dotation effective des travaux de colonisation au titre de l'emprunt étant seulement de.	12.320.465	»
il en résulte une insuffisance de ressources de.	10.484.825	»

Le programme général de 1902 peut se diviser en trois parties, la première s'appliquant aux projets réalisés, la seconde à ceux qui sont en voie d'exécution et la troisième aux projets à entreprendre.

Projets réalisés

Département d'Alger

12 centres créés : Levacher, Hanotaux, Borély-la-Sapie, Voltaire, Horace-Vernet, Burdeau, Bourlier, Liébert, Taine, Victor Hugo, Moudjebeur et Brazza.

Superficie globale : 36,587 hectares.

4 groupes de fermes : Keddara, Tizi N'Tléta, Molière, Tessala.

Superficie globale : 3.033 hectares.

Borély-la-Sapie dans la région d'Affreville-Médéa, Burdeau, Bourlier, Victor-Hugo dans le Sersou, Taine et Liébert dans la région de Téniet-el-Haâd, Brazza dans la vallée de l'Oued-el-Akoum de Berrouaghia, caractérisent les points occupés dans les régions nouvelles.

Les routes entreprises dans le département d'Alger sont les suivantes :

Chemin d'Aïn-Tsarès dans le plateau de Médéa.

Chemin de Fromentin aux Trois-Palmiers.

Chemin d'Hanoteau à Pontéba.

Chemin du Bou Hardoun, dans la vallée au nord de Marengo.

Chemin de Trumelet au Sersou.

Chemin de Rébeval à Horace-Vernet.

La part contributive de l'emprunt de 1902 dans les dépenses d'amélioration des anciens centres s'est élevée à 162,566.

Département d'Oran

5 centres créés: Wagram, les Abdellys, Montgolfier, Waldeck-Rousseau, Sully.

Superficie globale: 12.016 hectares.

7 centres agrandis: Sidi-Lhassen, Laferrière, Turenne, Guiard, Aïn-el-Arba, Hammam-bou-Hadjar et Martimprey.

Superficie globale: 3.352 hectares.

Le centre de Wagram, dans les Maâlifs, celui de Montgolfier dans la région de Zemmora-Tiaret, celui de Waldeck-Rousseau dans les Ouled Lakred contrée voisine du Sersou, le groupe de fermes de Torrich, dans le sud de Tiaret, marquent les occupations des régions nouvelles.

Les routes entreprises dans le département d'Oran sont les suivantes:

Chemin de Bel-Abbès à Saïda.

Chemin des Maâlifs.

Chemin de Trumelet au Sersou.

Chemin de Montgolfier à Prévost-Paradol.

Dans les dépenses d'amélioration des anciens centres, la contribution de l'emprunt de 1902 s'est élevée à 216,966 francs.

Département de Constantine

9 centres créés: Canrobert, Ziama-Mansouriah, Roknia, Béhagle, Pascal, Catinat, El-Milia, Lamy, Gambetta.

Superficie globale: 17.069 hectares.

10 centres agrandis: Ampère, Colbert, Le Tarf, Jemmapes, Foy, Gastu, Lannoy, Auribeau, Bayard.

Superficie globale: 8.425 hectares.

5 groupes de fermes : Ksar-Sbahi, Aïn-Babouch, Tixter, Robe et Cérez.

Superficie globale : 6.174 hectares.

Les prises de possession de régions nouvelles sont marquées par Roknia, dans l'artère d'Hammam-Meskoutine à Jemmapes, par Béhagle et Pascal, sur les plateaux de Sétif, Ksar-Sbahi et Aïn-Babouch dans le quartier d'Oum-el-Bouaghi, Catinat et El-Milia.

Les routes construites dans le département de Constantine sont désignées ci-après :

Chemin de Roknia à Gastu et à Hammam Meskoutine.

Chemin de l'Oued Zenati à Gounod.

Chemin de Pasteur à Ras-el-Aioun.

Chemin de Batna à l'Oued Mellègue.

La part de l'emprunt de 1902 dans les travaux d'amélioration des anciens centres est de 26,430 fr. (1)

Projets en voie de réalisation

Département d'Alger

6 nouveaux centres : Pointe-Rouge, El-Marsa, Hardy, Masqueray, Aïn-N'Sour, Champlain.

2 agrandissements : Trois-Palmiers et Ben-Chicao.

Points d'occupation des régions nouvelles :

Pointe-Rouge et El-Marsa, sur le chemin de Ténès à Cherchell, Hardy dans le Sersou et Masqueray sur la route d'Aumale à Berrouaghia.

Routes en construction :

Chemin du Bou-Ardoun (achèvement).

Chemin de Horace-Vernet (achèvement).

Chemin des fermes de Tessala.

(1) Le budget ordinaire a fourni au département de Constantine d'importantes contributions.

Département d'Oran

5 nouveaux centres : Ouarizane, Guillaumet, Aïn-Kerma, Taoudmout, Aïn-Beïdha.

1 agrandissement : Sebdou.

Routes en construction :

Chemin de Bel-Abbès à Saïda (Achèvement).

Points d'occupation des régions nouvelles :

Guillaumet (région d'Ammi-Moussa), Taoudmout (plaine des Malifs), Aïn-Beïda (région du Télagh).

Département de Constantine

1 nouveau centre : Jeanne d'Arc.

Routes en construction :

Chemin d'El-Oussaf.

PROJETS A ENTREPRENDRE

Département d'Alger

8 créations de centres : Kherba, Aïn-Boucif, Le Tléta des Douairs, Aïn-Tsarès, Zeddin, Aïn-Behaïr, Taougrit, Sidi-Aïssa.

Superficie globale : 10.012 hectares.

1 groupe de fermes : L'Harmela, 1.200 h.

Occupation des régions nouvelles : Kherba, sur la route de Téniet-el-Haâd à Boghar, Aïn-Boucif, Tléta des Douairs, l'Harmela, dans le haut Titteri, Aïn-Tsarès dans la région de Berrouaghia, Sidi-Aïssa dans la région d'Aumale à Bou-Saâda, Aïn-Behaïr et Taougrit dans le Dahra du département d'Alger.

Routes :

Chemin d'Aïn-Dzarit à Burdeau.

Chemin d'Aïn-Behaïr à Fromentin.

Chemin de Victor Hugo à Hardy (artère du Sersou),
Chemin de Vialar au Sersou,
Chemin du Tléta des Douairs à Aïn-Boucif.

Amélioration des anciens centres : 800,000 fr.

Département d'Oran

10 créations de centres : Oued-Lili, Chouala, Aïn-Dzarit, Nador, Aïn-Saïd, Lakred, Aïn-Kermès, Aïn-Sultan, Tagremaret et Médroussa.

Superficie globale : 31.100 hectares

Occupation de régions nouvelles :

Oued-Lili (région d'Ammi-Moussa à Tiaret).

Aïn-Dzarit, Nador et Aïn-Saïd (région du Sersou et du Djebel Nador) Aïn-Sultan (région de Saïda) Tagremaret et Médroussa (région de Frenda).

Routes :

Chemin de Tiaret à Oued-Lili,
Chemin de Montgolfier aux Choualas,
Chemin de Berkèche à Hammam-Bou-Hadjar.

Améliorations des anciens centres : 1,000,000 fr.

Département de Constantine

10 créations de centres : Ras-el-Aïoun, M'Sila, Foum-el-Gueiss, Sidi-Mançar, El-Outaïa, Saguiet Sidi-Youssef, Bellaa, Aïn-el-Ksar, Bekkaria et Beni-Sbihi.

Superficie globale : 25.955 hectares.

1 agrandissement : Mondovi. 2.114 h.

8 groupes de fermes : Adekar-kebouche, Zarar, Oued-Chaba, Oued-Hamla, La Fontaine, Ouled-Hamla, Arago, El-Oussaf.

Superficie globale : 11,394 hectares.

Occupation des régions nouvelles :

Ras-el-Aïoun, sur la route de Sétif à Barika, Foum-el-Gueiss, sur la route de Batna à Khenchela, Sidi-Mançar et El-Outaïa, Oued-Chaba et Oued-Hamla dans la région de Batna, Aïn-el-Ksar (plateau de Sétif), Bekkaria dans la région de Tébessa, M'Sila (région du Hodna).

Routes :

Chemin de Lafayette à Aïn-Tagrout,

Chemin de Bellaa,

Chemins des fermes des Ouled-Hamla, de l'Oued-Chaba et de l'Oued-Hamla.

Chemin de Chemora.

Chemin de Bekkaria.

Amélioration des anciens centres : 1,200,000 fr.

Le résultat général des deux premières parties du programme peut se traduire ainsi :

41 centres créés, 18 agrandissements, 13 groupes de fermes, représentant 125.792 hectares (1), 300 kilomètres de routes nouvelles et 405,961 fr. d'améliorations.

Celui de la 3e partie comprendra 28 nouveaux centres 1 agrandissement, 9 groupes de fermes représentant 90.775 hectares, 78 kilomètres de routes nouvelles et 3 millions d'améliorations des anciens centres et des agglomérations urbaines.

L'exécution de la 3e partie, qui comprend des projets non réalisés sur le 1er emprunt, divers projets nouveaux et une somme de 3,000,000 pour l'amélioration des anciens centres, nécessitera un nouvel effort financier que l'on peut évaluer à 15,000,000 se répartissant ainsi pour les trois départements.

Alger.	5.045.000	»
Oran.	4.904.400	»
Constantine.	5.051.145	»
Total. . .	15.000.545	»

(1) Le budget ordinaire a servi, d'autre part, à créer 5 centres, à en agrandir 2 et à former un groupe de fermes ainsi qu'un nombre considérable de fermes isolées ou situées dans le voisinage immédiat de périmètres de colonisation. Le tout représente une étendue globale de 38.387 hectares.

De sorte que l'insuffisance constatée dans le premier programme et qui s'élevait à 10,484,825 fr. se trouvera accrue d'une somme de 4,515,720 fr.

L'emploi de cette somme de 15,000,000 de fr. pourra être ainsi réparti :

1,500,000 francs en 1908,
2,500,000 — 1909,
2,500,000 — 1910,
2,500,000 — 1911,
2,500,000 — 1912,
2,500,000 — 1913,
1,000,000 — 1914.

Il n'est pas sans intérêt d'ajouter que la vente des terres de colonisation, soit aux enchères, soit à bureau ouvert, soit à prix fixe, devant devenir la règle générale, le produits de ces aliénations viendra compenser les dépenses d'acquisition des terrains englobés dans les périmètres créés ou agrandis.

Département d'Oran

I. — Création de Centres

Désignation des centres	Arrondissements	Communes auxquelles ils appartiennent	Situation	Superficie du centre	Dépenses d'installation Prévisions Achats de terres	Travaux	Total	Observations
Oued-Lili. . . .	Mostaganem	Tiaret (m)	Sur la route d'Ammi-Moussa à Tiaret, à 18 kil. de Tiaret.	2.600 h	50.000	144.000	194.000	Sur 2,600 hectares, 2,100 appartiennent à l'état. Les 500 autres sont évalués à 50,000 fr. par l'administrateur de Tiaret qui estime également dans son rapport à 144,000 fr. le montant des travaux.
Choulas.	id.	Zemmora (m)	Sur un embranchement de la route de Relizane à Tiaret, à 13 kil. de Montgolfier et à 30 kil. de la gare de Prévost-Paradol.	3.550	213.000	120.000	333.000	Le prix des terres est celui qui ressort des promesses de vente, souscrites à l'amiable par les indigènes, la dépense des travaux est celle de l'avant-projet établi par le service spécial
Aïn-Dzarit. . . .	id.	Djebel-Nador (m)	Dans la partie du Sersou militaire voisine du territoire de Bourlier à environ 35 kil. de Tiaret.	3.000	180.000	200.000	380.000	L'étude de ce projet étant peu avancée, ces indications ne sont données que pour mémoire.
Nador.	id.	id.	id.	3.000	180.000	200.000	380.000	Rapport de l'Administrateur.
Aïn-Saïd.	id.	id.	Sur le chemin de Tiaret à Aflou à 19 kil. de Trézel, 24 kil. d'El Ousseukh et 47 kil. de Tiaret.	2.550	125.000	139.000	264.000	La dépense des travaux est celle de l'avant-projet dressé par le service spécial.
Lakred.	id.	Tiaret (m)	Au droit de la route de Téniet-el-Haâd, et à 15 kil. du nouveau village de Waldeck-Rousseau.	2.000	200.000	175.000	375.000	Rapport de l'Administrateur.
Médroussa. . . .	Mascara	Frenda (m)	Sur la route de Frenda à Prévost-Paradol à 30 kil. de cette dernière gare de la ligne de Mostaganem à Tiaret.	2.300	230.000	100.000	330.000	Le prix des terres est basé d'après celui pratiqué dans la région. La dépense des travaux est celle indiquée par le préfet, suivant les données de la commission des centres.
Aïn-Kermès. . .	id.	id.	»	4.500	225.000	150.000	375.000	»
Aïn-Sultan. . . .	id.	Saïda (m)	Au droit de la route de Tagremaret au Tôlagh, à 16 kil. de Saïda.	2.000	140.000	165.000	305.000	Prix des terres donné d'après les évaluations du service topographique. Le montant des travaux est celui de l'avant-projet dressé par le service des ponts et chaussées.
Tagremaret. . .	id.	Frenda	Sur la route de Frenda à Mascara, à 45 kil. de Frenda et à 27 kil. de Martimprey.	5.600	150.000	125.000	275.000	3,800 hectares sont sabega, 1,740 sont domaniaux et 60 appartiennent à des israélites et à deux femmes indigènes. Une partie du sabega sera payée. Une autre partie sera échangée avec des domaniaux. Travaux d'installation, mémoire.
			Totaux.	31.100	1.693.000	1 518.000	3.211.000	
Travaux topographiques calculés au prix moyen de 4 fr. par hectare 31.100 × 4.				. . . .	. . . .	. . . .	124.400	
			Total général.	31.100	1 693.000	1.518.000	3.335.400	

Département d'Alger

I. — Création de Centres

Désignation des centres	Arrondissements	Communes auxquelles ils appartiennent	Situation	Superficie du centre	Dépenses d'installation Prévisions Achats de terres	Travaux	Total	Observations
Kherba........	Médéa	Boghari (m)	Sur la route de Boghari à Téniet-el-Haâd, à 30 kil de Boghari.	3.500 h	15.000	152.000	167.000	Le territoire sera composé au moyen de terrains domaniaux. La dépense des travaux est celle de l'avant-projet dressé par le service spécial.
Aïn-Boucif ...	id.	Aïn-Boucif (m)	Sur la route de Berrouaghia à Sidi-Aïssa ; à 80 kil. de Berrouaghia, et à 30 kil de l'Oued-el-Hakoum, future station du chemin de fer de Berrouaghia à Laghouat.	2.500	312.500	105 000	417.500	La dépense des travaux et des terres est indiquée d'après le rapport de la commission des centres.
Tléta des Douairs......	id.	Berrouaghia (m)	Sur la même route à 67 kil. de Berrouaghia et à 13 kil. d'Aïn-Boucif.	2.700	463.700	120.000	583.700	Même observation. Les terres du Tléta des Douairs sont recherchées pour leur fertilité exceptionnelle.
Aïn-Tsarès....	id.	id.	Sur un embranchement de la nouvelle route de Médéa à Ben-Chicao et à 28 kil. de Médéa.	1.730	300.000	135 000	435.000	Les terres sont évaluées d'après les indications du Sous-Préfet de Médéa. La dépense des travaux est celle de l'avant-projet dressé par le service spécial.
Champlain....	id.	id.	Sur la route de Tablat à Ben-Chicao, à 18 kil. de Ben-Chicao et à 38 de Médéa.	mémoire	mémoire	mémoire	mémoire	Les dépenses de ce centre seront prélevées sur le reliquat du premier emprunt.
Zeddin........	Miliana	Braz (m)	Sur la route de l'Oued-Rouïna à 8 kil. de cette gare de la ligne d'Alger à Oran.	1.700	330.000	231.000	570.000	La dépense des travaux et des terres est indiquée d'après le rapport de la commission des centres.
Aïn-Gouthnia..	id.	Djendel (m)	Sur la route d'Affreville à Médéa, à 7 kil. de Dolfusville et à 34 d'Affreville.	mémoire	mémoire	mémoire	mémoire	Les dépenses de ce centre seront prélevées sur le reliquat du premier emprunt.
Aïn-Behaïr....	Orléansville	Ténès (m)	Sur la route de Fromentin à Rabelais, à 10 kil. de Fromentin et à 20 de Rabelais.	1.900	117.000	130.000	247.000	Sur 1,900 hectares, 730 proviendront du domaine de l'état. Les 1,170, à acheter sont évalués d'après le rapport de la commission des centres à 117,000 fr. La dépense des travaux est celle de l'avant-projet du service spécial.
Taougrit.....	id.	id.	Sur la route de Rabelais à la mer, à 16 kil de Rabelais et à 32 kil. d'El-Marsa point du littoral.	1.782	250.000	145.000	395.000	Le prix des terres est celui qui ressort des promesses de vente souscrites à l'amiable par les indigènes. La dépense des travaux est celle de l'avant-projet dressé par le service des ponts et chaussées.
Sidi-Aïssa....	Alger	Sidi-Aïssa (m)	Sur la route nationale d'Alger à Bou-Saâda.	3.200	135.000	150.000	285.000	Les terres seront payées, partie en argent et partie en compensations territoriales.
Totaux.				19.012	1.932.200	1.168.000	3 100.200	
Travaux topographiques calculés au prix moyen de 4 fr. par hectare 19.012 × 4 (en chiffres ronds).				....	....	....	76.000	
Total général.				19.012	1.932.200	1.168.000	3 176.200	

Désignation des centres	Arrondissements	Communes auxquelles ils appartiennent	Situation	Superficie du centre	Dépenses d'installation Prévisions Achats de terres	Travaux	Total	Observations
			II. — GROUPES DE FERMES					
L'Harmela	Médéa	Aïn-Boucif (m)	Sur le chemin de Boghar à Aïn-Boucif, par le Téla des Douairs.	1.200 h	180.000	30.000	210.000	
Travaux topographiques calculés au prix moyen de 4 fr. par hectare 1.200 × 4				....	....	....	4.800	
			Total général	1.200	180.000	30.000	214.800	
			Département de Constantine					
			I. — CRÉATION DE CENTRES					
Ras-el-Aïoun ..	Batna	Ouled-Soltan (m)	Sur la route de Sétif à Batna à 87 kil. de Sétif, à 57 kil. de Batna et à 30 kil. d'Ampère.	2.000	100.000	117.500	217.500	Le prix des terrains est basé sur celui des terres de la région. La dépense des travaux d'installation a été indiquée par la commission des centres.
M'Sila	id.	M'Sila (m)	A 58 kil. de Bordj-bou-Arréridj.	3.000	»	150.000	150.000	Terres domaniales. — Prix de revient d'un village
Foum.l Gueïss	id.	Khenchela (m)	A 22 kil. de Khenchela à à 82 kil de Batna.	2.200	»	836.000	336.000	1,700 hectares appartiennent à l'état, 500 seront acquis à des indigènes par voie d'échange. La dépense des travaux d'installation est établie d'après le chiffre donné par la commission des centres.
Sidi-Mançar ...	id.	Aïn-Toula Aurès (m)	Sur le chemin de Batna à Khenchela, à 27 kil. de Batna et à 9 kil. de Lambèse.	2.950	»	170.000	170.000	Les terrains seront acquis, par voie d'échange. Le chiffre de dépense d'installation est indiqué d'après le projet du service spécial.
El-Outaya	id.	Aïn-Toula (m)	Sur la route de Batna à Biskra à 28 kil. de Biskra.	3.800	158.345	85 000	243.345	Les terrains doivent être acquis à l'Administration de la guerre.
Saguiet - Sidi - Youssef	Guelma	Souk-Ahras (m)	A 48 kil. de Souk-Ahras.	1.670	»	132.000	132.000	1,280 hectares seront acquis par voie d'échange aux indigènes. Le chiffre des travaux d'installation est celui indiqué par la commission des centres.
Bellaa	Sétif	Eulma (m)	A 12 kil. de la gare de Navarin de la ligne d'Alger à Constantine, à 46 kil. de Sétif.	3.000	»	230.000	230.000	Terre domaniale et terre à acquérir par voie de compensation. La dépense des travaux est celle du projet dressé par le service spécial.
Aïn-el-Ksar	id.	Rhirn	Sur la route de Colbert à Tocqueville, à 12 kil. de Tocqueville.	2.800	60.000	150.000	210.000	Le périmètre doit être constitué au moyen de terre domaniale et de biens de douars, pour ces derniers les indigènes recevront des terrains domaniaux et une soulte en argent.
			A reporter	21.420	318.345	1.370.500	1.688.845	

Désignation des centres	Arrondissements	Communes auxquelles ils appartiennent	Situation	Superficie du centre	Dépenses d'installation. Prévisions. Achats de terres	Dépenses d'installation. Prévisions. Travaux	Total	Observations
			I. — Création de Centres (suite).					
			Report.	21.420 h	318.345	1.370 500	1.688.845	
Bekkaria......	Constantine	Morsott	A 13 kil. de Tébessa.	3.000	»	225.000	225.000	Terres domaniales.
Beni-Sbihi. ...	id.	El-Milia	Sur le chemin d'El-Milia, à 31 kil. d'El-Milia et à 44 kil. de la gare du Col des Oliviers.	1.535	50.000	275.000	325.000	1,035 hectares appartiennent à l'État, 500 seront à acquérir.
			Totaux.	25.955	368.345	1.870.500	2.238.845	
Travaux topographiques calculés au prix moyen de 4 fr. par hectare 25,955 (chiffres ronds)				....	....	....	104 000	
			Total général.	....	....	....	2.342.845	
			II. — Agrandissements					
Mondovi	Bône	Mondovi	A 15 kil. de Bône.	2.114	306.000	»	306.000	Prix d'évaluation des experts de l'État.
Travaux topographiques calculés au prix moyen de 4 fr. par hectare 2.114 × 4 (chiffres ronds)				....	....	....	8.000	
			Total général.	2.114	306.000	»	314.000	
			III. — Groupes de Fermes					
Adekar-Kebouch ...	Bougie	Soummam	Sur la route de Tizi-Ouzou à Bougie.	1.200	»	35 000	35.000	Terres domaniales.
Zarar..........	id.	Guergour	A 8 kil. du centre de Kerrata.	1.800	»	50.000	50.000	id.
Oued-Chaba. ..	Constantine	Aïn-Touta (m)	Au droit de la route de Batna à Mac-Mahon, à 17 kil. de Batna et à 13 kil. de Mac-Mahon.	1.075	»	40.000	40.000	id.
Oued-Hamla...	Constantine	id.	»	819	»	25.000	25.000	id.
La Fontaine...	id.	Sédrata (m)	»	1.500	»	140.000	140.000	id.
Ouled-Hamla..	Batna	Aïn-M'lila	»	2.600	»	75.000	75.000	id.
Arago........	Constantine	El-Milia (m)	Sur le chemin d'El Milia ; à 47 kil. du centre de Catinat.	1.200	»	75.000	75.000	id.
El-Oussaf	id.	Grarem	Sur le chemin d'El-Milia, à 5 kil. de Gravelotte.	1.200	»	60.000	60.000	id.
			Totaux.	11.394	»	500.000	500.000	
Travaux topographiques calculés au prix moyen de 4 fr. par hectare 11.394 × 4 (chiffres ronds).				....	....	....	45.300	
			Total général.	11.394	»	500.000	545.300	

Routes nouvelles

Département d'Alger

Chemin d'Aïn-Behair à Fromentin.	15 km.	235.000
Chemin de Trumelet aux Doui Hasseni (continuation de la voie de desserte entre Victor-Hugo et Hardy).	12 km.	120.000
Chemin de Vialar au Sersou. . .	11 km.	89.000
Chemin du Tléta des Douairs à Aïn-bou-Cif.	27 km.	410.000
Total	65 km.	854.000

Département d'Oran

Chemin de Tiaret à Oued Lili (part contributive du budget de la colonie)	20 km.	156.000
Chemin de Sidi-Bel-Abbès à Saïda (partie, 22 km. à 12,000 francs le kilomètre = 264,000 francs .	»	mémoire
Chemin de Montgolfier aux Chouallas	13 km.	170.000
Chemin de Berkèche à Aïn-Temouchent et à Hammam-Bou Hadjar.	20 km.	243.000
Total.	55 km.	569.000

Département de Constantine

Chemin de Lafayette à la gare d'Aïn-Tagrout (part contributive du budget de la colonie. . . .	18 km.	100.000
Chemin de Bellaâ.	9 km.	75.000
Chemin des fermes de Ouled Hamla, de l'Oued Chaba et des Ouled Hamla.	25 km.	250.000

Chemin de Chemora.	12 km.	144.000
Chemin de Bekkaria.	8 km.	80.000
Total.	72 km.	649.000

Récapitulation

Département d'Alger.	65 km.	854.000
Département d'Oran.	55 km.	569.000
Département de Constantine. . .	72 km.	649.000
Totaux	192 km.	2.072.000

AMÉLIORATION DES ANCIENS CENTRES

Participation aux dépenses d'alimentation en eau potable, d'assainissement, de routes et ponts des anciens centres et des agglomérations urbaines 3,000,000 fr.

Examen fait des besoins des trois départements et des engagements pris, il semble nécessaires d'attribuer à chacun d'eux les dotations suivantes :

Alger.	800.000	»
Oran	1.000.000	»
Constantine	1.200.000	»
Total. . . .	3.000.000	»

La part attribuée à ce dernier département est la plus élevée en prévision de travaux nombreux et coûteux projetés notamment en vue de l'amélioration en eau potable de différentes agglomérations urbaines.

RÉCAPITULATION

	ALGER —	ORAN —	CONSTANTINE —	TOTAUX —
Création de centres	3.400.200	3.211.000	2.238.845	8.550.045
Agrandissement de centres	»	»	306.000	306.000
Groupes de fermes	210.000	»	500.000	710.000
Travaux topographiques	80.800	124.400	157.300	362.500
Routes nouvelles	854.000	569.000	649.000	2.072.000
Amélioration des anciens centres . . .	800.000	1.000.000	1.200.000	3.000.000
TOTAUX.	5.045.000	4.904.400	5.051.145	15.000.545

CHAPITRE IV. — SERVICE DES EAUX ET FORÊTS

Programme général des travaux d'amélioration que comporte le domaine forestier. — Lorsque les assemblées algériennes ont envisagé, en 1899, le projet de hâter, au moyen d'un emprunt, l'outillage économique de l'Algérie, il a été admis que le service forestier recevrait sa part de dotation pour achever, dans le plus court délai possible, les travaux de protection, de mise en valeur et de reconstitution des massifs boisés.

L'expérience avait, en effet, démontré que les dépenses de cette nature étaient essentiellement et rapidement productives. Longtemps insignifiantes, les recettes des forêts s'étaient rapidement accrues dès que le service avait reçu les crédits nécessaires pour ouvrir des routes, démascler les chênes-liège, surveiller les coupes. Leur progression, due surtout au développement des récoltes de liège, s'est fortement accentuée au cours de ces dernières années. De 400,000 francs en moyenne, pour la période qui va de 1880 à 1890, elles montaient à 1,200,000 francs en 1895 et à 1.800,000 en 1900 pour croître ensuite par bonds de 500,000 à 600,000 francs d'une année à l'autre et arriver à 4,446,000 francs en 1905.

Suivant les vues exposées à cette époque, le programme des travaux forestiers à effectuer sur l'emprunt devait comprendre :

1° La construction de maisons forestières permettant d'installer partout la surveillance au cœur des forêts, ce qui constitue la seule protection efficace des massifs contre les dévastations qui les menacent, tant du fait de l'homme que du fait des animaux ou du feu ;

2° L'établissement d'un réseau de chemins forestiers destinés à faciliter la surveillance exercée par les préposés, à hâter, en cas d'incendie, l'arrivée des secours, et enfin à permettre l'écoulement des différents produits des forêts. La plupart de ces chemins ouverts servent en outre, on ne doit pas l'oublier, aux populations indigènes dont ils multiplient et rapprochent les relations ;

3° Le reboisement et la mise en valeur proprement dite, qui ont pour but : d'une part, de compléter et d'étendre la surface boisée de ce pays, principalement dans les forêts de chênes-liège ; d'autre part, de terminer les démasclages des forêts de chênes-liège entrepris depuis 1884.

Il fut ajouté, après coup, à cette rubrique, avec l'assentiment des assemblées algériennes, les travaux de défense contre l'incendie, c'est-à-dire l'achèvement des tranchées de protection destinées à arrêter le feu et à servir de base aux opérations d'extinction.

Si l'on considère que l'étendue des forêts domaniales gérées par le service forestier est d'environ 1,877,000 hectares, dont 240,000 peuplés en chênes-liège, 50,000 en chênes zeen et 36,000 en cèdres, pour ne citer que les essences susceptibles de l'exploitation la plus rémunératrice, et si l'on se rappelle que ce fut seulement à partir de 1884, que des crédits appréciables furent mis à la disposition de ce service, on ne s'étonnera pas que le programme des travaux à exécuter pour la bonne gestion de ce domaine, fût loin d'être réalisé lors du premier emprunt.

Au reste, les crédits limités du budget ordinaire qui ont principalement pour objet de pourvoir aux dépenses essentielles de gestion et d'assurer les travaux d'amélioration d'ordre courant ne pouvaient suffire à la mise en exploitation rapide d'un domaine aussi étendu et aussi complexe ; il fallait nécessairement recourir à des crédits exceptionnels, comme les fonds d'emprunt, pour hâter cette mise en exploitation.

Sur 759 préposés (ce nombre s'est accru depuis), 371 seulement habitaient à cette époque dans des maisons forestières ; les autres étaient installés, faute de logements en forêt, dans des villes ou dans des villages souvent fort éloignés des massifs dont la garde leur était confiée.

On évaluait à 8,000 kilomètres le réseau des chemins forestiers existant à côté des 9,000 kilomètres de voies d'intérêt commun ouvertes dans les massifs par d'autres services (ponts et chaussées ou génie). Au lieu de ces 17,000 kilomètres, on estimait que le réseau normal des voies de toute nature destinées à desservir le domaine forestier de la colonie devait s'élever à 34,000 kilomètres pour que la surveillance fût efficace et l'exploitation rationnelle.

La mise en valeur des forêts de chênes-liège par le démasclage pouvait être considérée comme très avancée (200,000 hectares mis en valeur sur 240,000). Mais on peut dire que l'œuvre du reboisement était à peine ébauchée, le temps et les soins du personnel ayant jusque-là été absorbés par la protection du domaine boisé existant déjà. Le programme général de reboisement établi en 1884, sur l'ordre de M. le Gouverneur général Tirman, évaluait à 102,000 hectares environ la surface à reboiser dans le Tell et à près de 15 millions de francs la dépense à affecter à ces travaux.

Enfin, le réseau des tranchées contre l'incendie, entrepris sans plan d'ensemble sur beaucoup de points du littoral, avait besoin d'être complété et élargi en procédant analytiquement par l'établissement de deux réseaux d'importance variable : un réseau primaire composé de tranchées d'au moins 100 mètres de largeur et destiné à entrecouper largement les grands massifs, et un réseau secondaire formé de tranchées de 10 à 50 mètres, destiné à diviser en îlots les masses déjà isolées par le premier réseau.

Travaux exécutés au moyen de l'emprunt réalisé en 1902. — Avant d'étudier dans son détail la partie de ce programme d'ensemble qu'il reste à réaliser à l'heure actuelle, il est nécessaire de mettre en relief les travaux exécutés sur le premier emprunt. Les chiffres qui suivent sont rigoureusement exacts pour la période de 1902 à 1905 inclus, mais ils ne constituent que des indications approximatives pour l'exercice 1906 dont les comptes ne sont pas apurés (1).

Il est bon de noter d'ailleurs que les fonds du premier emprunt ne sont pas encore entièrement employés et que le service forestier doit en utiliser en 1907 le solde restant, soit environ 1,200,000 francs.

MAISONS FORESTIÈRES. — On a vu plus haut qu'au moment de la réalisation de l'emprunt de 1902, 371 préposés seulement étaient installés en forêt. Au 1er janvier 1906, une somme totale de 1,049,153 fr. 84 avait été affectée sur l'emprunt à la construction des maisons forestières et 124 logements nouveaux avaient été mis à la disposition du service : 18 dans la conservation d'Alger, 42 dans celle d'Oran et 64 dans celle de Constantine. Le prix moyen du logement, tel qu'il a été calculé pour les 77 logements complètement terminés et payés avant le 1er janvier 1906, s'élève à 9,628 francs.

Au cours de l'année 1906, dont l'exercice budgétaire n'est pas encore arrêté, les crédits d'emprunt, utitisés par les conservateurs pour achever les maisons en construction et en mettre en chantier de nouvelles, se sont montés à :

Conservation d'Alger. . . .	43.638 47
Conservation d'Oran	264 959 76
Conservation de Constantine	245.022 72
Total.	553.620 95

(1) Voir également l'état des dépenses faites au 31 décembre 1906 joint à la note relative à l'emprunt de 1902.

Sur cette somme, 433,011 francs représentent la dépense afférente à la mise en chantier de 52 logements nouveaux, le reste ayant été affecté à l'achèvement des maisons commencées l'année précédente et non terminées au 1er janvier 1906.

CHEMINS. — A cette même date du 1er janvier 1906, une somme totale de 1,956,796 fr. 78 avait été employée à ouvrir 2.660 kilomètres de chemins carrossables ou muletiers dont le prix de revient ressort à 0 fr. 73 environ par mètre.

Les crédits employés à ces travaux au cours de 1906 se sont élevés à 176,714 fr. 53 dont le compte-rendu n'est pas encore fourni et qui vraisemblablement donneront 250 kilomètres environ de nouvelles voies.

MISES EN VALEUR. — Une somme de 53,532 francs a été employée, jusqu'au 1er janvier 1906, au démasclage d'environ 548,000 chênes-liège.

En 1906, 42,125 francs ont été affectés à ces travaux dont les résultats ne sont pas encore connus.

REBOISEMENTS. — 1,151 hectares ont été reboisés de 1902 à 1905 inclus, à l'aide d'une somme de 189,884 francs prélevée sur les fonds d'emprunt.

Des crédits, s'élevant à 57,357 francs, ont été mis à la disposition des conservateurs en 1906 pour la continuation de ces travaux.

TRAVAUX DE DÉFENSE CONTRE L'INCENDIE. — Une somme de 499,805 francs a été employée à ouvrir 1.529 kilomètres de tranchées d'une largeur de 10 à 300 mètres dans les massifs les plus menacés par le feu. La part des crédits extraordinaires réservée à ces travaux en 1906 s'élève à 100,644 francs dont le compte-rendu n'a pas encore été fourni.

Programme des travaux restant à effectuer. — Le service forestier a été invité à se livrer à une étude approfondie de l'ensemble des travaux restant à réaliser au 1er janvier 1907 pour que le domaine forestier, dont il a actuellement la gestion, pût être considéré comme organisé définitivement en vue de sa production et de sa conservation (1).

Les résultats de cette enquête sont consignés dans une collection d'avant-projets déposés dans les bureaux du gouvernement général. Pour chaque maison, une notice donne la justification et le devis de la dépense. Les chemins et les tranchées ont fait l'objet, pour chaque forêt, d'états de classement et de plans, qui permettent de se rendre compte de l'utilité du réseau et de la dépense à engager, et chaque chemin a été étudié au point de vue de son tracé et du coût des travaux. Enfin, les reboisements et les mises en valeur ont également donné lieu à des justifications et prévisions aussi détaillées que possible

Le montant total de ce vaste programme s'élève à la somme de 13,782,000 francs ainsi répartie :

(1) Un certain nombre de massifs domaniaux, situés soit dans les territoires de commandement de l'Algérie du nord, soit dans les territoires du sud, n'ont pas encore été remis au service forestier. La nécessité du rattachement de ces massifs au domaine soumis à la gestion directe du service forestier a été reconnue et leur incorporation se fait peu à peu, pour atténuer les augmentations de dépenses qui résultent de la création des postes de surveillance. On évalue à 300,000 hectares la surface des forêts à réunir ainsi au domaine mis en exploitation. Il va de soi que le programme des travaux ne vise pas ces massifs qui exigeront non seulement l'installation d'un personnel spécial de surveillance, mais encore la construction de maisons, de chemins et de tranchées le jour où l'on voudra en assurer l'exploitation normale et la protection efficace.

	Alger	Oran	Constantine	Total
Maisons forestières...	795.000	304.000	1.189.000	2.288.000
Chemins	2 938.000	1.204.000	2.950.000	7.092.000
Tranchées.....	416.000	100.000	374.000	890.000
Reboisements..	1.281.000	1.426.000	570.000	3.277.000
Mise en valeur.	3.000	»	232.000	235.000
Totaux...	5.433.000	3.034.000	5 315.000	13.782.000

Ces chiffres devaient être réduits de la somme d'environ 1,200,000 francs restant à dépenser en 1907 sur le premier emprunt. Mais, en outre, il était nécessaire d'opérer une sélection dans le programme fourni par les conservateurs de manière à ne retenir à la charge de l'emprunt que les travaux ayant pour objet la mise en exploitation rapide des massifs productifs et de réserver pour être exécutés sur les fonds du budget ordinaire ceux qui visent l'amélioration des boisements en vue de leur action sur l'économie générale du pays.

C'est ainsi qu'on a arrêté à 8 millions le montant de la dotation à prévoir pour le service des forêts sur l'emprunt projeté.

Le programme de ces travaux détaillé, dans les tableaux qui suivent la présente notice, se résume ainsi :

	Alger	Oran	Constantine	Total
Maisons forestières (83 logements)..	495.000	79.000	445.500	1.019.500
Chemins (6.164 km)......	1.745.000	810.744	2.169.682	4.725.426
Tranchées (6.698 hect.). ..	416.220	100.119	373.633	889.972
Reboisements (14.518 hect.)...	400.000	460.000	270.400	1.130.400
Mises en valeur (2.180.000 arbres).	3.287	»	231.415	234.702
Totaux.	3.059.507	1.449.863	3.490.630	8.000.000

Si l'on en juge d'après les renseignements fournis par l'emploi des fonds de l'emprunt contracté en 1902, il faut compter sur une période de dix années pour utiliser, par annuités égales à 800,000 francs, cette nouvelle dotation.

Augmentation des crédits d'entretien. — Les crédits inscrits au budget ordinaire pour l'exécution des travaux neufs permettront d'effectuer régulièrement les travaux de conservation et d'amélioration des boisements qui lui incombent normalement et qui ont été laissés en dehors du programme de l'emprunt. Au contraire, ceux qui sont prévus pour le paiement des dépenses d'entretien devront être progressivement augmentés au fur et à mesure de l'exécution des travaux neufs. Après utilisation des fonds du second emprunt aujourd'hui en projet, c'est l'entretien de 267 logements nouveaux, de 10,000 kilomètres de chemins récemment établis et de 4,500 kilomètres de tranchées de protection qu'il sera nécessaire d'assurer.

En admettant pour la dépense annuelle moyenne d'entretien :

100 francs par logement,

20 francs par kilomètre de chemin,

20 francs par kilomètre de tranchée,

on voit que la dépense à prévoir, en augmentation des crédits actuellement ouverts au budget ordinaire atteindra la somme de 316,700 francs, ainsi répartie :

267 logements à 100 francs l'un. . .	26.700 »
10.000 kilomètres de chemins à 20 francs.	200.000 »
3,500 kilomètres de tranchées à 20 francs.	90.000 »
Total.	316.700 »

Les travaux exécutés sur le premier emprunt commencent d'ailleurs à faire peser sur le budget ordinaire la charge de leur entretien, et il a été prévu à cet effet, dans le budget de 1908, une augmentation de crédits de 100,000 francs. De nouvelles augmentations devront être progressivement accordées jusqu'à ce que l'accroissement atteigne le chiffre de 316,700 francs indiqué ci-dessus.

De plus, il convient de rappeler que les budgets futurs du service des forêts devront recevoir les augmentations nécessaires à l'organisation du personnel de surveillance dans les 300,000 hectares de boisements actuellement soumis à l'autorité militaire qui doivent être incorporés au domaine géré par l'administration forestière, soit environ 100,000 fr., et enfin les crédits nécessaires pour construire des routes et des maisons forestières dans ces massifs, soit de ce chef un nouvel accroissemeut de dépenses de 35,000 fr.

Au total l'augmentation s'élèvera ainsi à 450,000 fr. et devra probablement être introduite de la manière suivante dans les budgets futurs :

1908	100.000 »
1909	40.000 »
1910	40.000 »
1911	30.000 »
1912	30.000 »
1913	30.000 »
1914	20.000 »
1915	20.000 »
1916	20.000 »
1917	20.000 »
1918	20.000 »
1919	20.000 »
1920	20.000 »
1921	10.000 »
1922	10.000 »
1923	10.000 »
1924	10.000 »
Total égal.	450.000 »

La progression des recettes des forêts dont la rapidité a déjà été signalée au début de la présente notice excèdera du reste de beaucoup l'accroissement des dépenses. Ces recettes sont actuellement de 4 millions et demi de francs environ, dont 3 millions et demi pour les lièges et un million pour les bois et produits divers.

A moins d'un fléchissement peu probable du cours des lièges, ont peut escompter que les recettes provenant de cette source croîtront d'environ 2 millions d'ici quelque 15 ans par suite de l'entrée dans le roulement des récoltes des arbres demasclés au cours de la dernière décade.

On peut, d'autre part, espérer que la mise en exploitation toute récente des forêts de chênes-zeen pour la fabrication de la tonnellerie, des massifs de cèdres pour l'ébénisterie et des peuplements de pins pour la résine et le bois, apportera aux recettes forestières un appoint également important. Le service forestier porte tous ses soins à ces débouchés nouveaux que l'établissement des chemins de vidange permet d'envisager dès maintenant avec confiance. Il n'est pas téméraire d'évaluer à un million et demi la plus-value qui se produira de ce côté.

Ce supplément total de recettes d'environ 3 millions et demi de francs sera atteint vraisemblablement en 15 ans en suivant la progression ci-après indiquée à titre tout à fait approximatif.

1908	»
1909	100.000
1910	100.000
1911	150.000
1912	150.000
1913	200.000
1914	200.000
1915	250.000
1916	250.000
1917	300.000
1918	300.000
1919	350.000
1920	350.000
1921	400.000
1922	400.000
Total.	3.500.000

PROJETS DE MAISONS FORESTIÈRES

Chefferie	Forêt ou localité	Nom de la maison	Nombre de logements	Prix
				Fr.
	Conservation d'Alger			
Alger. . . .	Sidi-Hamouda. .	La Plâtrière. . .	1	12.000
	Périm. de Blida.	Hakou-Ferouane.	1	18.000
Aumale. . .	Souaghi.	Aïn-Alleïg . . .	2	25.300
	Sour-Djouab . .	Moulfirane . . .	1	14.700
	Ksars.	Tiza	2	23.600
	Beni-Mansour. .	Tefraount. . . .	1	15.000
	Oued-Sahel . . .	Agbalou	1	18.000
Téniet-el-Hâd	Bou-Madjebar . .	Tizi-Ali.	2	25.000
	Harraouat. . . .	Bir-ben-Abbou .	1	12.500
	Bou-Medien. . .	Aïn-Ounen . . .	1	10.300
	Oued-Lyra . . .	Gros Pins nº 2. .	1	12.500
	Sioufs	Si-Youcef. . . .	1	12.500
	Bou-Medien. . .	Meroudj	2	25.000
	Harraouat. . . .	Aïn-Hammama .	1	12.500
	Cèdres	La Pépinière . .	2	22.000
	Bou-Medien. . .	Kochaïb	1	11.000
Tizi-Ouzou. .	Bou-Djurdjura. .	Bou-Djurdjura .	1	12.000
	Mouley-Yahia . .	Mouley-Yahia . .	1	10.000
	Si-Ali-bou-Nab .	Si-Ali-bou-Nab. .	1	10.000
Médéa. . . .	Kef-Lakdar . . .	Kef-Lakdar . . .	1	17.000
	Oulad-Anteur . .	Daabiche	1	15.000
	Oued-Chaïr . . .	Besbessi	1	15.000
	Beni-Hassein . .	Mouley-Gomer. .	1	11.500
Miliana . . .	Bou-Mad	Tighaline	1	15.000
	Zaccar	Righas	1	12.000
	Beni-Habiba. . .	Beni-Habiba. . .	1	8.000
	Taouira.	Guenini.	1	8.000
	Doui	Zehar.	1	7.500
	Berhoun	Berhoun	1	14.000
Orléansville .	Souk-el-Haâd . .	Souk-el-Haâd . .	1	16.000
	Guelta	Aïn-ben-Teksa. .	1	16.000

PROJETS DE MAISONS FORESTIÈRES (suite)

Chefferie	Forêt ou localité	Nom de la maison	Nombre de logements	Prix
				Fr.
	Conservation d'Alger (suite)			
	Bissa.	Bissa.	1	10.000
	Ténès.	Tifilès	1	15.000
	Beni-bou-Hattab.	Aïn-Tidiouine. .	1	16.100
			39	495.000
	Conservation d'Oran			
Tlemcen. . .	Djebel-Ouargla .	Djebel-Ouargla .	2	28.000
	Meurbah	Meurbah	2	24.000
Mostaganem.	Dunes de la Stidia	La Stidia	1	12.000
	Bou-Hani	Nekmaria. . . .	1	15.000
			6	79.000
	Conservation de Constantine			
Philippeville.	Ouled-el-Hadj . .	Aïn-Kerma . . .	1	11.000
	Ouled-el-Hadj . .	Ksir-Nouiter . .	1	17.000
	Oued-Saf-Saf . .	Oued-Saf-Saf . .	1	14.000
	El-Arrouch . . .	El-Arrouch . . .	2	22.000
Bougie . . .	M'Zala	M'Zala	1	12.000
	Beni-Slimane . .	Beni-Slimane . .	1	12.000
	Bou-Hattem. . .	Toudja	1	11.000
	Bou-Hattem. . .	Bou-Hattem. . .	1	11.000
Tarf.	Munier	Fedj-Dardara . .	2	23.000
La Calle. . .	Bougous	Aïn-Kebir. . . .	2	22.500
	Tarf	Chetaïba	2	20.000
Djidjelli. . .	Beni-Affer. . . .	Bordj-Chahna . .	2	32.000

PROJETS DE MAISONS FORESTIÈRES (suite)

Chefferie	Forêt ou localité	Nom de la maison	Nombre de logements	Prix
				Fr.
	Conservation de Constantine (suite)			
Batna. . . .	Aurès	Mekbert	2	25.000
	Djebel-Nouaceur.	Aïn-Aoulougi . .	3	24.000
Khenchela. .	Haracta.	Aïn-Hadjar . . .	1	11.000
	Ouled-Yacoub. .	Khenchela . . .	1	10.000
	Haracta.	Aïn-Beïda . . .	1	10.000
Constantine .	Beni-Medjaleb. .	Aïn-M'Rassel . .	1	13.000
	Zouagha	Zeraïa	1	12.000
Bélezma . .	Metlili	Metlili	2	26.000
	Ouled-Soltan . .	Aïn-Tikerouel. .	1	15.000
Bordj - bou - Arréridj. .	Ouennougha . .	Aïn-Nougue. . .	1	11.000
	Dréat.	G. F. Laourane .	1	4.000
Souk-Ahras.	Sfahli	»	2	20.000
	Ouled-Béchia . .	Sidi-Abdallah . .	1	12.000
Sétif	Ouled-Hannech .	Aïn-Almou . . .	1	15.000
	Bou-Thaleb . . .	Aïn-Squé	1	15.000
	Ouled-Khellouf .	Aïn-Brazi	1	15 000
			38	445.500

PROJETS DE CHEMINS

Chefferie	Forêt	Nombre de kilomètres	Prix
			Fr.
	Conservation d'Alger		
Alger. . . .	Beni-Messaoud	32	58.000
	Beni-Miscera	20	41.000
	Sidi-Hamouda	23	23.000
	Mouzaïa	56	68.000
	Keddara	3	2.000
	Périmètre de Blida	20	26.000
Aumale . . .	Sour-Djouab	74	48.000
	El-Haïzer	58	47.000
	Souagui	30	20.000
	Mettenan	14	10.000
	Ksenna	42	32.000
	Azerous	24	21.000
	Beni-Mansour	36	36.000
	Bouïra	16	18.000
	Ksars	82	52.000
	Sebkha	42	28.000
	Oued-Sahel	42	40.000
	Aumale	24	19.000
	Oued-Okris	74	50.000
Téniet-el-Haâd . . .	Bou-Madjebar	12	14.000
	Oued-Massine	21	7.000
	Aghbal	20	14.000
	Beni-Soumeur	14	17.000
	Cèdres	36	86.000
	Siouf	10	6.000
	Beni-Fathem	3	2.000
Tizi-Ouzou. .	Bou-Arbi	1	1.000
	Bouberak	10	10.000
	Bou-Djurdjura	21	16.000
	Larba	18	10.000
	Mizrana	32	20.000
	Amraoua	10	6.000

PROJETS DE CHEMINS (suite)

Chefferie	Forêt	Nombre de kilomètres	Prix
			Fr.
	Conservation d'Alger (suite)		
	Bou-Mahni	23	10.000
	Mouley-Yahia	7	4.000
	Beni-Khalfoun	38	21.000
	Tamedjout	12	6.000
Médéa	Rive gauche du Cheliff	316	217.000
	Rive droite du Cheliff	118	152.000
Miliana	Oued-Kemis	36	17.000
	Doui	24	16.000
	Berhoun	12	12.000
	Tizi-Franco	14	14.000
	Hamgouf	18	8.000
	Dadamimoun	1	1.000
	Oued-Chaïba	2	1.000
	Beni-Zoug-Zoug	28	10.000
	Aïfer	14	4.000
	Taourira	5	2.000
	Beni-Habiba	8	14.000
	Bou Hamou	4	2.000
	Bou Harb	41	10.000
	Bou-Mad	12	10.000
	Tarzout-Hassen	6	4.000
	Zaccar	10	19.000
Azazga	Beni-Djenad	6	4.000
	Taksebt	12	10.000
	Beni-Ghobri	40	41.000
	Tamgout	32	33.000
	Akfadou-Ouest	28	23.000
	Tigrine	10	10.000
	Azouza	18	15.000
Téniet-el-Haâd	Matmata	74	54.000
	Bou-Medien	34	25.000
	Harraouat	17	9.000

PROJETS DE CHEMINS (suite)

Chefferie	Forêt	Nombre de kilomètres	Prix
			Fr.
	Conservation d'Alger (suite)		
Orléansville .	Oued-Lyra	62	31.000
	Beni-Meharez	9	8.000
	Lagh-Sly.	4	2.000
	Beni-Rached.	6	4.000
	Medjadja-Tegraga.	5	1.000
	Tarzout	14	7.000
	Oued-Ras	20	8.000
	Guelta.	22	11.000
	Oued-el-Kébir	28	16.000
	Tacheta	17	8.000
	Ouarsenis	33	14.000
	Bissa	10	7.000
	Ténès	16	11.000
	Ouled-Boufrid	2	1.000
	Beni-Lhassen.	25	9.000
	El-Marsa	10	4.000
	Guergour	4	1.000
	Oued-Fodda	18	10.000
	Souk-el-Haâd.	31	9.000
	Bou-Yelfen.	18	7.000
	Karicha	8	2.000
	Temdrara	12	5.000
	Beni-bou-Attab	50	63.000
	Beni-Chaïb.	14	7.000
	Bethaïa	14	6.000
	Beni-Boudouane	70	31.000
	Aïn-Lelou	22	8.000
	Bou-Salah	36	15.000
	Djebel-Sfia.	9	4.000
	El-Décherat	44	15.000
	Djebel-Saadia	1	1.000
		2.574	1.745.000

PROJETS DE CHEMINS (suite)

Chefferie	Forêt	Nombre de kilomètres	Prix
			Fr.
	Conservation d'Oran		
Oran	Mouley-Ismaël	6	10.000
	Planteurs	6	5.000
	M'Silah	3	4.000
Tlemcen. . .	Azaïl	35	21.000
	Zerdeb	10	3.000
	Tlemcen.	5	3.000
	Yfri.	6	5.000
	Tessera-M'Ramet.	6	3.000
	Sidi-Hamza	4	8.000
	Zariffet	1	600
Sidi-bel-Abbès. . . .	Baudens.	16	8.000
	Slissen	178	140.000
	Bou-Hedaïr	1	700
	Touazizine.	31	36.000
	Khamissi	1	444
	Oukar-Zeboudj.	17	8.000
	Bou-Yétas	110	48.000
	Eghti	10	5.000
	Ténira.	28	17.000
	Louza.	10	4.000
	Moxi	6	3.000
Mostaganem.	Oued-Ardjem.	76	62.000
	Seddaoua	5	6.000
	El-Mellab	5	5.000
Mascara. . .	Mâalifs	4	2.000
	Djaffra-Cheraga.	8	7.000
	Fenouan.	7	5.000
	Tendfeld.	12	10.000
	Kalaa	4	4.000
	Oued-Fergoug	13	7.000
	Guétarnia	26	18.000
	Zelamta	52	33.000

PROJETS DE CHEMINS (suite)

Chefferie	Forêt	Nombre de kilomètres	Prix
			Fr.
	Conservation d'Oran (suite)		
	Djebel-Bouziri	15	7.000
	Aïoun-el-Béranis	24	13.000
	Djebel-Nador	1	2.000
	Stamboul	8	8.000
	Hassasna	77	55.000
	Doui-Thabet	14	13.000
Tiaret	Ouled-ben-Affan	13	29.000
	Nador	37	32.000
	Sdamas-Rharbi	67	50.000
	Sdamas-Chergui	84	61.000
Télagh	Zégla	56	21.000
	Toumiet	8	9.000
	Kodida	8	3.000
	Beni-Mathar	23	7.000
	Takrouma	6	2.000
	Séfioun	21	7.000
	Zid-el-Moumen	17	4.000
	Kounteïda	8	2.000
		1.189	810.744
	Conservation de Constantine		
Philippeville	Ouled-Kassem	4	2.000
	M'Chatt	3	2.400
	Ouled-el-Hadj	54	30.000
	Bissy	18	13.000
	Sidi-Zerzour	23	11.000
	Ouled-Nouar	12	7.000
	Mellila	12	11.000
	Philippeville	8	1.800
	Medjadja	14	9.000
	Beni-Toufout	237	233.000

PROJETS DE CHEMINS (suite)

Chefferie	Forêt	Nombre de kilomètres	Prix
			Fr.
	Conservation de Constantine (suite)		
Bougie. . . .	Oued-Guebli	33	33.000
	Gandoula	46	23.000
	Oued-Saf-Saf	56	35.000
	Ouled-el-Hadj	46	38.000
	Beni-Ouelbane	4	3.000
	Arbel-Goufi	4	3.000
	Bougaroni	14	22.000
	Ras-Boufès	14	9.000
	Beni-Melloul	14	13.000
	Beni-Immel	4	4.500
	Babor	12	14.000
	Akfadou-Est	76	16.000
	Taourirt-Ighil	66	81.000
	M'Zala	20	19.000
	Oued-Aghrioun	27	26.000
	Darguina	12	12.400
	Chabet-el-Akra	22	16.000
	Bou-Hatten	105	74.000
	Beni-Sliman	40	38.000
	Beni-Mimoun	34	37.600
Tarf.	Merdès	18	14.000
	Djebel-Dyr	10	4.500
	Bou-Abed	16	9.400
	Blandan	21	12.000
	Toustain	20	8.500
	Braptia	3	780
	Cheffia	9	3.000
	Munier	22	8.000
Bône	La Mahouna	6	12.000
	Beni-Salah	85	162.000
	El-Aouara	22	19.000
	Munchar	10	5.000

PROJETS DE CHEMINS (suite)

Chefferie	Forêt	Nombre de kilomètres	Prix
			Fr.
	Conservation de Constantine (suite)		
	Edough	62	61.000
La Calle	Khanguet-Aoun	6	6.200
	Tarf	71	67.000
	Néhed	33	31.000
	Bougous	14	11.000
	Souarakh	28	19.000
Djidjelli	Lalem	23	30.000
	Dar-el-Oued	22	26.000
	Littoral	4	4.000
	Beni-Idder	30	36.000
	Tamentout	4	3.490
	Guerrouch	29	35.000
	Djebel-Adendoun	16	23.000
	Ouled-Askeur	25	23.000
	Beni-Segoual	19	13.000
	Beni-Affer	16	18.000
	Oued-Djendjen	19	23.000
	Beni-Khettab	11	12.000
	Beni-Ahmed	8	7.000
	Beni-Amran	6	5.500
	Beni-Habibi	7	5.200
Batna	Oued-Fedhala	29	19.000
	Sgag	24	14.000
	Aurès	9	7.500
	Bou-Arif	60	34.000
	Ich-Ali	6	6.000
Khenchela	Ouled-Yacoub	13	80.000
	Beni-Oudjana	53	62.000
Constantine	Ouled-Abd-en-Noor	20	12.000
	Aïn-M'Lila	60	42.000

PROJETS DE CHEMINS (suite)

Chefferie	Forêt	Nombre de kilomètres	Prix
			Fr.
	Conservation de Constantine (suite)		
Bélezma. . .	Metlili.	22	20.400
	Bélezma.	75	58.000
Souk-Ahras .	Ksar-el-Attach	5	2.500
	Nemencha.	18	7.000
	Bou-Mezran	30	20.000
	Plateaux de Souk-Ahras.	4	1.612
	Ouled-Zeïd.	9	5.400
	Tébessa	17	9.000
	Sfahli	5	4.000
	Oued-Ganem.	12	9.000
	Ouled-Béchia.	37	22.000
	Fed-el-Ahmed	22	14.000
Sétif	Bou-Thaleb	30	21.000
		2.401	2.169.682

PROJETS DE TRANCHÉES

Chefferie	Forêt	Longueur	Surface	Prix
				Fr.
	Conservation d'Alger			
Alger. . . .	Mouzaïa	13.750	27	3.950
	Beni-Messaoud	30.000	60	4.940
	Oued-Malah.	5.545	15	1.663
Aumale. . .	Mettenan.	11.400	23	3.420
	Azerou.	33.700	67	13.480
	Bouïra.	20.370	41	8.148
	Sour-Djouab	6.600	13	2.640
	Ksenna.	37.600	75	7.520
	Oued-Okris.	13.000	26	2.600
	Aumale.	11.300	23	4.520
	Oued-Sahel.	25.650	51	7.830
	El-Haïzer.	23.000	46	4.600
	Sebkha.	49.800	100	9.960
	Ksars.	84.000	168	25.200
	Beni-Mansour.	5.800	12	1.160
Téniet-el-Haâd . . .	Aghbal.	7.550	13	1.166
	Oued-Massine.	13.238	66	19.857
	Beni-Fathem	1.050	5	1.312
	Siouf.	12.100	17	5.250
	Bou-Médien.	36.496	45	8.773
	Cèdres.	1.400	3	840
	Matmatas	38.760	117	29.210
Médéa. . . .	Rive gauche Chélif . . .	208.000	980	56.160
	Rive droite Chélif. . . .	77.000	385	31.570
Miliana . . .	Beni-Habiba	6.800	20	1.146
Azazga . . .	Akfadou-Ouest	7.900	13	2.582
	Tigrine.	2.000	4	680
	Azouza.	5.340	11	1.955
	Takseht.	1.800	2	468
	Beni-Ghobri.	7.390	15	1.513
	Tamgout.	1.000	2	340

PROJETS DE TRANCHÉES (suite)

Chefferie	Forêts	Longueur	Surface	Prix
				Fr.
	Conservation d'Alger (suite)			
Téniet-el-Haâd . . .	Oued-Lyra	5.150	26	5.150
	Harraouat.	1.125	6	1.125
Orléansville .	Oued-Ras.	4.500	13	2.700
	Guelta	1.800	5	1.080
	Oued-el-Kébir.	15.390	43	10.797
	Ténès	1.000	3	600
	Tacheta.	14.350	43	10.710
	Ouarsenis.	31.510	32	6.442
	Bissa.	22.560	41	10.295
	Beni-Lhassen.	10.395	37	5.939
	El-Marsa	4.400	13	2.112
	Oued-Fodda.	7.230	10	1.576
	Bethaïa.	2.350	7	1.128
	Aïn-Lelou.	9.850	30	5.129
	Bou-Salah	114.005	96	18.186
	Djebel-Sfia	99.850	28	4.985
	Beni-Boudouane.	113.800	85	13.672
	Bou-Yelfen	11.920	25	3.928
	Beni-Chaïb	15.700	46	7.416
	Djebel-Saadia.	15.795	15	3.636
	El-Déherat	43.385	49	9.830
	Karicha.	10.460	12	2.183
	Temdrara.	12.770	29	4.261
	Beni-bou-Attab	7.250	22	3.135
	Souk-el-Haâd.	70.829	85	15.752
		1.444.713	3.256	416.220
	Conservation d'Oran			
Oran	M'Silah.	2.500	12	3.750
Télagh . . .	Zid-el-Moumen	13.100	39	2.751
	Séfioun.	6.200	16	1.560
	Toumiet	31.200	94	11.232

PROJETS DE TRANCHÉES (suite)

Conservation d'Oran (suite)

Chefferie	Forêts	Longueur	Surface	Prix
				Fr.
Sidi-bel-Abbès. . . .	Beni-Mathar	37.000	111	16.650
	Zégla.	79.000	237	25.065
	Ténira	30.200	75	5.587
	Bou-Yétas	37.000	92	6.845
	Oukar-Zeboudj	8.000	20	1.480
	Baudens	50.800	127	9.398
	Louza	22.600	56	4.181
	Slissen.	62.800	157	11.620
		382.400	1.036	100.119

Conservation de Constantine

Chefferie	Forêts	Longueur	Surface	Prix
Souk-Ahras .	Souk-Ahras.	15.770	20	1.971
	Djebel-Resgoum.	26.554	33	3.319
	Fedj-Macta	23.360	29	2.920
	Bou-Mezran.	19.797	49	5.152
	Fedj-el-Ahmed.	23.481	60	5.995
	Oued-Ghanem.	6.820	17	1.705
	Ouled-Béchia	20.200	34	3.180
Djidjelli. . .	Beni-Habibi.	9.540	48	4.104
	Beni-Affer	66.817	254	21.820
	Ouled-Asker	5.500	27	2.475
	Lalem	5.400	5	410
	Dar-el-Oued.	18.380	37	2.874
	Littoral.	8.389	42	3.355
	Beni-Idder	68.308	145	12.303
	Guerrouch	50.110	127	8.254
	Djebel-Adendoun	11.998	56	3.637
	Beni-Segoual.	9.740	14	1.089

PROJETS DE TRANCHÉES (suite)

Chefferie	Forêt	Longueur	Surface	Prix
				Fr.

Conservation de Constantine (suite)

Chefferie	Forêt	Longueur	Surface	Prix
La Calle. . .	Souarakh.	27.640	47	8.726
	Néhed	14.900	20	5.220
	Khanguet-Aoun.	6.340	19	2.341
	Bougous	24.560	25	6.754
	Souarakh.	4.000	10	2.400
	Khanguet-Aoun.	6.200	15	4.262
	Bougous	14.400	36	9.900
	Tarf.	42.300	51	12.264
Bône	Beni-Salah	25.180	174	13.912
Le Tarf . . .	Braptia.	6.600	4	1.260
	Toustain	53.210	62	16.898
	La Cheffia.	4.000	4	1.200
	Blandan	9.835	25	7.904
	Merdès.	2.400	31	10.230
	Bou-Abed.	22.800	57	18.479
	Munier.	10.450	16	2.507
	Djebel-Dyr	5.200	13	1.444
Bougie . . .	Taourirt-Ighil.	33.150	117	42.545
	M'Zala	7.500	22	8.215
	Djebel-Gouraya	3.250	10	3.560
	Darguina.	5.250	16	5.745
	Chabet-el-Akra	3.750	14	4.870
	Bou-Hattem.	19.800	59	21.680
	Beni-Sliman.	9.000	27	9.855
	Beni-Mimoun.	23.200	68	24.680
	Beni-Melloul	7.000	21	7.675
	Beni-Immel.	3.250	10	3.560
	Akfadou-Est.	4.500	13	4.630

PROJETS DE TRANCHÉES (suite)

Chefferie	Prix	Longueur	Surface	Prix
				Fr.
	Conservation de Constantine (suite)			
Philippeville.	Beni-Toufout	245.494	336	21.368
	Oued-Guebli	28.754	29	1.319
	Oued-Cherka	750	1	60
	Bougaroni	7.040	12	870
	Arb-el-Goufi	3.020	5	321
	Bou-Bazil.	17.500	9	612
	Ouled-el-Hadj	14.000	7	420
	Sidi-Moussa.	6.000	3	180
	Bissy.	7.550	6	380
	Melila	1.450	4	217
	Bissy.	3.770	2	113
	Philippeville	2.660	7	366
	Medjadja	880	2	132
		1.128.617	2.406	373.633

PROJETS DE TRAVAUX DE REBOISEMENT

Chefferie	Forêt	Surface	Prix
			Fr.
	Conservation d'Alger		
Alger. . . .	Périmètre de Blida	322	100.000
	Mouzaïa	250	5.000
	Beni-Messaoud	110	2.000
	Beni-Miscera.	100	2.000
Tizi-Ouzou. .	Bou-Djurdjura	200	20.000
	Périmètre des Gorges de Palestro. .	300	50.000
	Périmètre du Djurdjura	1.200	80.000
	Amraoua et Gorges du Sebaou. . .	90	10.000
	Tamédjout.	150	10.000
	Bouberak	60	6.000
Miliana . . .	Périmètre de Bou-Mad	400	30.000
	Beni-Habiba	80	3.000
	Dadamimoun.	40	2.000
Orléansville .	Orléansville	525	50.000
	Medjadja-Tegragra	180	30.000
		4.007	400.000
	Conservation d'Oran		
Oran	Les Planteurs.	130	20.000
	M'Silah	250	20.000
	Moulay-Ismaël	5.000	100.000
	Propriété Mouflet.	500	80.000
Mostaganem.	Bou-Rhama.	2.293	100.000
	Aghboub.	900	20.000
	Dunes de Bouachéria	425	80.000
	Dunes des Ouled Sidi-Larbi. . . .	236	40.000
		9.734	460.000

PROJETS DE TRAVAUX DE REBOISEMENT (suite)

Chefferie	Forêt	Surface	Prix
			Fr.
	Conservation de Constantine		
Philippeville.	Skikda	7	4.200
	Philippeville	180	10.800
	Gandoula	40	2.400
	Bou-Bazil	400	40.000
Souk-Ahras	Fedj-el-Ahmed	50	5.000
	Ouled-Sidi-Abid	100	8.000
	Repeuplement des forêts de chênes-liège de la conservation	»	200.000
		777	270.400

PROJETS DE TRAVAUX DE MISE EN VALEUR

Chefferie	Forêts	Nombre de chênes-liège à démascler	Prix
			Fr.
	Conservation d'Alger		
Alger. . . .	Keddara	18.000	1.800
Téniet-el-Haâd .	Aghbal.	1.200	269
Miliana . . .	Beni-Habiba	1.000	100
	Bou-Hamou.	350	35
	Taourira	30	3
Azazga . . .	Oumalou.	18.000	1.080
		38.580	3.287
	Conservation de Constantine		
Djidjelli. . .	Beni-Khettab	56.000	6.720
	Sedjermah	20.000	2.400
	Beni-Segoual	3.500	525
	Guerrouch	2.250	270
	Djebel-Adendoun	30.000	3.000
	Ouled-Asker	12.000	1.440
	Beni-Idder	3.000	360
Philippeville.	Ouled-el-Hadj.	100.000	12.000
Bône	Beni-Salah	1.200.000	120.000
Le Tarf . . .	Blandan	60.000	7.500
	Bou-Abed.	100.000	13.400
	Braptia.	30.000	3.750
	Cheffia.	22.000	2.500
	Djebel-Dyr	1.800	2.160
	Merdès.	35.000	4.550
	Munier	1.800	2.160
	Toustain	10.000	1.370
La Calle. . .	Souarakh.	125.000	12.500
	Néhed	15.000	1.500
	La Calle	100	10
	Khanguet-Aoun.	35.000	3.500
	Bougous	40.000	4.000
	Gourrah	18.000	1.800
	Le Tarf.	240.000	24.000
		2.140.450	231.415

RÉCAPITULATION

Conservation	Maisons forestières		Chemins		Reboisements		Tranchées			Mise en valeur	
	Logements	Prix	Longueur	Prix	Surface	Prix	Longueur	Surface	Prix	Arbres	Prix
		fr.	kilom.	fr.	hect.	fr.	kilom.	hect.	fr.		fr.
Alger.......	39	495.000	2 574	1.745.000	4.007	400.000	(1) 1.445	3.256	416.220	38.580	3 287
Oran.......	6	79.000	1.189	810.744	9.734	460.000	382	1.036	100.119	»	»
Constantine	38	445.500	2.401	2.169.682	777	270.400	1.128	2.406	373.633	2.140.450	231.415
Totaux..	83	1.019.500	1.664	4.725.426	14.518	1.130.400	2.955	6.698	889.972	2.179.030	234.702

Maisons forestières	1.019.500 fr.
Chemins	4.725.426 »
Reboisements	1.130.400 »
Tranchées	889.972 »
Mise en valeur	234.702 »
Total.	8.000.000 fr.

CHAPITRE V. — ASSISTANCE PUBLIQUE

L'Administration a, dans ces dernières années et d'accord avec les assemblées algériennes, entrepris la réorganisation complète des services d'assistance de la colonie. Ses efforts se sont particulièrement portés sur l'assistance hospitalière, qui intéresse si vivement la santé publique ainsi que les finances du budget général et des budgets locaux.

Une partie de la réforme projetée est déjà réalisée; des textes successifs ont arrêté les conditions de recrutement et d'avancement du personnel hospitalier des diverses catégories.

Mais il ne suffit pas d'avoir de bons médecins, des directeurs, des économes et des commis à la hauteur de leur tâche, des infirmiers consciencieux et dévoués. Il importe encore que l'organisation matérielle des services hospitaliers soit améliorée en vue de lui permettre de répondre aux besoins croissants des populations et de s'harmoniser avec les données actuelles de la science.

Dans cet ordre d'idées, il reste beaucoup à faire et un effort décisif s'impose.

Le crédit de 350,000 francs, inscrit au budget pour « constructions, grosses réparations et achat de matériel » dans les hôpitaux civils, étant insuffisant pour faire face aux seules dépenses courantes, on s'est borné depuis de nombreuses années, dans certains hôpitaux, à consolider, à étayer de vieux baraquements dans lesquels les malades ne trouvent aucune des conditions de confort et d'hygiène qu'ils seraient en droit d'exiger. Cette organisation provisoire n'est pas seulement préjudiciable aux malades: elle coûte fort cher à la colonie, car les sommes qu'on y consacre sont en partie perdues. Bientôt, en effet, on se trouvera dans l'obligation absolue de remplacer entièrement ces installations défectueuses par des constructions mieux appropriées.

Ce serait donc faire œuvre d'humanité, en même temps que de bonne administration, que de consentir dès maintenant, les sacrifices nécessaires pour exécuter dans nos établissements hospitaliers, les travaux de reconstitution ajournés d'année en année.

En dehors de ces travaux, certaines créations s'imposent, non moins impérieusement, par suite du développement des services de l'assistance publique.

L'insuffisance des locaux actuels dans la plupart des établissements a été maintes fois signalée et il importe d'y remédier sans délai si l'on veut que notre organisation hospitalière donne tout son effet utile.

On trouvera ci-après l'énumération des travaux qui, pour ces divers motifs, présentent un caractère de nécessité et d'urgence; on a établi pour chacun d'eux une courte notice indiquant la nature de l'ouvrage, les raisons qui en nécessitent l'exécution et le montant de la dépense qui doit en résulter.

Hôpital de Mustapha

Installé en 1833 dans d'anciens casernements bâtis en pisé, l'hôpital de Mustapha a pu être, en grande partie, reconstruit petit à petit au moyen des subventions annuelles du budget de l'état. Les deux derniers pavillons de malades viennent d'être achevés et les bâtiments de la maternité sont en construction. Il n'est pas possible d'ajourner plus longtemps la reconstruction des différentes annexes et des services généraux de l'établissement qu'on a cru, avec raison, devoir faire passer après les pavillons de malades. Il ne faut pas se dissimuler que dans un établissement de plus de 1,000 lits, les services généraux ont une très grande importance et que leurs défectuosités finissent par influer défavorablement sur la marche générale des services hospitaliers proprement dits.

C'est ainsi que dans la cuisine qui tombe en ruine, aucune réfection, aucun aménagement sérieux ne sont plus possibles : aussi les aliments y sont-ils préparés dans les plus mauvaises conditions; — dans les magasins de l'économat, lézardés, mal couverts, exposés à toutes les intempéries, les effets, matières et denrées subissent des détériorations qui les mettent souvent hors d'usage ; — enfin, il ne serait pas digne, pour une administration qui doit donner au public l'exemple de toutes les précautions d'hygiène et de préservation humaine, d'utiliser plus longtemps pour ses agents certains locaux délabrés, manquant parfois d'air et de lumière, trop chauds l'été, trop froids l'hiver, et à peu près impossibles à conserver en état de propreté.

Les besoins les plus pressants étant aujourd'hui à peu près satisfaits en ce qui concerne les malades, il convient de faire disparaître ce qui reste des vieux baraquements en pisé de l'ancien camp de cavalerie. L'administration hospitalière a fait établir des avants-projets en vue de l'achèvement de l'hôpital. Le programme comporte la construction des bâtiments suivants :

Cuisine, dépense, économat. — Un pavillon, à un étage et à deux ailes, dans lequel se trouveront réunis la cuisine, la dépense et l'économat :

Dépense prévue : 179,390 fr. y compris 31,500 fr. pour installation de fourneaux et appareils spéciaux.

Pavillon pour services généraux. — Grands bâtiments à rez-de-chaussée, comprenant les bureaux d'administration, le bureau des entrées, avec salle d'attente pour le public, une salle de commission, la recette et le logement du receveur.

Dépense prévue : 88.952 fr. y compris 6.930 fr. pour achat de matériel.

Buanderie. — L'hôpital de Mustapha est très mal outillé pour le blanchissage du linge, l'administration ayant toujours reculé devant la dépense d'une de ces installations modernes qui permettent de réduire la main-d'œuvre tout en donnant d'excellents résultats pratiques et hygiéniques. L'avant-projet présenté, pour la construction de la buanderie de l'hôpital de Mustapha, prévoit l'installation d'une buanderie mécanique complète qui occuperait la partie centrale du rez-de-chaussée d'un pavillon à deux étages.

Sur le même plan, se trouveraient installés, à droite les magasins et ateliers de la lingerie et de la matelasserie, à gauche les services et l'étuve de désinfection. Le premier étage comprendrait un vaste séchoir, le vestiaire des décédés et deux petits logements pour le personnel.

Dépense prévue : 215,124 francs y compris 66,759 francs pour installation d'appareils spéciaux.

Internat. — La masure affectée actuellement à l'internat doit disparaître. L'administration propose de réunir dans un pavillon, à rez-de-chaussée, les locaux destinés aux internes de médecine et de pharmacie de garde à l'hôpital.

Dépense prévue 36,919 francs.

Pavillon pour les consultations gratuites. — Nonobstant les sacrifices et efforts parallèles importants faits par la ville d'Alger, les services des consultations gratuites de l'hôpital reçoivent un nombre de plus en plus considérable de malades indigents. C'est que dans biens des cas la consultation gratuite évite aux travailleurs, l'hospitalisation et ses inconvénients.

Mais il faut observer que les hôpitaux n'ont pas d'intérêt direct à développer ce mode élémentaire et pratique d'assistance ; ils devraient au contraire s'interdire tout sacrifice pour les services de consultations puisqu'ils ne peuvent pas se rembourser de pareilles dépenses par des majorations du prix de journée et que d'autre part ne possèdent pas de ressources propres, ni de dotations leur permettant des libéralités.

La vérité est que les consultations hospitalières doivent être considérées comme de véritables services d'intérêt général et que c'est à l'état d'encourager largement, l'établissement et le fonctionnement de ces institutions.

Dans une agglomération aussi importante qu'Alger,

les services de consultations doivent être pourvus, pour suppléer réellement à l'hospitalisation, d'organisations assez complètes. Le projet présenté pour l'hôpital de Mustapha prévoit trois services distincts : médecine, chirurgie, ophtalmologie et maladies vénériennes et syphilitiques avec aménagements et appareils spéciaux pour chacun d'eux.

La dépense, prévue pour la construction d'un pavillon à rez-de-chaussée, se développant sur une longueur d'environ 40 mètres et sur une largeur de 13 mètres, s'élèverait à 82,956 francs y compris les frais d'acquisition et d'installation d'appareils spéciaux.

Pavillon des infirmiers. — L'administration se préoccupe actuellement, d'améliorer les conditions de recrutement et d'instruction des infirmiers et infirmières employés dans les hôpitaux et hospices de la colonie.

L'hôpital civil de Mustapha est, en raison de son importance et des facilités qu'il offre pour l'éducation théorique et pratique des infirmiers, tout désigné pour devenir le siège d'une école professionnelle où les autres établissements pourront trouver des garde-malades présentant des garanties qui font aujourd'hui totalement défaut.

Une mesure a paru toutefois, devoir précéder l'organisation de l'enseignement : c'est le relèvement de la condition morale et matérielle du personnel infirmier.

La plupart des établissements hospitaliers n'offrent actuellement, à ces modestes auxiliaires que des salaires insuffisants ; dans tous les cas aucun confort, aucune des commodités indispensables pour les attacher à leurs fonctions : après des heures de labeur passées au milieu des malades, ils se voient obligés de prendre leurs repas dans les salles communes, de coucher parfois, dans une atmosphère viciée sans jamais posséder de « chez soi », sans jouir véritablement d'instants de répit. Aussi la plupart n'acceptent-ils cette situation que comme pis-aller et s'empressent-ils de la quitter, dès qu'ils trouvent mieux.

Il a paru indispensable, pour entourer de quelques chances de succès, le recrutement des futurs élèves d'assurer au personnel infirmier, non-seulement des salaires suffisants et un relèvement de sa situation morale, mais des conditions de logement et de nourriture plus acceptables et enfin des heures de repos et de liberté après la tâche remplie.

Dès maintenant, les efforts de l'administration doivent porter sur l'hôpital civil de Mustapha, qui utilise un personnel très nombreux, placé dans des conditions d'existence particulièrement défectueuses et qui sera précisément appelé à fournir les premiers éléments de la future école d'infirmiers.

Aussi, a-t-on prévu un prélèvement de 190,000 francs pour l'édification de deux pavillons, dans lesquels seraient aménagés des dortoirs et réfectoires, pour infirmiers célibataires et de petits logements pour les infirmiers mariés.

En résumé, les projets dressés par l'architecte de l'hôpital de Mustapha, pour l'achèvement de l'établissement, comportent les dépenses suivantes :

Cuisine, dépense, économat	179.390
Pavillon pour services généraux	88.952
Buanderie	215.124
Internat	36.919
Pavillon pour les consultations gratuites	82.956
Pavillon des infirmiers	190.000
Total.	793.341

Hôpital-hospice de Marengo

Cet établissement manque de locaux pour l'isolement des malades atteints d'affections contagieuses. Depuis plusieurs années, un projet a été dressé par le service des ponts et chaussées, mais l'exiguïté des crédits budgétaires n'a pas permis d'y donner suite. Ce projet comporte la construction d'un pavillon contenant quatre chambres de quatre lits, une petite salle de bains et un local pour la désinfection. D'après la devis estimatif, la dépense s'élèverait à 22,000 francs.

L'administration hospitalière demande également la substitution de constructions neuves aux locaux délabrés et humides, affectés aux gâteux indigènes, au logement du concierge, à la pharmacie et aux bureaux.

Il est certain que les locaux actuels sont insalubres et doivent disparaître. Mais l'estimation de 60,000 francs paraît exagérée. Un simple pavillon, à rez-de-chaussée, avec les aménagements strictement nécessaires pour les services désignés, ci-dessus pourra être édifié avec une somme n'excédant pas 35,000 francs. Il convient d'ajouter à cette prévision : 1° une somme de 8,000 francs pour la construction de quatre cabinets particuliers et d'une chambre d'accouchement ; 2° une somme de 2,000 francs pour le prolongement, jusqu'à la rivière, de l'égout de l'hospice. L'exécution de ce travail mettra fin aux récriminations des propriétaires voisins.

Les autres améliorations, demandées par la commission, construction d'un bûcher, d'un séchoir et d'un mur de clôture, ne se présentent pas avec un caractère d'égale urgence : elles pourront, d'ailleurs, être exécutées au moyen des ressources de l'hôpital et des subventions annuelles de la colonie.

En résumé, les prélèvements, proposés pour l'hôpital-hospice de Marengo, sont les suivantes :

Construction d'un pavillon de contagieux	22.000 »
Reconstruction des logements, affectés aux gâteux indigènes, au logement du concierge, à la pharmacie et aux bureaux.	35.000 »
Cabinets particuliers, salle d'accouchement.	8.000 »
Egout	2.000 »
Soit un total général de. . . .	67.000 »

Hôpital-hospice de Ménerville

Les bâtiments de l'hôpital-hospice de Ménerville, affectés aux vieillards, hommes et femmes, et aux malades, sont suffisants pour les exigences de l'assistance dans cette contrée. Les constructions sont d'ailleurs de création relativement récente. Par contre, le logement, affecté au directeur, est insuffisant et tombe en ruines : il est indispensable d'en construire un nouveau. Le projet, très modeste, présenté par l'administration hospitalière prévoit une dépense de 15,000 francs.

L'hôpital manque, en outre, d'un service de bains et d'hydrotérapie ; il est urgent de l'en pourvoir. Le projet dressé, dans ce but, prévoit une dépense de 16.000 francs.

Enfin une somme de 1,500 francs est demandée pour la réfection des lieux d'aisance dont la construction, très ancienne, est des plus défectueuses.

C'est, par conséquent, à un total de 32.500 francs qu'il faut fixer le crédit nécessaire pour procéder à l'achèvement de l'hôpital-hospice de Ménerville.

Hôpital-hospice de Douéra

Cet hôpital-hospice ne compte comme constructions, relativement récentes, que deux bâtiments de vieillards et les bâtiments des services généraux : tous les autres services hospitaliers sont installés dans de vieilles masures, datant des premières années de la conquête. Sur 400 pensionnaires la moitié est logée dans des conditions déplorables, les salles de malades et de vieillards manquent de séparations nettes et parfois, même, se confondent, contrairement à toutes les règles de l'hygiène.

Cette situation est d'autant plus regrettable que l'hôpital-hospice de Douéra pourrait, en raison de sa situation, du climat sain de la contrée et du prix réduit de la journée d'entretien, rendre de très grands services aux populations des régions voisines. Cet établissement, convenablement aménagé, pourrait même, dans l'avenir, servir d'hôpital d'évacuation et, en quelque sorte, de sanatorium pour certaines catégories de malades qui s'éternisent à l'hôpital de Mustapha et dont l'entretien coûterait bien moins cher à Douéra.

C'est en s'inspirant, d'une part, des nécessités immédiates et, dans une certaine mesure, de ces vues d'avenir, que l'administration hospitalière a dressé un programme d'achèvement de l'hôpital-hospice de Douéra.

Ce projet comporte la construction de 3 pavillons neufs, à rez-de-chaussée, deux étant destinés aux malades hommes et un aux malades femmes.

Ces trois pavillons recevraient 140 lits et comprendraient une maternité et une salle d'opérations.

Ils nécessiteraient une dépense de 149,000 francs.

Deux petits pavillons annexes, distants de 30 mètres des bâtiments principaux, permettraient, l'un, l'isolement des contagieux; l'autre, l'aménagement de salles mortuaires et d'un amphithéâtre, la dépense s'élèverait à 25,000 francs.

Cinq petits pavillons, reconstruits sur l'emplacement des anciens baraquements, seraient affectés à des cabinets particuliers, au bureau des entrées, à l'économat, à la conciergerie et enfin au logement de l'économe; les devis, dressés pour ces ouvrages, prévoient une dépense de 48,500 francs.

Ces constructions permettraient de dégager l'hospice de tous les malades qui s'y trouvent et de rendre cet établissement à sa véritable destination.

La consolidation et la remise à neuf, du pavillon central, prévues pour une somme de 15,600 francs, complèteraient ce programme.

Enfin, les travaux de nivellement et d'installation d'eau, d'égouts et de clôture, nécessiteraient une dépense de 28,300 francs.

En résumé, les sacrifices que réclame l'achèvement de l'hôpital et de l'hospice, désormais spécialisés, seraient les suivants :

Pavillons de malades.	149.000	»
Pavillon d'isolement, amphithéâtre .	25.000	»
Cabinets particuliers, bureau des entrées, économat, conciergerie et logement de l'économe	48.500	»
Consolidation et réfection du pavillon central de l'hospice.	15.600	»
Nivellement, égouts, etc	28.300	»
Total	266.400	»

Hôpital d'Oran

Service des tuberculeux et contagieux. — L'hôpital d'Oran, qui est un de nos meilleurs établissements d'assistance, ne se trouve pas pourvu de services suffisants pour tuberculeux et pour contagieux. Le corps médical a, à maintes reprises, signalé la nécessité de dégager les pavillons de chirurgie et de médecine et de soustraire les malades ordinaires aux dangers de contamination que leur fait courir le voisinage d'affections typhiques, tuberculeuses et autres.

Pour satisfaire aux besoins de la capitale oranaise et de la région, il est nécessaire de consentir un sacrifice important. On propose de construire à l'hôpital, un grand pavillon pour tuberculeux, 2 pavillons de douze lits pour varioleux, 2 pavillons de douze lits pour typhiques, et 1 pavillon de douze lits pour la diphtérie. La dépense, de construction et d'aménagement de ces pavillons, s'élèverait au total de 330,270 francs. L'administration hospitalière avait, en outre, fait ressortir la nécessité d'augmenter de 30 le nombre des lits de malades ordinaires par la construction d'un nouveau pavillon de 18 lits et l'agrandissement de l'un des pavillons existants. Il a semblé que les vides que procurera la création des nouveaux services de tuberculeux et de contagieux, permettront de faire face, pendant longtemps, à tous les besoins et la dépense de 100,000 francs, proposée pour cet objet a paru devoir être écartée De même une prévision de 40,000 francs pour le carrelage des salles a dû être supprimée, un travail de cette nature rentrant normalement dans la catégorie des dépenses à prélever sur les budgets annuels.

Buanderie. — L'hôpital d'Oran est très mal outillé pour le blanchissage du linge. Cette opération coûte cher et ne donne pas de très bons résultats. L'expérience qui a été faite des buanderies mécaniques a établi qu'une très importante économie pouvait être réalisée sur la main-d'œuvre tout en assurant une meilleure conservation des effets. Avec son effectif important, l'hôpital d'Oran aurait le plus grand intérêt à organiser une buanderie mécanique. L'avant-projet présenté dans ce but prévoit une dépense de 50,000 francs.

Récapitulation. — Les dépenses à faire à l'hôpital d'Oran seraient en résumé, les suivantes :

Service des tuberculeux et contagieux	330.270 70
Buanderie.	50.000 »
Total	380.270 70

HÔPITAL D'AÏN-TÉMOUCHENT

L'hôpital d'Aïn-Temouchent, qui date d'une cinquantaine d'années, se compose d'un corps de bâtiments où les malades de toutes catégories sont agglomérés contrairement aux usages. Situé au milieu de la ville, privé d'espace pour s'agrandir, dépourvu d'égouts, il peut constituer à un moment une véritable menace pour la population urbaine. Tenter des améliorations dans ces mauvaises conditions serait s'exposer à faire des dépenses en pure perte. La population de la région desservie par l'hôpital a d'ailleurs augmenté dans des proportions considérables et l'établissement, avec 92 lits, est manifestement insuffisant. Il faut envisager, dès maintenant, la nécessité de reconstruire de toutes pièces un hôpital hors de la ville. En faisant état des ressources que peut réaliser l'établissement par la vente de ses biens et de l'immeuble actuel, soit environ 140,000 francs, il y a lieu de prévoir, comme contribution de l'état aux dépenses de construction du nouvel hôpital-hospice, de 100 à 110 lits (soit 400,000 francs), un prélèvement de 260,000 francs sur les fonds d'emprunt.

Hôpital de Relizane

L'hôpital de Relizane se trouve actuellement insuffisant avec ses trois pavillons. Il est nécessaire de construire un quatrième pavillon qui permettra, d'une part, d'isoler les tuberculeux et, d'autre part, de créer un service spécial de blessés avec salle d'opérations. Le projet dressé dans ce but comporte une dépense de 42,000 francs, y compris l'ameublement.

Il est, en outre, indispensable de procéder à de sérieux travaux de consolidation des trois autres pavillons, qui se sont lézardés à la suite de secousses de tremblements de terre. Ces grosses réparations, de nature exceptionnelle, ne semblent pas pouvoir être longtemps ajournées. Elles nécessiteront une dépense de 10,000 francs.

En résumé, les dépenses à faire à l'hôpital de Relizane atteindraient au total une somme de 52,000 francs. L'établissement disposant d'un avoir de 22,000 francs, le crédit à prélever sur les fonds d'emprunt se réduirait à 30,000 francs.

Hôpital de Saint-Denis-du-Sig

L'hôpital de Saint-Denis-du-Sig ne possède pas de locaux spéciaux pour recevoir, tout au moins provisoirement, les malades atteints d'aliénation mentale. La commission administrative a signalé, d'un autre côté, qu'elle ne dispose d'aucun local pour remiser le matériel. Elle propose de construire un petit pavillon isolé dont une partie servirait de magasin et l'autre serait aménagée pour l'hospitalisation des aliénés. Il s'agit d'une dépense de 9,000 francs.

Hôpital de Constantine

L'hôpital de Constantine est appelé, par sa situation centrale, à recevoir presque constamment un nombre considérable de malades des régions avoisinantes qui ne possèdent pas d'hôpitaux civils. Cet établissement a d'ailleurs un important et excellent corps médical ; il se trouve, malheureusement, encore dépourvu de certains organismes essentiels, tels que : services d'isolement pour contagieux et pour tuberculeux. Il ne possède pas, non plus, d'aménagements particuliers pour malades payants (1).

L'administration hospitalière de Constantine estime que le moment est venu de pourvoir l'établissement du chef-lieu de ces divers aménagements et améliorations.

Elle vient de dresser le programme suivant des travaux à exécuter à l'hôpital :

(1) Dans ce pays, où les colons et les fonctionnaires sont astreints à un labeur plus rude, et sont exposés, sous un climat plus déprimant, aux atteintes du paludisme et autres maladies, on a dès l'origine jugé convenable de leur consacrer, dans nos hôpitaux, des cabinets particuliers payants, où ils retrouvent, en même temps que les soins des médecins, une partie du confort que leur situation personnelle leur permet de se procurer chez eux. Taxées d'ailleurs à des prix supérieurs au tarif des salles communes, ces hospitalisations procurent à l'établissement un léger bénéfice qui diminue ses frais généraux et, par répercussion, permet d'améliorer, dans une certaine mesure, l'ordinaire des autres malades.

Pavillon des tuberculeux	85.000	»
Pavillon des malades payants. . . .	90.000	»
Mise en état des ossatures métalliques pour recevoir les contagieux	63.000	»
Egoût collecteur.	11.500	»
Clôture	13.000	»
Travaux d'assainissement.	25.000	»
Réfection en litoxyle des parquets des salles de malades	25.000	»
Grosses réparations et carrelage des galeries.	15.000	«
Achèvement du bâtiment central. .	32.000	»
Total	359.500	»

Les travaux d'assainissement, prévus pour une somme de 25,000 francs, sont trop urgents pour être ajournés jusqu'au moment de la réalisation de l'emprunt ; l'hôpital a été invité à les effectuer immédiatement au moyen de ses disponibilités budgétaires.

D'autre part il ne parait pas possible de maintenir la somme de 15.000 fr. prévue pour grosses réparations, les dépenses de cette nature devant, normalement, être faites par prélèvement sur les budgets annuels.

Il convient également d'écarter la prévision de 32,000 fr. pour l'édification des deux derniers dômes de l'édifice qui pourraient, d'après l'architecte, être utilisés pour le logement du personnel : l'évacuation des tuberculeux et malades payants va, en effet, créer des vides et permettre un nouvel aménagement des locaux de l'hôpital ; quant aux considérations d'esthétique, elle doivent céder devant les besoins impérieux et urgents qu'on arrive à peine à satisfaire dans nos autres établissements d'assistance.

Les prélèvements, à prévoir en faveur de l'hôpital de Constantine seront ainsi ramenés à un total de 287.500 fr.

Hôpital de Bône

Il y a lieu de remplacer, par un autre bâtiment, le vieux pavillon de construction légère, qui existe à l'entrée de l'hôpital et dans lequel les malades femmes souffrent, suivant la saison, tantôt du froid, tantôt de la chaleur ; l'internat et les bureaux trouveraient place dans une aile du futur pavillon. La dépense à engager serait d'environ 50,000 francs. Divers aménagements sont également demandés dans les pavillons affectés aux maladies contagieuses, au vestiaire et à la chambre de désinfection ; ils occasionneraient un sacrifice de 14,500 francs.

L'hôpital de Bône serait ainsi compris dans le programme d'emploi des fonds d'emprunt pour une somme totale de 64,500 francs.

Hôpital et Hospice de Philippeville

Hospice

Infirmerie. — Aujourd'hui que tous les services médicaux sont transportés à l'ancien hôpital militaire, il est nécessaire d'installer à l'hospice une petite salle d'infirmerie et deux ou trois cabinets particuliers où seront reçues les vieilles qui, sans être suffisamment malades pour aller à l'hôpital, ont besoin d'isolement ou de soins particuliers.

L'avant-projet prévoit une dépense de 10,000 francs.

Dépôt mortuaire. — Actuellement, on est obligé de faire passer les cadavres dans la rue qui longe la façade principale de l'hospice pour les déposer dans un sous-sol qui servait d'amphithéâtre. Cette disposition ne peut pas, décemment, être maintenue. L'administration hospitalière propose de créer, dans la cour arrière de l'hospice, un dépôt mortuaire avec une antichambre pour les familles des décédés

La dépense est évaluée à 4,000 francs.

Réfectoire. — A Philippeville, les vieilles prennent encore leurs repas dans les salles communes au milieu des gâteuses et d'incurables répugnantes. Il n'est pas possibles de laisser subsister cet état de choses, qui a disparu dans la plupart de nos établissements. On propose de construire un réfectoire avec préau-promenoir.

La dépense serait de 12,000 francs.

Pour permettre ces différentes installations, il est nécessaire que l'hospice utilise la totalité des terrains qu'il possède au delà de son mur d'enceinte actuel. Ce dernier devra, par suite, être reculé et transporté à sept ou huit mètres en arrière sur 50 mètres de long; il s'agit d'une dépense de 8,000 francs environ y compris la construction d'une porte sur le côté ouest.

Hôpital

Toiture. — L'administration de la guerre n'avait plus fait aucune réparation, depuis nombre d'années, à l'hôpital militaire. La charpente est dans le plus mauvais état et devra être refaite, en entier, en même temps que la couverture. Il s'agit, pour les 5 pavillons, d'une dépense de 28,000 francs.

Salles de bains. — D'après la convention passée avec l'administration de la guerre, la chaufferie des bains, qui se trouve dans une dépendance de la caserne voisine, doit être supprimée. Il faut donc en créer une de toutes pièces et modifier, en même temps, la tuyauterie et les salles de bains, soit une dépense de 6,000 francs.

Service des contagieux. — Il n'existe pas de locaux spéciaux pour isoler les malages contagieux. L'orientation de l'hôpital et le manque de place ne permettent pas d'édifier les constructions qui seraient nécessaires pour faire face aux besoins d'une ville comme Philippeville. Il a paru, dans ces conditions, utile : 1° d'aménager, dans l'une des dépendances de l'établissement, un local qui, quoique exigu, remplirait les conditions élémentaires d'isolement et ferait face aux nécessités les plus urgentes ; 2° de rechercher, aux environs de la ville, un terrain isolé sur lequel serait préparé un emplacement spécial pour recevoir des baraquements volants en cas d'épidémie.

A l'hôpital même, on édifierait, au-dessus de l'amphithéâtre, un étage comprenant 4 chambres à 2 lits.

La dépense ne dépasserait pas 10,000 francs.

Pour l'extérieur, et en prévision des épidémies, on préparerait, dès maintenant, des baraquements en planches, montables et démontables à volonté, et qui, en temps ordinaire, seraient remisés dans les magasins de l'hôpital.

Une dépense de 4,000 francs est prévue pour cet objet.

Soit, au total, pour le service des contagieux, une dépense de 14,000 francs.

En résumé, les prélèvements à faire en faveur de l'hôpital-hospice de Philippeville, seraient les suivants :

Infirmerie de l'hospice.	10.000	»
Dépôt mortuaire de l'hospice.	4.000	»
Réfectoire et préau de l'hospice. . . .	12.000	»
Reconstruction du mur d'enceinte de l'hospice.	8.000	»
Réfection des toitures de l'hôpital . .	28.000	»
Salles de bains de l'hôpital	6.000	»
Service de contagieux.	14.000	»
Total. . . .	82.000	»

Hôpital de Bougie

L'hôpital de Bougie est un de nos établissements les mieux construits et aménagés ; il ne lui manque à l'heure actuelle, que des dégagements sur la partie nord, qu'un petit pavillon de 8 lits pour tuberculeux, avec sous-sol aménagé pour servir d'amphithéâtre et un mur d'enceinte. Les projets présentés par la commission administrative pour ces constructions, comportent les dépenses suivantes :

Pavillon des tuberculeux et amphithéâtre	28.000 »
Décapement des terrains de la partie nord de l'établissement et achèvement du mur d'enceinte	52.000 »
Soit au total.	80.000 »

En tenant compte d'une subvention de 10,000 fr. déjà accordée sur les fonds du budget spécial, c'est une somme de 70,000 fr. qu'il conviendrait d'allouer à l'hôpital de Bougie.

Hospice d'El-Arrouch

La plus grande partie des vieillards sont installés dans une ancienne caserne à deux étages, datant de 1842 ; la direction et les bains sont également installés dans de très mauvaises conditions. Très négligés, pendant les vingt dernières années, alors qu'ils dépendaient du département, les bâtiments de l'hospice d'El-Arrouch devront être l'objet, à bref délai, d'une réfection sérieuse. Le programme dressé par l'administration hospitalière comporte la reconstruction de la charpente et l'exhaussement des toitures, la construction d'un étage sur le réfectoire des enfants assistés, l'installation d'une infirmerie et d'une salle d'isolement la réfection de la salle de bains, la construction d'un magasin, d'une buanderie avec séchoir et chambre pour désinfection, la réfection du logement du directeur, l'assainissement des rez-de-chaussée, et enfin la reconstruction, dans le jardin maraîcher, du logement du jardinier et de la noria.

Cet ensemble de travaux comporte, d'après les devis dressés par le service des ponts et chaussées, une dépense globale de 90,000 francs.

Hôpital d'Akbou

Cet établissement sollicite deux subventions sur les fonds d'emprunt : l'une de 2,000 francs pour grosses réparations, et l'autre de 10 à 12,000 francs pour travaux destinés à assurer l'alimentation, en eau potable, de l'établissement. La première de ces demandes ne peut être retenue ici ; elle sera examinée, en vue d'un prélèvement, partiel ou total, sur les crédits budgétaires.

La seconde demande paraît pouvoir être accueillie ; à plusieurs reprises, l'hôpital d'Akbou, comme d'ailleurs la ville elle-même, a été, ces dernières années, privé d'eau pendant plusieurs journées d'été, par suite de ruptures ou d'obstruction des conduites. De pareils accidents pouvant mettre l'administration hospitalière dans un grave embarras et avoir de fâcheuses conséquences pour les malades, il a paru utile de prévoir la construction d'un réservoir à eau, soit que l'établissement en construise un pour son propre compte, soit qu'il participe aux dépenses qu'engagerait la commune pour la construction d'un réservoir commun. Dans cette dernière hypothèse, il serait stipulé que la ville assurerait, gratuitement, à l'hôpital le service de l'eau qui lui serait nécessaire.

On prévoit pour l'exécution de ce projet un prélèvement de 10,000 francs.

Souk-Ahras

Travaux d'assainissement. — Cet établissement, de construction récente, est doté d'à peu près tous les aménagements nécessaires. Mais les bâtiments de l'aile droite, qui se trouvent en contre-bas de la route, sont inhabitables à cause de leur humidité. Les parties centrales souffrent également, mais dans une moindre mesure, de la stagnation des eaux dans les cours et jardins. Les mesures d'assainissement, qu'on a eu le tort de ne pas prévoir dès l'origine, s'imposent aujourd'hui ; elle comporteront, naturellement, des difficultés d'exécution beaucoup plus grandes que si les travaux avaient été effectués, en même temps que les constructions. C'est une somme de 6,000 francs qu'il faudra y consacrer.

Pavillon des vieillards. — La ville de Souk-Ahras et les communes de la région ont pris l'habitude d'envoyer certains de leurs vieillards à l'hôpital, qui les accepte au prix réduit des hospices. Il y a lieu d'encourager cette tendance : le vieillard est heureux de rester dans sa région, non loin des siens, et les petits établissements eux-mêmes ont tout intérêt à posséder, à titre permanent, un certain nombre de pensionnaires qui leur permettent de mieux supporter leurs frais généraux. D'après les renseignements fournis par les autorités locales, une vingtaine de vieillards seraient prêts à entrer à l'hôpital, si des places pouvaient leur être réservées. On a cru devoir, dans ces conditions, inviter l'administration hospitalière à faire étudier un projet de construction et d'aménagement d'un pavillon pour vieillards d'une vingtaine de lits ; on prévoit, pour cet objet, une dépense de 25,000 francs.

Soit pour l'hôpital de Souk-Ahras un prélèvement total de 31,000 francs.

Récapitulation générale

En résumé, les prélèvements à effectuer sur les fonds d'emprunt en faveur de l'assistance hospitalière seraient les suivants :

Nature des Travaux	Montant de la dépense prévue			Total
	Département d'Alger	Département d'Oran	Département de Constantine	
Hôpital de Mustapha . . .	793.341	»	»	793.341
— de Douéra.	266.400	»	»	266.400
— de Ménerville. . .	32.500	»	»	32.500
— de Marengo. . . .	67.000	»	»	67.000
— d'Oran	»	380.000	»	380.270
— de St-Denis-du-Sig.	»	9.000	»	9.000
— d'Aïn-Témouchent.	»	260.000	»	260.000
— de Relizane. . . .	»	30.000	»	30.000
— de Constantine . .	»	»	287.500	287.500
— de Bône.	»	»	61.500	61.500
— de Bougie.	»	»	70.000	70.000
— de Philippeville. .	»	»	82.000	82.000
Hospice d'El-Arrouch . . .	»	»	100.000	100.000
Hôpital de Souk-Ahras. . .	»	»	31.000	31 000
— d'Akbou.	»	»	10.000	10.000
Totaux.	1 159.241	679.000	642.000	2.480.511

En ce qui concerne l'ordre d'urgence des travaux, il est indiqué dans le tableau ci-après qui fixe en même temps la répartition des dépenses sur les exercices 1908, 1909 et 1910 :

Nature des travaux	Exercice 1908	Exercice 1909	Exercice 1910	Totaux des dépenses par hôpital
Hôpital de Mustapha				
Cuisine, économat.	179.390	»	»	
Pavillon d'infirmiers . . .	190.000	»	»	
Services généraux.	»	88.952	»	
Buanderie.	»	215.124	»	793.344
Internat.	»	»	36.919	
Consultations gratuites. .	»	»	82.956	
Hôpital-Hospice de Douéra				
Construction de 3 pavillons de malades.	149.000	»	»	
Nivellement égouts. . . .	18.700	»	»	
Cabinets particuliers. Bureau des entrées, économat, logement de l'économe et du concierge . . .	»	48.500	»	
Pavillon d'isolement, amphithéâtre.	»	»	25.000	266.400
Consolidation et réfection du pavillon central de l'hospice.	»	»	15.600	
Achèvement des égouts, travaux d'eau, nivellement, clôture, etc. . . .	»	»	9.600	
Hôpital de Ménerville				
Réfection des lieux d'aisance.	1.500	»	»	
Pavillon d'hydrothérapie.	»	16.000	»	32.500
Logement du directeur. . .	»	»	15.000	
Hôpital de Marengo				
Construction d'un pavillon pour contagieux.	22.000	»	»	»
Construction d'un égout. .	2.000	»	»	
A reporter	562.590	368.576	185.075	1.092.244

Nature des travaux	Exercice 1908	Exercice 1909	Exercice 1910	Totaux des dépenses par hôpital
Report.	562.590	368.576	185.075	1.092.941
Hôpital de Marengo (Suite)				
Construction du bâtiment pour les gâteux indigènes, les bureaux, la conciergerie et la pharmacie	»	35 000	»	67.000
Construction de cabinets particuliers et d'une chambre d'accouchement	»	»	8.000	
Hôpital d'Oran				
Pavillon pour tuberculeux :				
Construction.	93.450	»	»	380.270
Matériel.	»	19.157	»	
1er Pavillon pr varioleux. .	»	35.490	»	
2e id. . .	»	»	35.490	
1er Pavillon pr typhiques. .	»	35.490	»	
2e id. . .	»	»	35.490	
Pavillon pr la diphtérie . .	»	35.490	»	
Matériel des 5 derniers pavillons	»	»	28.663	
Buanderie mécanique. . .	»	»	50.000	
Egouts, nivellement, chaussées.	11.550	»	»	
Hôpital de Relizane				
Construction d'un pavillon.	30.000	»	»	30.000
Hôpital de St-Denis-du-Sig				
Construction de cabanons et d'un magasin.	»	»	9.000	9.000
Hôpital d'Aïn-Temouchent				
Reconstruction de l'hôpital (2 annuités).	»	130.000	130.000	260.000
Hôpital de Constantine				
Lazaret pour contagieux. .	63.000	»	»	287.500
Egouts et clôtures.	24.500	»	»	
Pavillon pour tuberculeux.	»	85.000	»	
Réfection des parquets des salles de malades. . . .	»	»	25 000	
Pavillon des malades payts	»	»	90.000	
A reporter. . . .	785.090	744.203	596.718	2.126.011

Nature des travaux	Exercice 1908	Exercice 1909	Exercice 1910	Totaux des dépenses par hôpital
Report.	785.090	744.203	596.718	2.126.011
Hôpital-Hospice de Philippeville				
Réfection des toitures de l'hôpital.	28.000	»	»	
Salle de bains de l'hôpital.	6.000	»	»	
Aménagement pour contagieux	»	10.000 »	4.000 »	
Hospice. Reconstruction du mur d'enceinte	8.000 »	» 10.000	» »	82.000
Infirmerie de l'hospice. . .	»	»	»	
Dépôt mortuaire de l'hospice.	»	»	4.000	
Réfectoire et préau de l'hospice.	»	»	12.000	
Hôpital de Bône				
Surélévation du bâtiment du vestiaire, aménagement d'une chambre de désinfection et de w.-c. dans le pavillon des contagieux	11.500	»	»	
Reconstruction d'un pavillon affecté aux malades femmes et aux bureaux.	»	28.000	50.000	61.500
Hôpital de Bougie				
Pavillon de tuberculeux et amphithéâtre	»	30.000	42.000	70.000
Hospice d'El-Arrouch				
Reconstruction et aménagements divers.	30.000	»	40.000	100.000
Hôpital d'Akbou				
Travaux d'alimentation en eau	»	»	10.000	10.000
Hôpital de Souk-Ahras				
Travaux d'assainissement.	6.000	»	»	
Construction d'un pavillon de vieillards.	»	»	25.000	31.000
Totaux par exercice.	874.590	822 203	783.718	2.480.511
Total général		2.480.511		

CHAPITRE VI. — POSTES, TÉLÉGRAPHES, TÉLÉPHONES

Bien avant la création du budget spécial de l'Algérie, la nécessité de doter le service des postes, des télégraphes et des téléphones d'un outillage en rapport avec les besoins déjà connus n'était pas contestée.

Les conseils municipaux, les assemblées départementales et les chambres de commerce s'accordaient à reconnaître l'insuffisance des moyens d'exploitation dont disposait ce service et tous demandaient des créations ou des améliorations urgentes et indispensables.

Deux systèmes s'offraient pour les réaliser.

Incorporer les crédits aux dépenses ordinaires et les répartir sur plusieurs exercices ou recourir à l'emprunt pour arriver plus rapidement à mettre à la disposition du service les crédits nécessaires pour faire face, non seulement aux besoins du moment, mais encore à l'extension du trafic.

Aussi avait-on envisagé, dès que la question du premier emprunt fut posée, la possibilité de construire des hôtels des postes dans les trois chefs-lieux départementaux et d'établir des réseaux téléphoniques. Mais, pour des raisons diverses, ce projet n'aboutit pas et le service des postes ne reçut aucune dotation sur les fonds de premier emprunt.

Le maintien du statu quo n'était cependant pas possible. Il fallait remédier au plus tôt aux difficultés avec lesquelles le service des postes et des télégraphes se trouvait aux prises et qui s'aggravaient de jour en jour.

A Alger, comme à Oran et à Constantine, les locaux affectés au service étaient notoirement insuffisants et ne correspondaient plus à l'extension prise par le trafic. L'augmentation du nombre des agents et les installations de nouveaux appareils n'étaient plus en rapport avec les anciennes organisations ; les règles les plus élémentaires de l'hygiène ne pouvaient plus être observées avec un personnel plus nombreux et il devenait urgent de prendre des mesures pour parer à une telle situation.

L'administration fut donc amenée à étudier l'amélioration des services postaux, télégraphiques et téléphoniques en ne comptant que sur les crédits du budget ordinaire ou sur les fonds provenant de l'excédent du fonds de réserve.

Il ne sera peut-être pas sans intérêt de rappeler ici les conditions dans lesquelles certaines améliorations ont été réalisées sans recourir aux fonds d'emprunt.

Cet exposé succinct peut être divisé en trois parties : service postal, service télégraphique et service téléphonique.

Service postal

Hôtels des postes

Pour améliorer le service postal dans les trois grands bureaux d'Alger, de Constantine et d'Oran, où se concentrent les opérations de chaque département et qui ont, en outre, à faire face à un trafic intense, il était de toute nécessité de disposer de locaux suffisants et appropriés à un but déterminé. Dans ces bureaux importants, la première des conditions et la condition nécessaire était l'aménagement des locaux d'après des dispositions techniques propres à faciliter le travail, à l'activer par suite et à rendre efficace la surveillance de toutes les parties du service. Il n'échappera à personne que ces conditions ne sauraient être réunies que dans des locaux particulièrement disposés et suffisamment vastes.

Ces améliorations ont pu, en partie, être réalisées ou sont en voie de réalisation. C'est ainsi qu'à Oran, l'administration a pu traiter avec la société immobilière pour la construction d'un hôtel des postes ; qu'à Constantine, l'édification d'un immeuble est commencée, grâce au concours de la chambre de commerce, et qu'enfin, à Alger, les travaux sont entrepris.

A Constantine, comme à Oran, l'administration disposera de locaux spéciaux, moyennant le paiement d'annuités équivalant aux frais des loyers primitivement payés, et elle deviendra, après un certain temps, propriétaire des immeubles. A partir de ce moment, les frais d'entretien seront seuls supportés par le budget et, par conséquent, une économie notable sera réalisée sur les frais de location, qu'il aurait fallu payer indéfiniment et qui augmentent à chaque renouvellement de bail. Ces frais d'entretien sont normalement prévus dans les budgets ordinaires.

Mais depuis l'installation du service dans le nouvel hôtel des postes d'Oran, le trafic a considérablement augmenté ; les prévisions ont été dépassées et les locaux actuels sont déjà devenus à peine suffisants. Au point de vue téléphonique seul, on constate un accroissement très important dans tout le département. Le nombre des communications de toute nature a passé, depuis novembre 1904, date de l'installation des services dans le nouvel immeuble, de 1,725,000 à 2,700,000, celui des abonnés, de 560 à 666.

Aussi est-il devenu indispensable, en présence de ce développement dont le bureau central d'Oran supporte la plus lourde charge, d'installer dans cette ville un tableau commutateur multiple, analogue à celui qui fonctionne à Alger et dont les résultats ont été satisfaisants.

L'espace pour réaliser cette installation, qui ne peut être différée, si l'on veut suivre et faciliter cette extension du service téléphonique, fait défaut et l'agrandissement de l'immeuble s'impose.

L'administration avait prévu cette éventualité et, dans cet esprit, elle avait réservé l'avenir en conservant un terrain attenant à l'hôtel, se procurant ainsi la facilité de pourvoir le service des postes d'Oran des locaux supplémentaires dont le besoin apparaîtrait sûrement plus tard, alors qu'elle ne pouvait au début que réaliser une installation d'attente correspondant aux crédits dont elle disposait.

Elle se propose, en conséquence, de construire sur le terrain disponible attenant à l'hôtel des postes d'Oran une annexe destinée à permettre l'installation d'un multiple et dégageant aussi les services postaux et télégraphiques.

La dépense est évaluée à 120,000 francs.

Hôtel des Postes d'Alger. — La création d'un hôtel des postes à Alger s'imposait à tous les points de vue. La critique de l'installation des services dans l'immeuble actuel a été faite trop souvent pour qu'il soit nécessaire d'y revenir. Depuis de nombreuses années, des projets avaient été dressés pour améliorer les locaux dont l'insuffisance était surabondamment démontrée, mais tous ces projets ne constituaient qu'un palliatif, et les dépenses que leur réalisation nécessitait étaient d'avance considérées comme inutiles, puisque, après comme avant, aucune amélioration durable n'était obtenue.

A Alger, plus que partout ailleurs, il était urgent de doter le service postal d'une installation spéciale. L'immeuble actuel ne suffisant plus, il devenait à peu près impossible de maintenir les services dans un local dont la construction remonte à plus de 45 ans et qui ne peut plus, on le conçoit aisément, être en rapport avec le trafic actuel.

Mais comme pour les hôtels des postes de Constantine et d'Oran, il ne fut pas possible de prélever, sur les fonds du premier emprunt, une somme permettant d'édifier un immeuble spécial.

Ce ne fut que plus tard que les assemblées algériennes, reconnaissant l'incontestable utilité de cette amélioration, accordèrent un crédit de 2 millions à prélever sur l'excédent du fonds de réserve.

La mise en œuvre du plan et les études faites des projets des installations intérieures n'ont pas tardé à démontrer que si l'immeuble, tel qu'il sera construit, peut suffire aux besoins pendant quelques années, l'on ne saurait de répondre l'avenir. Dans tous les cas, étant donné la surface limitée du terrain acquis il serait impossible d'agrandir cet immeuble. Aussi, a-t-il paru prudent de profiter d'une combinaison très avantageuse pour sauvegarder les intérêts du service et pour en permettre l'extension dans les années futures.

On a pu, d'une part, obtenir la désaffectation de l'escalier faisant suite à la rue Clermont-Tonnerre afin de permettre aux voitures, faisant le service postal, aux vaguemestres des administrations civiles et militaires et aux personnes retirant leurs correspondances aux boîtes spéciales, d'avoir l'accès plus facile de la recette principale. La salle d'attente et les guichets se trouveront ainsi dégagés et les artères principales avoisinant l'hôtel ne seront pas encombrées par les voitures prenant ou livrant les sacs de dépêches.

D'autre part, la colonie anglaise représentée par le consul général d'Angleterre consentirait à échanger le terrain sur lequel est édifiée la chapelle anglicane contre un autre terrain déjà agréé et moyennant une indemnité représentant les frais de reconstruction de la chapelle sur ce nouvel emplacement.

Le terrain sur lequel se trouve la chapelle actuelle reviendrait au service des postes et des télégraphes qui y construirait une annexe de l'hôtel destinée à des services spéciaux et notamment à l'installation d'un service des colis postaux qui ne pourrait trouver place dans le nouvel immeuble.

L'extension des locaux serait ainsi assurée pour de nombreuses années.

Enfin, depuis l'établissement des plans et devis on a reconnu l'avantage de profiter de la construction d'un bâtiment spécial pour installer à Alger un réseau de tubes pneumatiques reliant les divers bureaux d'Alger, de Mustapha et de Bab-el-Oued. Cette installation nécessitant des fouilles pour le placement des réservoirs à air, il y a le plus grand intérêt à entreprendre ces travaux concurremment avec ceux de l'hôtel.

Les dépenses que nécessiteraient des travaux ultérieurs seraient beaucoup plus élevées et tous les services seraient gênés par l'exécution de ces travaux après l'édification de l'immeuble.

On a également reconnu l'utilité de construire un minaret sur lequel seraient amenés les fils des réseaux téléphoniques interurbains pour être convenablement répartis et reliés aux divers tableaux commutateurs.

Enfin l'installation d'un service par tubes pneumatiques nécessite la construction d'égoûts spéciaux dans lesquels ces tubes seraient placés ainsi que les cables télégraphiques et les conducteurs téléphoniques desservant les abonnés de la ville.

Ces divers travaux supplémentaires et ceux relatifs au déplacement de la chapelle anglicane s'élèvent à 786,400 francs ainsi répartis :

a) Indemnité au consul général d'Angleterre pour déplacement et reconstruction de la chapelle	175.000
b) Travaux supplémentaires à l'hôtel des postes. — Démolition de l'escalier de la rue Clermont-tonnerre. — Établissement d'une construction sur cet emplacement.	20.000
c) Fouilles pour l'installation de réservoirs à air et de la machinerie de l'hôtel des postes non prévues au devis.	76.000
d) Edification d'un minaret pour la répartition des fils des réseaux téléphoniques interurbains	80.000
e) Démolition de la chapelle anglicane et construction sur cet emplacement d'une annexe destinés au service des colis postaux.	395.400
f) Construction d'égouts pour l'installation des tubes pneumatiques et l'adduction des câbles souterrains télégraphiques et téléphoniques.	40.000
Total.	786.400

Service télégraphique

Les améliorations réalisées par la construction d'hôtels des postes ne profitent pas seulement au service postal, mais aussi à l'ensemble des autres services télégraphiques et téléphoniques. Il est incontestable, en effet, que par l'aménagement plus rationnel d'un immeuble construit spécialement en vue d'un but proposé, celui de faciliter le travail, d'éviter des manipulations inutiles et des retards qui en sont la conséquence, on obtient une amélioration générale se répercutant sur toutes les branches de l'exploitation.

Il n'y aurait donc aucune remarque spéciale à formuler au sujet du service télégraphique, si la réalisation d'un projet très important et tout particulier ne devait retenir l'attention.

On sait que les communications avec la métropole ne sont assurées que par Alger et Oran. Les câbles sous-marins qui relient l'Algérie avec la France sont actuellement insuffisants, malgré l'installation d'appareils qui permettent un rendement intensif.

En temps normal, le travail s'écoule sans de trop grands retards, mais le service est à la merci d'une rupture ou d'un dérangement sur l'un des câbles. Si cet événement se produit, comme cela est advenu ces deux dernières années à plusieurs reprises, l'encombrement est inévitable et les retards certains.

Le département de Constantine ne possède aucune voie sous-marine, tout le trafic avec la métropole se fait par Alger.

Deux inconvénients apparaissent par conséquent ; le premier, et le plus grave, c'est que ce département se trouve complètement isolé lorsque, à la suite de tempêtes ou de chutes de neige, les communications sont interrompues avec l'est; le deuxième, c'est que le transit de tous les télégrammes de Constantine pour France ou réciproquement occasionne au bureau d'Alger un travail inutile et des retards sur l'ensemble des transmissions.

Depuis longtemps les administrations métropolitaine et algérienne des postes et télégraphes ont recherché les moyens de modifier cette situation et elles sont tombées d'accord pour reconnaître que la solution consistait dans la pose d'un nouveau câble reliant le département de Constantine à Marseille et qui permettrait d'accélérer les transmissions dans leur ensemble tout en dégageant Alger d'un transit important représentant environ 800 télégrammes par jour.

La dépense afférente à l'immersion de ce câble est évaluée à 1,700,000 francs dont la moitié serait supportée par la métropole ; l'Algérie aurait l'autre moitié à sa charge, soit 850,000 francs.

Service téléphonique

Jusqu'à ce jour les réseaux et les circuits ont été établis au moyen d'avances faites par les collectivités (communes, départements ou chambres de commerce) Si ce système a l'avantage de ne pas grever le budget, il a aussi de nombreux inconvénients.

D'abord, il ne permet pas d'établir un plan d'ensemble ; l'administration doit construire les lignes dès que les fonds sont versés sans qu'il lui soit possible de relier des points ayant des intérêts communs et devant par suite donner des avantages plus importants ; ensuite les produits réalisés servant au remboursement des avances, les recettes budgétaires ne sont pas intégralement incorporées au budget et ces diminutions faussent, en quelque sorte, l'exploitation téléphonique ; le travail réel apparaît moins et n'est pas en relation directe avec les dépenses.

Au surplus, il faut bien remarquer que l'économie de ce système est plus apparente que réelle puisque bien qu'il n'y ait pas de recettes visibles, il y a les dépenses du personnel chargé de l'écoulement du trafic aussi bien sur les réseaux ou circuits remboursés que sur ceux donnant lieu au prélèvement des recettes produites.

Enfin la constitution de réseaux téléphoniques faite ainsi par morceaux, au hasard des versements de fonds, manque d'homogénéité et ne satisfait pas les besoins.

Il fallait donc lier tous ces réseaux épars pour en faire un ensemble correspondant à une organisation pratique et rationnelle.

Les assemblées algériennes ont bien compris cette nécessité ; elles ont reconnu (le développement inattendu pris par le service téléphonique le démontre d'ailleurs) que le téléphone n'était pas un objet de luxe, mais qu'il est entré dans la vie économique du pays au même titre que la poste et le télégraphe.

Aussi des crédits importants ont-ils été alloués au budget de 1907 pour compléter l'organisation téléphonique; la continuation de ces mesures sera demandée en 1908 et en 1909 afin de posséder à cette époque un réseau général homogène qui donnera, le passé en est un sûr garant, des résultats certains.

Mais cette œuvre ne serait pas terminée si l'on ne reliait pas la Tunisie à l'Algérie. L'administration voit dans la création d'un circuit téléphonique entre Tunis et Constantine une nécessité indiscutable et elle a déjà engagé des pourparlers avec l'office postal tunisien qui a adhéré à cette proposition.

Le département de Constantine et plus particulièrement certaines localités avoisinant la frontière sont appelés à bénéficier dans une large mesure de cette création.

L'office postal tunisien devant comprendre dans le budget de 1908 les crédits nécessaires à la construction de la ligne jusqu'à Ghardimaou, il y a intérêt à disposer également pour la même époque des crédits afférents à la dépense qu'occasionnera l'établissement de la ligne sur la section algérienne " Ghardimaou-Constantine " soit 163,600 francs.

En résumé les crédits que l'on propose de prélever sur les fonds du second emprunt pour être dépensés dès l'année 1908 sont les suivants :

I. — Hôtels des Postes :		
Oran	120.000	906.400
Alger.	786.400	
II. — Câble Marseille-Philippeville.		850.000
III. — Circuit téléphonique Constantine-Tunis.		163.600
Total.		1.920.000

L'urgence des travaux qui viennent d'être énumérés ne saurait, semble-t-il, être contestée. Ces travaux apparaissent bien comme la conséquence naturelle des mesures préconisées par les assemblées algériennes qui ont témoigné, par les crédits déjà accordés, de leur désir de voir compléter rapidement l'outillage du service des postes, des télégraphes et des téléphones, afin d'arriver, après ces efforts, à des résultats réellement féconds.

Les crédits alloués en 1907, et ceux qui sont demandés au titre de 1908, constituent déjà des augmentations importantes, et il a été impossible d'incorporer aux budgets ordinaires de ces exercices les sommes qui viennent d'être indiquées.

En 1908, en effet, l'on propose une dépense nouvelle de 557,000 francs, applicable aux améliorations téléphoniques ; pour le même objet, et pour terminer l'organisation du réseau, une dépense assez élevée sera encore nécessaire en 1909.

Enfin, l'on propose également, en 1908, le remboursement global du reliquat des avances téléphoniques, afin de laisser au budget des recettes une somme de 350,000 francs, qui aurait dû servir, pendant cette année, à l'amortissement des prêts ; pour les années suivantes, on pourra compter sur une augmentation constante de recettes de 50,000 francs.

Ces augmentations de crédits très importantes ne paraissent pas permettre l'incorporation d'autres dépenses au budget ordinaire ; d'autre part, on ne peut songer à reporter après 1909 les dépenses projetées et énumérées dans la présente note ; toutes ont un caractère d'urgence nettement défini, justifiant leur affectation sur les fonds du second emprunt.

Enfin, l'attribution de ces crédits sur les fonds d'emprunt permettrait d'obtenir une organisation définitive dès l'année 1909.

L'exécution des travaux ci-dessus, prévus au titre de l'emprunt, entraînera l'inscription au budget ordinaire des crédits d'entretien indiqués au tableau ci-après :

Répercussion sur les budgets ultérieurs des dépenses provenant des fonds d'emprunt.

Nature de la dépense	Montant de la dépense totale	A déduire : montant des frais de main-d'œuvre	Reste comme dépense de matériel nécessitant des frais d'entretien	Taux applicable aux frais d'entretien	Montant des frais d'entretien	Année à partir de laquelle les frais d'entretien doivent figurer au budget	Observations
Hôtel des postes : Travaux supplémentaires aux hôtels des postes à Oran et à Alger.	905.400	371.400	535.000	2 1/2 %	13.375	1909	
Câble Marseille-Philippeville.	850.000	100.000	750.000	5 %	37.500	1913	A partir de la 5e année pour frais de réparations éventuelles.
Circuit téléphonique Constantine-Tunis.	163.000	40.000	123.000	7 %	8.610	1909	Durée normale des lignes : 15 années.

QUATRIÈME PARTIE

ANNEXES

ANNEXE I

L'EMPRUNT DE 100 MILLIONS AUTORISÉ PAR LA LOI DU 12 JUILLET 1865. — RÉALISATION DES FONDS. — REMBOURSEMENT DES CAPITAUX. — UTILISATION DES SOMMES EMPRUNTÉES.

Aux termes d'une convention du 18 mai 1865 (1), que la loi du 12 juillet 1865 a approuvée, la société générale algérienne (2) s'était engagée à mettre à la disposition de l'état, par versements trimestriels partant du 1er avril 1866, une somme de cent millions de francs, pour être affectée, dans un délai de six années, à l'exécution de grands travaux d'utilité publique consistant en routes, ports, phares, fanaux, barrages et irrigations.

De son côté, l'état devait rembourser à la société le montant de ses avances trimestrielles au moyen d'annuités calculées au taux d'intérêt de 5,25 0/0 et comprenant la somme nécessaire à l'amortissement en cinquante années. Chaque annuité était exigible par semestres et le premier semestre était payable le 1er avril 1867.

Si ces dispositions avaient pu être strictement observées, les versements de la société générale algérienne auraient dû être totalement opérés pendant la période comprise entre le 1er avril 1866 et le 1er janvier 1871, les travaux entrepris par l'état auraient dû être achevés en 1872, et les remboursements auraient dû se poursuivre par semestrialités jusqu'au 1er octobre 1916. En fait, il n'en a pas été ainsi.

---

(1). — Le texte de cette convention est publié au bulletin des actes du gouvernement de l'Algérie, année 1865, page 360.

(2). — La société générale algérienne a été mise en liquidation en 1877, la suite de ses affaires a été prise par la compagnie algérienne.

Réalisation du capital. — Les versements de la société générale algérienne au trésor, commencés le 1er avril 1866, ont été assez soutenus jusqu'en 1870. Mais, à partir de 1871, les difficultés inhérentes à nos désastres ont empêché la compagnie de continuer l'émission de ses obligations et l'ont obligée à diminuer l'importance de ses versements qui ont été définitivement arrêtés en 1878, l'état ayant renoncé, à cette époque, à exiger l'exécution intégrale de la convention de 1865 (1).

Au total les versements ont atteint la somme de 87 millions ainsi répartis par année (2).

1806	9.091.926 fr.
1867	13.445.643 —
1868	17.579.389 —
1869	15.318.791 —
1870	13.105.761 —
1871	5.671.341 —
1872	2.300.273 —
1873	16.876 —
1874	3.444.156 —
1875	3.487.585 —
1876	3.232.446 —
1877	»
1878	335.763 —
Total. . . .	87.000.000 fr.

Remboursement du capital emprunté. — Les annuités de remboursement ont été régulièrement payées par l'état jusqu'à la fin de 1892 dans les conditions prévues par la convention.

(1) Compte définitif des recettes de l'exercice 1878 publié par le ministère des finances.

(2) Tableau extrait du relevé des recettes de l'Algérie de 1830 à 1887, établi par le ministère des finances. Statistique générale de l'Algérie, années 1885-1886-1887, page 82.

A cette époque, le parlement décida par l'article 15 de la loi de finances du 25 décembre 1892 que le capital restant dû à la société générale au 1er octobre 1892, soit une somme de 67,750,434 fr., serait remboursé par anticipation avec les intérêts courus au jour du paiement. Conformément à cette décision, le trésor versa à la société le 1er janvier 1893 une somme de 64,646,967 fr. 15.

Mais la compagnie protesta contre ce règlement de compte, puis ses réclamations ayant été rejetées par le ministre des finances elle porta le différend devant le conseil d'état qui, par un arrêt du 7 décembre 1894, annula les décisions du ministre des finances et ordonna une révision du décompte suivant des bases déterminées (1). En exécution de cet arrêt, une somme complémentaire de 2,405,101 fr. 60 (2) fut payée à la compagnie en 1896.

Dans l'ensemble, les remboursements effectués par l'état à la société générale algérienne par application de la convention du 18 mai 1865 se sont ainsi élevés à 185,993,550 fr. 68 :

annuités de 1867 à 1892 . . . . (3)	114.941.481 93
remboursement par anticipation	71.052.068 75
Total	185.993.550 68

Pour effectuer les deux paiements de 68,646,967 fr. 15 et de 2,405,101 fr. 60 le ministre des finances avait été autorisé par l'article 15 de la loi du 26 décembre 1892 et par l'article 50 de la loi du 28 décembre 1895 à emprunter des sommes égales à la caisse des dépôts et consignations. Suivant la loi de 1892

(1) Mascarel. — Arrêts du conseil d'état, année 1894, page 661

(2) Rapport fait au nom de la commission du budget sur le budget du ministère des finances de l'exercice 1897. — Documents parlementaires, année 1896, page 819.

(3) Comptes définitifs des budgets des exercices 1867 à 1892.

la caisse devait être désintéressée de ses avances au moyen de demi annuités semestrielles calculées au taux d'intérêt de 3,50 0/0 payables en obligations du trésor jusqu'en 1916.

L'article 47 de la loi du 28 décembre 1895 prescrivit la conversion de ces obligations en titres du même type rapportant seulement 3 °/₀ d'intérêt.

Enfin la loi du 3 décembre 1898 autorisa le remboursement par anticipation du capital restant dû à la caisse des dépôts et consignations au moyen des excédents de recettes de l'exercice 1898. La somme versée à cet effet s'est élevée en capital et intérêts à. 56.901.674 74 (1)

Au total, pour le remboursement des 87 millions empruntés à la société générale algérienne, l'état a payé :

1° à la société générale algérienne de 1867 à 1877 ou à la compagnie algérienne substituée à la précédente de 1878 à 1892. . . . . . . 114.941.481 93

2° à la caisse des dépôts et consignations de 1893 à 1898 pour le service des emprunts effectués en vue du remboursement par anticipation de la société générale algérienne.

a) en annuités.	24.624.592 37	
b) pour remboursement par anticipation	56.901.674 74	
		81.526.267 »
Soit au total.		196.467.749 04

Utilisation des sommes empruntées. — L'article 1er de la convention de 1865 disposait que chaque année le

(1) Projet de loi portant règlement définitif du budget de l'exercice 1898, documents parlementaires, session ordinaire de 1900, chambre des députés, page 35.

programme des travaux à exécuter à l'aide des sommes empruntées à la société générale algérienne serait arrêté par le gouvernement sur l'avis d'une commission spéciale, la société entendue.

Nommée par décision impériale du 26 novembre 1865, cette commission (1) a tenu cinq sessions ; en avril 1866 pour arrêter la liste des travaux à entreprendre au moyen des cent millions empruntés, l'évaluation approximative de chacun d'eux et le programme des dépenses à faire pendant le premier exercice; février 1857, juin 1868, mars 1869 et juillet 1870 pour réviser le programme et les évaluations adoptées pendant la première session et pour fixer l'emploi des fonds durant les exercices à venir.

Il n'a pas été possible de reconstituer le détail par ouvrage des dépenses faites de 1867, époque des premiers versements de la société, à 1877, année où la réalisation de l'emprunt a été suspendue. Mais le volume de la statistique générale de l'Algérie relatif aux années 1867 à 1872 contient le relevé des dépenses payées pendant chacune des sept années 1866 à 1872 inclus, réparties par catégories de travaux, reproduit ci-dessous.

(1) Cette commission était ainsi composée : Président, M. le général de division baron Charon, sénateur ; Membres : MM. Chamblain, conseiller d'état, Jahon, conseiller d'état, le général de division baron de Chaband-Latour, président du comité des fortifications et l'inspecteur général des ponts et chaussées en Algérie ; secrétaire avec voix consultative, M. Tassin chef du service de l'Algérie au ministère de la guerre..

Désignation des travaux	1866	1867	1868	1869	1870	1871	1872	Ensemble des années 1866 à 1872
Dessèchements, irrigations, forages	535.789 15	745.145 67	1.029.001 27	1.261.224 62	752.557 79	164.935 57	73.484 01	4.562.138 08
Routes, ponts, acqueducs, canaux, fontaines, grande voirie . .	4.266.566 09	7.099.882 03	9.754.520 35	8.184.489 91	7.575.307 63	3.257.782 62	1.490.243 56	41.628.792 19
Ports, fanaux, phares	4.215.573 46	5.280.497 07	6.386.164 44	5.402.938 08	4.282.409 79	1.958.616 85	736.545 21	28.262.744 90
Reboisement et travaux forestiers . . .	73.996 84	286.960 31	255.385 34	229.341 49	273.263 50	64.759 44	»	1.183.706 92
Frais d'études et accroissement du personnel. . . .	»	3.157 64	154.317 84	240.796 29	222.221 57	225.246 56	»	845.739 90
Totaux. . .	9.091.925 54	13.415.642 72	17.579.389 24	15.318.790 39	13.105.768 28	5.671.341 04	2.300.272 78	76.483.121 99

ANNEXE II

La Situation économique de l'Algérie

On ne saurait se dissimuler que l'avilissement du prix des vins en gros a une répercussion des plus vives en Algérie, comme d'ailleurs dans la plupart des régions vinicoles de la métropole et particulièrement dans le midi. Mais, si lourdement que pèse cette crise sur la viticulture, dont les charges sont d'autant plus élevées que la dette hypothécaire a été contractée dans une période de pleine prospérité, un examen attentif des faits économiques, notamment de la production, du commerce extérieur et des recettes des voies ferrées, qui sont les principales caractéristiques du mouvement des échanges, tend à établir que la colonie reste, dans son ensemble, en voie de progrès.

Céréales. — Les céréales demeurent la plus importante des productions agricoles de l'Algérie.

Deux d'entre elles, le blé tendre et l'avoine, sont presque exclusivement cultivées par les européens. La superficie qui leur est consacrée augmente progressivement au fur et à mesure que s'étend la colonisation, officielle ou privée.

De 115.000 hectares qu'elle occupait pendant la période de 1871-1875, celle affectée au blé tendre atteint par échelons successifs, et sauf un fléchissement de 1891 à 1897, 265,000 hectares en 1905 et 263,000 hectares, chiffre sensiblement égal, en 1906. Les rendements moyens s'accroissent parallèlement de 1,000,000 d'hectolitres en 1876-1880 à 1,650,000 en 1901-1905.

Pour l'avoine, le développement n'est pas moins rapide, mais, en outre, il est plus régulier : la superficie cultivée passe de 19,000 hectares en 1871-1875 à 50,000 en 1891-1895 et à plus de 100,000 en 1901-1905 ; la production monte de 220,000 hectolitres en

1871-1875 à 565,000 en 1891-1895 et 1,000,000 en 1901-1905.

Les deux autres céréales, le blé et l'orge, semblent stationnaires quant à la superficie emblavée avec 1,000,000 d'hectares pour la première et 13 à 1,400,000 pour la seconde. Mais la produciton s'accroit sensiblement pour le blé dur : 4,500,000 hectolitres en 1871-1880, 5,500,000 en 1891-1900 et 6,500,000 en 1901-1905, ce qui tient tout à la fois à l'intervention de plus en plus grande des européens dans cette culture (100,000 hectares en 1878 — 150,000 en 1905) et à l'amélioration des procédés agricoles aussi bien chez les indigènes (1) que chez les européens. Au contraire, l'orge paraît également stationnaire au point de vue de la production : 8,600,000 hectolitres pour 1,400,000 hectares en 1891-1895 et 8,600,000 hectolitres pour 1,360,000 hectares en 1901-1905.

Dans l'ensemble, les céréales sont en progrès et tandis que l'année 1905 avait été l'une des plus mauvaise, la récolte de 1906 compte parmi les meilleures avec des rendements qui n'avaient pas encore été atteints par le blé tendre et l'avoine. D'une manière générale, du reste, la pratique des labours préparatoires, l'assolement bisannuel, l'emploi des superphosphates qui se généralisent de plus en plus, surtout dans la culture du blé, font le grain plus résistant à la sécheresse et donnent plus de fixité au rendement.

Bétail. — Les intempéries des hivers de 1903 à 1905 avaient amené une diminution assez sensible du cheptel chez les indigènes. Cette diminution, quelque attention qu'elle mérite, n'a cependant rien de comparable à celles qui se produisent en d'autres ré-

---

(1) Voir à cet égard les constations relevées par M. de Peyerimhoff dans son rapport sur les résultats de la colonisation officielle, en ce qui concerne l'augmentation de la production indigène et la diminution régulière de l'écart entre les bonnes et les mauvaises récoltes (page 189).

gions, où l'élevage est manifestement prospère, en Australie, par exemple, où elles atteignent jusqu'à 50 %. Le tableau II joint à la présente note permet de juger la situation des productions ovine, bovine et caprine.

Le fléchissement survenu depuis deux ans dans la population ovine est beaucoup moins accentué que celui déjà constaté pendant la période 1890-1900 et la reprise des exportations en 1906 semble démontrer qu'il est actuellement enrayé.

Le cheptel bovin demeure stationnaire aux environs d'un million de têtes depuis 10 ans, son exportation est limitée entre 15,000 et 25,000 à 30,000 têtes.

La population caprine, quoique fortement touchée par les intempéries de 1904 et 1905, est encore supérieure à ce qu'elle était il y a trente ans.

Dans l'ensemble, et à en juger par les relevés de la statistique agricole, la situation du bétail serait stationnaire. Mais si l'on observe qu'elle doit faire face à une exportation qui a tendance à s'augmenter et à un accroissement sensible de la consommation locale proportionnel à l'augmentation de la population, il semble qu'on doit conclure que les statistiques sont inexactes, que le cheptel est, en réalité, supérieur aux chiffres qu'elles accusent.

Vigne. — On peut dire que le vignoble algérien ne date que de trente ans. Il couvrait moins de 20,000 hectares et donnait une production de 200,000 hectolitres en 1871-1875. Il s'étend actuellement sur 170,000 hectares et produit plus de 7,500,000 hectolitres dans les années favorables.

L'étude du commerce des vins en France montre que l'Algérie a presque acquis le monopole de l'importation dans la métropole, où elle remplace presque complètement l'Italie depuis 1889 et l'Espagne depuis 1901.

Toutefois, comme nous l'avons relevé déjà, la baisse des cours occasionne en Algérie, ainsi que dans le midi de la métropole, une situation d'autant plus tendue qu'en présence des hauts prix pratiqués jusque dans ces dernières années, nombre de viticulteurs n'ont pas hésité à s'engager très avant dans la voie du crédit pour complanter leurs terres ou acquérir des domaines plus vastes.

Autres produits agricoles. — A côté des produits que nous venons d'examiner, il faut, si l'on veut se faire une idée assez exacte de la situation économique de l'Algérie, étudier l'évolution subie, surtout dans ces dernières années, par des productions, considérées autrefois comme secondaires, qui prennent, d'année en année, une place plus importante dans la fortune agricole de la colonie.

A défaut de renseignements précis dans les statistiques du service de l'agriculture, c'est au moyen des relevés de la douane qu'a été dressé le tableau III relatif à ces productions : laines en masse, huile d'olive, crin végétal, alfa, liège, figues sèches, primeurs (pommes de terre, légumes frais, raisins de table) ; on néglige ainsi la consommation locale, qui n'est cependant pas sans intérêt pour quelques denrées, comme l'huile d'olive, les figues et les primeurs, mais on a l'avantage d'avoir des évaluations plus exactes et de demeurer au-dessous de la réalité.

L'exportation des laines tend aujourd'hui à reprendre la situation florissante qu'elle avait atteint en 1878-1888 avec 107.000 et 108.000 quintaux. L'année 1904 se chiffre par 97.600 quintaux valant 9,300,000 francs, 1905 par 101,700 quintaux valant 12,200,000 francs, 1906 par 121,900 quintaux valant 14,628,000 francs.

L'exportation de l'huile d'olive a pris un essor considérable. Sa moyenne a passé de 22 000 quintaux en 1886-1890 à 27.800 en 1896-1900 et 47.000 en 1901-1905. Pendant l'année 1906, elle a atteint le chiffre de 78.600 quintaux auquel elle ne s'était jamais élevée précédemment. Sans doute, la colonie importe des quantités toujours croissantes d'huiles de graines, mais on ne saurait mettre ces produits en parallèle avec l'huile d'olive. D'un prix plus fort lorsqu'elle est comestible, cette dernière est délaissée par la clientèle peu aisée, si nombreuse en Algérie, pour les huiles de graines. L'importation grandissante de celles-ci a pour cause l'accroissement de la consommation locale, notamment de la consommation indigène.

Les exportations de crin végétal progressent de 80.000 quintaux en 1871-1875 à 232.000 en 1891-1895 et 337.000 en 1901-1905; elles atteignent en 1906 443.500 quintaux. Celles de l'alfa montent de 500.000 quintaux en 1871-1875 à 870.000 en 1881-1885. à 900.000 en 1896-1900; elles fléchissent en 1901-1905 avec une moyenne de 766.900 quintaux, mais se relèvent en 1906 avec 1.020.000 quintaux. Celles du liège s'élèvent de 25.000 quintaux en 1871-1875 à 106.000 en 1891-1895, 193.000 en 1901-1905 et 257.000 en 1906. On a vu dans la notice relative au programme des travaux forestiers à exécuter au moyen des fonds d'emprunt qu'elles s'accroîtront encore pendant une certaine période.

De même, le commerce des figues sèches s'est considérablement développé depuis une dizaine d'années. Limité à 20.000 quintaux en 1871-1875, il se traduit par 43.000 quintaux en 1891-1895, 79.900 en 1896-1900, 106.000 en 1901-1905 ; il s'est élevé à 127,485 quintaux en 1906.

De même encore, les primeurs, dont certaines régions se sont fait une spécialité, ont pris une extension qui peut encore largement se poursuivre. L'exportation des pommes de terre varie de 8.000 quintaux en 1871-1875 à 26.000 en 1891-1895 et 133.000 en 1901-1905 ; celle des légumes frais passe de 14.400 quintaux en 1871-1875 à 47.800 en 1891-1895 et 92.300 en 1901-1905 ; celle des raisins de table, qui remonte à une quinzaine d'années à peine, donne 43.600 quintaux en moyenne de 1901 à 1905, avec 61.000 la dernière année.

Et il importe de considérer que pour la plupart de ces produits l'année 1906, marque une sérieuse étape en avant par rapport aux chiffres les plus élevés des périodes antérieures : pour les laines 121.900 quintaux contre 101.700 en 1905, année la plus forte de la période antérieure ; pour l'huile d'olive 78.600 quintaux contre 68.700 en 1900 ; pour les figues sèches, 127,485 quintaux contre 109,830 en 1905 ; pour l'alfa 1.020.000 quintaux contre 978.000 en 1898 ; pour le liège 257.000 quintaux contre 255.200 en 1904 ; pour les raisins de table 68.700 quintaux contre 61.000 en 1905 et 49.500 en 1903.

Minerais. — L'industrie minérale relativement limitée jusqu'en 1890, prend, depuis quelques années, une grande extension en Algérie, principalement dans le département de Constantine. C'est, jusqu'à présent, sur le fer, le zinc et les phosphates que se sont surtout portés les efforts des prospecteurs et des industriels.

Les exportations de minerais de fer qui n'avaient pas dépassé 630.000 tonnes jusqu'en 1905, ont atteint 720.000 tonnes en 1906, et l'on sait que de nouvelles exploitations sont en cours d'installation.

Les expéditions des minerais de zinc, à peu près stationnaires aux environs de 30,000 tonnes, de 1896 à 1900, se sont élevées successivement à 40.500 en 1901, 49.900 en 1904, 58.000 en 1905 et 69.600 en 1906. Les phosphates, parus sur le marché dans la période de 1891-1895, à la suite de la découverte des gisements situés dans la commune mixte de Tébessa, ont donné à l'exportation un maximum de 348.000 tonnes en 1905. Une légère baisse de 25.000 tonnes s'est produite en 1906.

Les minerais de plomb, et même ceux de cuivre, semblent reprendre un peu d'importance, mais leur production n'a qu'une médiocre importance au regard de celle des gisements de fer et de zinc.

Ensemble du commerce. — L'ensemble du commere de la colonie confirme l'impression favorable qui se dégage de l'augmentation que nous venons de constater dans l'exportation des principaux produits.

Envisagées dans leurs moyennes quinquennales,

les exportations sont en progression depuis 20 ans : 205,000,000 en 1886-1890 ; 229,000,000 en 1891-1895 ; 264,000,000 en 1896-1900 ; 269,000,000 en 1901-1905 et 278,000,000 en 1906. La diminution qu'elles accusent au cours des derniers exercices, si l'on excepte 1905 où la récolte des céréales a été très notablement déficitaire, ne coïncide pas avec une réduction des quantités exportées. Elle est due surtout à ce que les vins, dont l'exportation n'est pas sensiblement affectée par la crise, sont estimés à des taux très bas de façon à rapprocher les valeurs données par la statistique douanière des cours réellement pratiqués.

De même les importations croissent régulièrement. Leur valeur annuelle qui était de 189,000,000 en moyenne pour la période 1871-1875 a monté graduellement (deux régressions peu importantes se sont produites en 1886-1890 et en 1897), à 230,000,000 en 1881-1885 : 250,000,000 en 1891-1895 ; 289,000,000 en 1896-1900 et 318,000,000 en 1901-1905 ; elle est de 389,000,000 (chiffre provisoire) en 1906.

Cet accroissement des importations et l'amélioration que nous avons relevée dans la plupart des produits agricoles ou miniers sont des signes certains de la prospérité du pays.

Recettes des voies ferrées. — Cette prospérité ressort encore avec plus d'évidence de l'étude comparative des recettes des chemins de fer d'intérêt général. Dans un pays comme l'Algérie qui ne possède aucune voie fluviale, le mouvement des échanges ne peut se produire que par la route, la voie ferrée ou le cabotage. La route, comme le cabotage, n'ont toutefois qu'une action limitée : la première n'est utilisée à l'exclusion de la voie ferrée que dans un rayon peu étendu autour des grands ports (une cinquantaine de kilomètres environ) ou dans les contrées non encore desservies par le chemin de fer ; le second n'est exclusif de la voie ferrée que pour les relations de port à port. En fait, c'est par le chemin de fer que s'opèrent la grosse majorité des échanges. C'est aux variations des recettes des lignes ferrées qu'on peut le mieux apprécier la vitalité économique de la colonie.

Le relevé que nous joignons à cette note (tableau VII) se passe de longs commentaires. Il démontre que depuis 1896, année où toutes les lignes actuelles sauf celle d'Aïn-Sefra à Béchar étaient ouvertes au trafic, les recettes ont successivement passé de 23,260,000 francs en 1896 à 29,754,000 en 1901, 35,300,000 en 1905 et 38,700,000 en 1906 (chiffre provisoire) donnant ainsi en 10 ans une augmentation de 15 millions, soit de 65 % du chiffre de 1896.

C'est là une preuve indéniable de l'activité économique de l'Algérie. Il n'est pas douteux que les sacrifices considérables faits depuis 5 ans et ceux qui sont encore proposés aujourd'hui pour le développement et le perfectionnement de l'outillage de la colonie, accélèreront encore la marche en avant que révèlent les faits que nous venons de passer en revue.

Tableau I — Céréales

Superficies ensemencées et production

PÉRIODES	BLÉ TENDRE — Superficie plantée (Hectares) — Quantités annuelles	BLÉ TENDRE — Superficie plantée (Hectares) — Moyennes quinquennales	BLÉ TENDRE — Production (Quintaux) — Quantités annuelles	BLÉ TENDRE — Production (Quintaux) — Moyennes quinquennales	BLÉ DUR — Superficie plantée (Hectares) — Quantités annuelles	BLÉ DUR — Superficie plantée (Hectares) — Moyennes quinquennales	BLÉ DUR — Production (Quintaux) — Quantités annuelles	BLÉ DUR — Production (Quintaux) — Moyennes quinquennales	ORGE — Superficie plantée (Hectares) — Quantités annuelles	ORGE — Superficie plantée (Hectares) — Moyennes quinquennales	ORGE — Production (Quintaux) — Quantités annuelles	ORGE — Production (Quintaux) — Moyennes quinquennales	AVOINE — Superficie plantée (Hectares) — Quantités annuelles	AVOINE — Superficie plantée (Hectares) — Moyennes quinquennales	AVOINE — Production (Quintaux) — Quantités annuelles	AVOINE — Production (Quintaux) — Moyennes quinquennales
1871-1875		115.286		874.406		929.040		4.539.296		1.135.807		7.218.112		19.741		220.239
1876-1880		139.045		1.059.954		1.146.568		4.578.423		1.384.609		7.209.667		30.187		307.290
1881-1885		190.093		1.227.688		1.129.300		5.238.661		1.527.778		8.041.179		32.831		366.087
1886-1890		192.202		1.313.495		1.035.265		4.870.881		1.388.331		8.556.272		49.107		512.519
1891-1895		179.572		1.162.780		1.110.363		5.557.195		1.437.026		8.690.825		54.738		565.960
1896..	182.385		1.055.219		1.079.875		5.181.314		1.382.021		6.769.882		73.249		767.477	
1897..	185.906		932.939		1.077.946		4.480.448		1.343.199		5.455.163		74.761		581.937	
1898..	233.848	205.097	1.598.595	1.258.485	1.023.756	1.076.034	5.780.719	5.588.723	1.243.922	1.363.814	9.028.420	8.106.285	71.369	79.345	874.402	774.983
1899..	213.040		1.042.908		1.090.542		5.021.165		1.395.533		7.203.965		84.630		658.067	
1900..	210.307		1.662.764		1.108.052		7.479.972		1.454.398		12.073.994		92.718		993.035	
1901..	211.559		1.671.622		1.096.727		7.103.867		1.392.009		10.618.515		100.670		1.106.498	
1902..	218.008		1.793.409		1.168.692		7.431.709		1.439.450		10.431.581		120.410		1.267.486	
1903..	237.877	237.304	1.792.634	1.649.067	1.179.721	1.123.082	7.470.645	6.583.149	1.426.513	1.363.742	8.381.602	8.649.485	131.078	119.331	1.157.746	1.103.079
1904..	253.330		1.590.915		1.061.402		5.344.732		1.267.256		7.865.292		118.587		962.426	
1905..	265.750		1.396.758		1.108.870		5.564.796		1.293.483		5.950.434		125.913		1.021.243	
1906..	263.516		2.112.069		1.078.179		7.220.088		1.309.960		10.363.753		128.143		1.361.340	

NOTA. — Les chiffres contenus dans ce tableau et dans les suivants sont extraits de l'ouvrage de M. Delorme " Le commerce algérien " publié par le gouvernement général de l'Algérie, à l'occasion de l'exposition coloniale de Marseille. Les chiffres afférents à 1906 sont provisoires.

Tableau II. — Bétail

Cheptel possédé (moutons, bœufs, chèvres). — Exportation (race ovine, race bovine)

PÉRIODES	RACE OVINE				RACE BOVINE				RACE CAPRINE	
	Nombre possédé		Exportation (nombre)		Nombre possédé		Exportation (nombre)		Nombre possédé	
	quantités annuelles	moyennes quinquennales	quantités annuelles	moyennes quinquennales	quantités annuelles	moyennes quinquennales	quantités annuelles	moyennes quinquennales	quantités annuelles	moyennes quinquennales
1871-1875		7.505.018		455.875		884.312		8.214		3.330.356
1876-1880		9.057.033		520.591		1.208.456		35.945		3.561.283
1881-1885		6.356.118		592.947		1.107.262		22.477		3.648.885
1886-1890		9.950.562		758.299		1.217.068		26.484		4.459.238
1891-1895		8.667.076		1.056.623		1.182.664		53.400		3.653.338
1896..	7.435.206		763.876		1.104.160		28.664		3.361.873	
1897..	7.716.652		1.077.448		1.095.262		32.025		3.567.983	
1898..	7 026.290	7.285.172	1.165.516	1.009.199	1.004.175	1.048.250	25.809	25.614	3.526.508	3.554.199
1899..	7.523.763		1.043.850		1.045.102		23.848		3.751.534	
1900..	6.723.952		995.305		992.551		17.724		3.563.097	
1901..	8.053.758		1.179.536		1.035.104		25.911		3.923.391	
1902..	8.724.975		1.349.069		1.073.777		28.598		4.256.883	
1903..	8.958.537	8.682.330	1.436.593	1.201.140	1.082.204	1.067.608	26.863	23.965	5.030.431	4.264.861
1904..	8.611.747		1.091.496		1.080.554		16.069		4.083.393	
1905..	9.062.636		949.007		1.066.404		22.387		4.030.208	
1906..	»		1.051.808		»		13.937		»	

Tableau III. — Vigne

Plantations. — Récoltes

Périodes	Plantations (hectares)		Production (hectolitres)		Importations en vins ordinaires (hectolitres)		Exportations en vins ordinaires (hectolitres)	
	Quantités annuelles	Moyennes quinquennales	Quantités annuelles	Moyennes quinquennales	Quantités annuelles	Moyennes quinquennales	Quantités annuelles	Moyennes quinquennales
1871-1875..		17.146		201.712		351.406		3.078
1876-1880.		19.038		321.986		342.154		5.885
1881-1885..		48.518		710.088		255.402		128.540
1886-1890..		97.328		2.228.372		158.289		1.112.082
1891-1895..		116.160		3.703.773		94.059		2.306.594
1896..	119.630		4.502.371		71.039		3.163.976	
1897..	125.768		4.381.377		44 978		3.628.003	
1898..	143.935	136.557	5.549.558	4.914.032	41 836	49.713	4.319.823	3.635.522
1899..	139.026		4.502.028		51.664		4.713.874	
1900..	154.430		5.634.829		39.049		2.351.936	
1901..	167.916		5.738.342		4.570		2.661.882	
1902..	165.198		4.353.867		4.875		4.239.692	
1903..	171.734	169.150	6.589.360	6.410.415	8.357	6.343	4.794.797	4.406.459
1904..	173.299		7.630.157		5.797		5.435.098	
1905..	167.607		7.740.353		8.119		4.900.828	
1906.	170.248		7.268.470		7.508		5.460.143	

Tableau IV — Produits agricoles

Laines en masse, huile d'olive, crin végétal, alfa, liège, figues sèches, primeurs. — Exportations

PÉRIODES	LAINES EN MASSE (Quintaux)		HUILE D'OLIVE (Quintaux)		CRIN VÉGÉTAL (Quintaux)		ALFA (Quintaux)	
	Quantités annuelles	Moyennes quinquennales	Quantités annuelles	Moyennes quinquennales	Quantités annuelles	Moyennes quinquennales	Quantités annuelles	Moyennes quinquennales
1871-1875		75.334		34.269		79.050		529.337
1876-1880		86.546		18.851		91.136		664.831
1881-1885		25.165		15.934		133.691		874.356
1886-1890		79.195		22.086		178.909		754.583
1891-1895		70.012		17.646		232.040		734.276
1896..	43.414		18.708		262.713		774.656	
1897..	70.189		12.179		288.655		875.888	
1898..	51.605	55.629	14.886	27.800	214.193	271.306	978.581	901.785
1899..	59.337		24.461		276.479		913.961	
1900..	53.600		68.770		324.494		965.838	
1901.	31.934		45.398		261.030		707.349	
1902..	43.697		66.034		301.803		701.826	
1903..	75.693	70.127	18.601	47.172	387.959	337.878	749.978	766.980
1904..	97.607		43.017		301.435		803.133	
1905..	101.709		32.812		437.163		871.445	
1906..	121.907		78.693		413.594		1.020.080	

PÉRIODES	LIÈGE (Quintaux)		FIGUES SÈCHES (Quintaux)		POMMES DE TERRE (Quintaux)		LÉGUMES FRAIS (Quintaux)		RAISINS DE TABLE (Quintaux)	
	Quantités annuelles	Moyennes quinquennales	Quantités annuelles	Moyennes quinquennales	Quantités annuelles	Moyennes quinquennales	Quantités annuelles	Moyennes quinquennales	Quantités annuelles	Moyennes quinquennales
1871-1875		25.009		20.795		8.504		14.427		»
1876-1880		48.811		24.619		15.132		21.543		»
1881-1885		49.862		23.531		20.322		27.457		»
1886-1890		73.663		36.994		28.118		32.532		»
1891-1895		106.381		43.579		26.653		47.876		17.773
1896..	87.907		48.267		74.810		122.945		21.325	
1897..	119.591		92.578		45.367		65.898		20.519	
1898..	83.585	109.658	90.922	79.569	64.139	83.469	73.381	80.354	27.054	24.346
1899..	130.556		113.405		110.909		63.526		26.561	
1900..	126.655		73.676		122.120		76.072		26.273	
1901.	148.659		93.482		87.996		71.295		23.947	
1902..	142.966		116.750		161.604		109.095		39.131	
1903..	177.661	193.202	127.953	106.572	166.971	133.122	106.902	92.376	49.524	43.616
1904..	255.217		84.845		148.246		69.781		44.432	
1905..	244.511		109.830		100.795		104.809		61.047	
1906..	257.700		127.485		117.295		119.358		68.713	

Tableau V. — Minerais

Exportations

Périodes	Fer (tonnes)		Zinc (tonnes)		Plomb (tonnes)		Cuivre (tonnes)		Phosphates (tonnes)	
	quantité annuelle	moyenne quinquennale	quantité annuelle	moyenne quinquennale	quantité annuelle	moyenne quinquennale	quantité annuelle	moyenne quinquennale	quantité annuelle	moyenne quinquennale
1871-1875	»	373.935	»	1.261	»	2.825	»	1.642	»	»
1876-1880	»	451.796	»	2.064	»	2.442	»	4.727	»	»
1881-1885	»	518.818	»	2.413	»	9.696	»	13.028	»	»
1886-1890	»	423.534	»	8.820	»	19.597	»	5.387	»	559
1891-1895	»	347.065	»	21.078	»	7.866	»	517	»	32.320
1896	362.820		14.530		3.027		2.037		136.141	
1897	450.661		26.528		2.422		304		218.212	
1898	483.168	507.055	35.941	28.275	2.429	3.322	»	1.063	250 077	226.830
1899	632.280		32.772		5.746		849		267.281	
1900	606.347		31.605		2.989		»		262.443	
1901	574.575		40.546		4.139		963		270.102	
1902	495.477		41.189		6.303		907		260.265	
1903	541.128	537.265	41.956	46.360	4.736	5.973	947	1.715	308.411	304.332
1904	495.653		49 970		4.811		1.283		334.808	
1905	579.494		58.141		9.876		4 475		348 076	
1906	720.505		69.633		14.255				323.345	

Tableau VI

Commerce de l'Algérie, — Commerce spécial. — Valeurs en milliers de francs

Périodes	Importations		Exportations		Total	
	Valeurs annuelles	Moyennes quinquennals	Valeurs annuelles	Moyennes quinquennals	Valeurs annuelles	Moyennes quinquennals
1871-1875	»	189.137	»	176.303	»	365.440
1876-1880	»	210.805	»	168 560	»	379.365
1881-1885	»	237.627	»	164.989	»	402.616
1886-1890	»	234.098	»	205.855	»	439.953
1891-1895	»	251.007	»	229.429	»	480.436
1896	269.238	»	231.075	»	500.313	»
1897	264.968		276.808	»	541.776	»
1898	290.059	289.508	255.543	264.125	555.602	553.633
1899	309.948	»	325.408	»	635.356	»
1900	313.330	»	221.788	»	535.118	»
1901	318.593	»	261 945	»	580.538	»
1902	325.686	»	299.172	»	624.858	»
1903	345.617	348.238	287.697	269.955	633.314	618.193
1904	367.411	»	272 198	»	639.609	»
1905	383.887	»	228.763	»	612.650	»
1906 chiffre provisoire	389.054	»	278.581	»	667.635	»

Tableau VII

Recettes des chemins de fer d'intérêt général

Périodes	Recettes annuelles	Moyennes quinquennales
1871-1875...		5.657.645
1876-1880...		8.350.716
1881-1885...		17.398.186
1886-1890...		21.556.449
1891-1895...		23.696.860
1896...	23.263.406	
1897...	23.437.020	
1898...	26.044.788	25.927.259
1899...	28.627.078	
1900...	28.264.006	
1901...	29.754.015	
1902...	31.608.806	
1903...	32.670.347	32.818.278
1904...	34.661.862	
1905...	35.306.391	
1906... (Chiffre provisoire).....	38.724.930	

ANNEXE III

Dettes des possessions françaises

Nom de la colonie	Dates des textes autorisant les emprunts	Montant des emprunts	Titres créés	Taux nominal	Période de rembour-sement	Charge annuelle	Budget	
							Année	Montant total des budgets locaux
ALGÉRIE.................	Loi du 7 Avril 1902	50 millions	Obligations 500 f.		60 ans	2.000.000 00	1907	91.047.806 (recettes ordinaires)
TUNISIE..................	Dette de la Tunisie au moment de l'établissement du protectorat, convertie en 1884, 1889 et 1892.	198 193 000	Obligations 300 fr. garanties par l'État	3 %		6.307.790 00	1906	32.200.275 (recettes ordinaires)
	Loi du 30 Avril 1902	40.000.000	Obligations 500 f.	3 %		1.480.715 00		
	Loi du 10 Janvier 1907	75.000.000	Id.	3 %	80 ans	2.830.000 00 (prévision)		
	Total.........	313.193.000				10.618.505 00		
INDO-CHINE..............	Loi du 10 Février 1896	80.000.000	Obligations 100 fr. garanties par l'état	2 1-2 %	60 ans	2.965.750 00	1906	114.166.000
	Loi du 25 Décembre 1898 Décret du 29 Déc. 1898	50.000.000	Obligations 500 f.	3 1/2 %	75 ans	7.940.000 00		
	Décret du 25 Juillet 1902	70.000.000	Id.	3 %	75 ans			
	Décret de 7 Octobre 1905	80.000.000	Id.	3 1/2 %	75 ans			
	Total.........	280.000.000				10.905.750 00		
MADAGASCAR............	Loi du 5 Avril 1897	30.000.000	Obligations 100 fr garanties par l'état	2 1/2 %	60 ans	968.000 00	1906	29.991.000
	Loi du 14 Avril 1900, décret du 6 Octobre 1902	14.000.000	Caisse nationale des retraites pour la vieillesse	3 f. 95 %	60 ans	612.000 00		
	Décret du 29 Juillet 1903	46.000.000	Obligations 500 fr. garanties par l'état	3 %	59 ans	1.794.000 00		
	Loi du 19 Mars 1905, décret du 7 Février 1906	15.000.000	Obligations	3 %	56 ans 1/2	600.000 00		
	Total.........	105.000.000				3.974.000 00		
AFRIQUE OCCIDENTALE...	Loi du 5 Juillet 1903	65.000.000	Obligations 500 fr. garanties par l'état	3 %	50 ans	2.273.000 00	1906	42.283.000
	Décret du 21 Avril 1905	12.000.000	Bons au porteur de 10.000 fr.	4 %	5 ans	en intérêts 480.000 00		
	Loi du 22 Janvier 1907	100.000.000	Obligations	3 f. 50 % au maximum	50 ans			
	Total.........	177.000.000						
CONGO FRANÇAIS.........	Décret du 30 Mars 1900	2.000.000	Caisse des dépôts et consignations	3 f. 80 %	25 ans	124.031 68	1906	6.484.000

Nom de la colonie	Dates des textes autorisant les emprunts	Montant des emprunts	Titres créés	Taux nominal	Période de rembour-sement	Charge annuelle	Budget	
							Année	Montant total des budgets locaux
COTE FRANÇAISE DES SOMALIS..................	»	»	»	»	»	»	1906	1.150.000
INDE FRANÇAISE..........	1894 1900 Loi du 1er Avril 1906 Total..........	1.167.000 74.000 4.380.000 5.621.000	Caisse des dépôts et consignations Id. Emprunt garanti par l'état qui, actuellement, supporte une part de 250.000 francs de la charge annuelle.	3 1.80 % Id.	25 ans 19 ans 25 ans	78.328 34 275.000 00 353.328 34	1906	2.455.000
GUYANE....................	N'a pas de dettes, mais a donné sa garantie à deux emprunts contractés par la commune de Cayenne, l'un de 330.000 francs, contracté en 1893, 1894 et 1895, remboursable en 14 annuités portant sur les années 1896 à 1909 inclus ; l'autre de 250.000 francs, voté à la fin de l'année 1902.						1906	2.909.000
MARTINIQUE..............	Décret du 25 Août 1899 Loi du 20 juillet 1892 Total..........	1.460.000 3.000.000 Avance par l'état 4.460.000	Obligations » 4.460.000	3 1/2 % sans intérêt	25 ans 10 ans	96.300 00 300.000 00 396.300 00	1906	4.562.000
LA RÉUNION..............	»	»	»	»	»	»	1906	4.772.000
ÉTABLISSEMENTS FRANÇAIS DE L'OCÉANIE.....	»	175.020 fr. 24	Emprunt fait à la caisse agricole locale				1906	1.680.000
NOUVELLE-CALÉDONIE...	Décret du 16 Février 1901	5.000.000	Caisse nationale des retraites pour la vieillesse	4 1.30 %	50 ans	244.087 60	1906	3.912 000
MAYOTTE ET COMORES...	Loi du 5 Avril 1898	500.000 fr. Avance par l'état	»	»	20 ans	25.000 00	1906	608.000
ST-PIERRE ET MIQUELON.	Décret du 9 Décemb. 1901	500.000 fr	Obligations 500 f.	»	20 ans	41.125 00	1906	670.000
GUADELOUPE..............	Décret du 23 Sept. 1892 Décret du 17 Mars 1899 Décret du 23 Mai 1901 Décret du 16 Juin 1904 Total..........	3.000.000 1.200.000 1.500.000 900.000 6.000.000	Caisse des dépôts et consignations Crédit algérien Crédit foncier Crédit algérien	4 % 3 1/2 % 5 % 4 %	25 ans 10 ans	190 939 36 75.647 60 99.149 50 72.239 50 437.995 96	1906	5.048.000

Les renseignements contenus dans ce tableau, sauf ceux relatifs à l'Algérie et à la Tunisie, ont été extraits du rapport fait par M. le député Gervais, au nom de la commission du budget chargée d'examiner le projet de loi portant fixation du budget général de l'exercice 1907 (ministère des colonies).

ANNEXE IV

Dettes des principales possessions anglaises (1902-1903)

Noms des possessions	Montant de la dette	Superficie	Population	Recettes annuelles
	francs	kilom. carrés	habitants	francs
Nouvelle Galles du Sud	1 652.708.975	804.576	1.359.133	312.164.375
Victoria	1.260.223.925	227.610	1.201.341	201.229.200
Queensland	984.679.425	1.731.337	496.596	106.057.375
Australie méridionale	661.201.125	2.240.460	362.604	70.745.975
Australie occidentale	373.557.750	2.527.530	184.124	98.423.150
Tasmanie	227.791.225	67.894	172.475	22.414.825
Ensemble de l'Australie	5.160.162.425	7.599.407	3.776.273	811.034.900
Nouvelle Zélande	1.397.475.475	270.935	772.719	162.668.800
Colonie du Cap	924.273.225	716.740	2.433.000	226.259.275
Natal	312.978.575	93.644	925.118	85.995.500
Canada	1.882.675.500	9.371.713	5.371.315	298.316.550
Terre-Neuve et Labrador	100.964.875	421.470	220.249	11.272.275
Ile Maurice	29.574.600	1.914	375.882	15.234.575
Jamaïque	97.566.600	11.321	771.853	25.417.775
Guyane-Anglaise	24.783.000	282.201	293.958	13.933.775
Ceylan	124.421.050	65.610	3.565.954	45.330.100
Empire des Indes	5.742.158.650	4.574.237	294.360.356	1.908.613.125

Les renseignements contenus dans ce tableau ont été extraits de *The Statesman's Year-Book*, année 1904, publié par J. Scott Keltie. La livre sterling a été comptée pour 25 francs.

ANNEXE V

Alger, le 21 septembre 1906.

Le Gouverneur Général de l'Algérie à Messieurs les Préfets de l'Algérie.

Au cours de leur dernière session, les délégations financières et le conseil supérieur ont admis le principe d'un deuxième emprunt dont les ressources seraient affectées à compléter l'outillage économique de l'Algérie et notamment à terminer les travaux publics compris au programme adopté en 1902.

Je suis donc amené à me préoccuper de réunir, dès maintenant, les éléments d'information nécessaires pour me permettre de formuler des propositions et, aux assemblées financières algériennes, de délibérer, d'une part, sur le montant total du second emprunt colonial à contracter et, d'autre part, sur le programme de l'emploi des ressources ainsi créées.

La présente circulaire vise spécialement l'utilisation des crédits qui seront réservés à la construction des routes et chemins.

Pour donner à mon administration et aux assemblées intéressées la possibilité d'exercer un choix raisonné parmi les nombreux travaux de cette nature qui peuvent être envisagés, il est nécessaire que les renseignements recueillis portent sur un ensemble de projets beaucoup plus étendu que celui qui constituera le programme définitif d'emploi des ressources disponibles. En vue d'en limiter le champ, j'ai fait dresser le tableau général de toutes les demandes d'application des fonds d'emprunt à la construction de routes formulées depuis la réalisation de l'emprunt de 50 millions par les diverses assemblées coloniales : conseils municipaux et généraux, délégations financières et conseil supérieur. J'y ai procédé à un premier élagage des projets dont l'utilité est visiblement trop peu justifiée ou qui correspondent à des intérêts d'un caractère trop strictement local. J'y ai ajouté, d'autre part, certains travaux réclamés par les administrations locales lorsque les justifications m'en ont paru suffisantes.

Ces opérations préliminaires ont déterminé un ensemble assez vaste de travaux, dont je ne considère en rien l'étendue comme limitative, mais qui peut servir de première base pour colliger des renseignements méritant une certaine précision. Ces travaux peuvent être divisés en quatre catégories distinctes, savoir :

A. — Achèvement du programme primitif dressé en vue de l'emploi des fonds de l'emprunt de 50 millions.

B. — Construction et améliorations de voies terrestres nécessitées par un nouveau classement de routes nationales.

C. — Etablissement d'un programme spécial de pavage des routes nationales dans les traverses des villes et sur les sections où cette opération serait reconnue économique.

D. — Etablissement d'un programme complémentaire de construction de routes et chemins.

A. — Achèvement du programme primitif

Vous n'ignorez pas que l'exécution du programme primitif, établi en vue de l'emploi des fonds de l'emprunt de 50 millions et élargi à diverses reprises par les assemblées financières algériennes, exige un complément de ressources très considérable. Une partie de ces fonds proviendra des prélèvements autorisés sur les excédents de la réserve et du crédit spécialement inscrit à cet effet au budget ordinaire de l'exercice 1907. Le restant sera à prélever sur le nouvel emprunt.

En ce qui touche l'achèvement de ces travaux,

mon administration possède des renseignements suffisants. Je vous adresse toutefois, ci-joint, pour votre usage et pour les chefs des services techniques de la voirie terrestre : ingénieurs et agents-voyers en chef, le tableau des projets de routes et chemins constituant le programme primitif tel qu'il a été soumis en 1906 aux délégations financières. Ce programme est devenu ferme et définitif aujourd'hui, puisque les nouveaux travaux de construction de routes, qui seront reconnus utiles et qui n'y figurent pas, passeront naturellement au programme complémentaire faisant l'objet de la section D. La transmission que je vous en fais a simplement pour but de vous tenir au courant et d'éviter des doubles emplois dans les nouveaux renseignements à fournir par les services techniques.

B. — Nouveau classement de routes nationales

La nécessité d'un classement étendant le réseau des routes nationales de la colonie n'est plus à démontrer : des régions entières de l'Algérie en sont totalement dépourvues. L'opération du classement aura sur le budget une double répercussion. Il faudra, en effet, trouver tout d'abord le capital de premier établissement nécessaire pour construire les parties en lacune et améliorer les sections déjà existantes des voies à classer comme routes nationales. Il faudra ensuite tenir compte, dans les budgets à venir, du surcroît de dépenses d'entretien à la charge de la colonie. Il est donc rationnel de rattacher cette question à celles que soulève le nouvel emprunt à contracter.

Au point de vue de l'établissement du programme de classement du nouveau réseau, je possède déjà des renseignements sommaires qui ont été fournis par MM. les ingénieurs en chef des ponts et chaussées en réponse à une circulaire en date du 29 juin 1905 de M. le directeur des travaux publics. Il résulte toutefois d'un premier examen que la création d'un nouveau réseau de routes nationales, établi d'après ces propositions, entraînerait, à la charge du budget colonial, une majoration des dépenses d'entretien beaucoup trop élevée pour pouvoir être admise. Les voies dont le classement m'a paru mériter, d'ores et déjà, une étude plus approfondie, sont les suivantes :

1° de la frontière tunisienne à Mostaganem en suivant le littoral, par Aïn-Draham, La Calle, Le Tarf, Morris, Bône, Aïn-Mokra, Jemmapes, Philippeville, Tamalous, El-Milia, Djidjelli, Bougie, Azazga, Tizi-Ouzou, Ménerville, Alger, Tipaza, Cherchell, Ténès, Mostaganem (entre Tipaza et Cherchell, on suivrait le chemin de grande communication n° 1 au sud du Chenoua).

2° de la Calle à Tébessa par Le Tarf et Souk-Ahras.

3° de Tizi-Ouzou à Beni-Mansour par Fort-National.

4° de Beni-Saf à El-Aricha par Rachgoun, Tlemcen et Sebdou.

5° de Marnia à Adjeroud par Sidi-Djenane.

6° de Bône à Guelma et au Kroubs.

7° de Bouïra à Berrouaghia par Bir-Rabalou.

8° d'Affreville à Tiaret par Teniet-el-Haad.

Il conviendrait de demander à chaque chef de service intéressé : ingénieur ou agent-voyer en chef, d'établir, pour chacune des voies susvisées et pour la partie comprise dans sa circonscription, un dossier distinct comprenant :

1° un itinéraire schématique, indiquant, pour les parties déjà existantes et utilisées et pour les sections comprises au programme de l'emprunt de 50 millions supposé rempli, le kilométrage, la position des localités traversées, l'emplacement et l'importance des grands ouvrages d'art, les profils en travers types, la nature et la largeur de la chaussée. Pour les parties qui resteraient inachevées (en supposant rempli ls programme de l'emprunt de 50 millions, c'est-à-dire les travaux de la section A ci-dessus), on indiquera la longueur approximative, la position des localités traversées, celle des grands ouvrages d'art projetés et leur importance, ainsi que les dispositions proposées pour les profils en travers types, la nature et la largeur de la chaussée ;

2° un état estimatif résumant pour les parties inachevées, ce mot étant pris dans le même sens que ci-dessus, le coût aussi exact que possible de l'achèvement (terrassements, chaussée, ouvrages d'art principaux évalués par ouvrage, ouvrages d'art secondaires en bloc, somme à valoir) et, pour les sections existantes, le coût des améliorations jugées indispensables du fait du classement, telles que : élargissements ou réparations d'ouvrages d'art, renforcements de tabliers métalliques, élargissements et rechargements de chaussée, établissement de passages à niveau ou remplacement de P N existants par des passages supérieurs ou inférieurs, etc. ;

3° une notice succincte signalant les points particuliers ne rentrant pas dans le cadre des énumérations précédentes et faisant ressortir notamment la justification du classement proposé pour les sections de routes considérées. On rappellera, pour les parties existantes, l'importance et le développement de la circulation donnés par les résultats des derniers comptages et, pour les parties inachevées, les considérations de nature à justifier l'importance attribuée à ces futures voies de communication.

Cette notice indiquera, aussi approximativement que possible, le montant des dépenses à prévoir à la charge du budget colonial pour l'entretien normal des voies classées comme nouvelles routes nationales.

Il n'y aura pas à s'inquiéter des doubles emplois que pourraient faire, pour certaines sections de routes, les renseignements qui seraient fournis par le service des ponts et chaussées et le service vicinal, car il sera procédé dans mes bureaux au dépouillement et au raccord des divers dossiers. Il ne pourra se produire aucune confusion dans le travail d'ensemble, à condition que les itinéraires fournis pour chaque section précisent correctement les rattachements, à l'origine et à l'extrémité de la section, au moyen du kilométrage et d'indications précises de distance à des points connus.

Il est indispensable, dans les évaluations, de considérer, comme je l'ai indiqué plus haut, comme terminés les travaux déjà compris au programme actuel section A, dont le montant ne saurait, sans faire double emploi, figurer à nouveau dans les évaluations de la section B.

C. — *Pavages sur les routes nationales*

Le développement de la circulation sur certaines parties des routes nationales, en particulier dans les traverses et aux abords des grands centres, a pris une intensité telle que la substitution de pavages en matériaux durs aux chaussées empierrées est devenue une mesure justifiée. Il en est ainsi dès que l'économie à réaliser sur les frais annuels d'entretien devient sensiblement égale à l'intérêt du capital à engager pour la confection des pavages, d'autant plus que les chaussées pavées sont bien supérieures à l'empierrement au point de vue de la facilité du roulage, de la propreté et de l'hygiène.

Mon administration a pris l'initiative d'entrer dans cette voie. J'ai approuvé récemment plusieurs projets de pavages se rapportant à la route nationale n° 5 entre Maison-Carrée et Rouïba et à diverses traverses dans les villes d'Alger, Maison-Carrée, Sétif et Constantine. D'autres projets sont à l'étude pour la ville d'Oran.

Il m'a paru qu'il conviendrait de réserver une fraction des ressources à provenir du nouvel emprunt à l'extension des travaux de cette nature. Pour permettre l'établissement du programme, MM. les ingénieurs en chef auront donc à examiner, en ce qui concerne les routes nationales de leur circonscription (ou les routes susceptibles d'être classées comme routes nationales), les projets méritant d'être pris en considération à ce point de vue. J'aurais besoin, pour chaque projet, d'un dossier distinct comprenant :

1° un itinéraire schématique ou un plan indiquant la position et le rattachement des sections à paver ;

2° une notice faisant ressortir la justification du

projet en donnant les renseignements utiles sur l'importance de la circulation, la nature et le prix des matériaux d'empierrement, la durée des rechargements, le coût annuel de l'entretien. On indiquera la largeur proposée pour le pavage, la nature des pavés, les travaux accessoires tels que bordures de trottoirs, etc. On évaluera l'économie à réaliser sur l'entretien ;

3° un mètré estimatif de la dépense à engager.

Pour les projets déjà présentés ou ayant fait l'objet de décisions approbatives récentes, on se contentera de fournir une fiche de renseignements rappelant la rubrique des projets et leur date, le montant des dépenses prévues et la date des décisions intervenues s'il y en a eu.

D. — Programme complémentaire de construction de routes et chemins

Les voies de communications sur lesquelles mon attention a été attirée par les vœux des assemblées locales ou coloniales et dont les travaux m'ont paru susceptibles d'être retenus en vue d'un examen préliminaire, ainsi que je l'ai indiqué plus haut, sont énumérées ci-dessous.

Département d'Oran

1° de Sidi-Bel-Abbès à Saïda ;

2° pont sur l'oued-Saïda à Franchetti ;

3° de Frenda à Medroussa par Djilali-ben-Amar.

Département d'Alger

1° de Michelet à Azazga.

2° pont sur le chemin de grande communication n° 11 à la traversée de l'Oued Chiffa.

3° chemin d'intérêt commun n° 7 de Bou-Medfa à Médéa.

4° chemin de grande communication n° 16 du retour de la chasse à Palestro (traversée du Bouzegza).

5° de Guelta à Vialar (entre Rabelais et Vialar).

6° achèvement du chemin d'intérêt commun n° 8.

7° chemin de grande commmunication n° 5 entre Kherba et Boghar.

8° chemin de grande communication d'Adélia à Renault (lacune dans la plaine du Chéliff).

9° de Boghari à Sidi-Aïssa par Aïn-Boucif.

10° de Bou-Saâda à Aïn-Oussera.

11° de Boghari à Chellala.

12° du boulevard Bon-Accueil à El-Biar (banlieue d'Alger).

Département de Constantine

1° chemin d'intérêt commun n° 43 d'Oued Zenati à Sedrata par Renier et Gounod.

2° chemin d'intérêt commun n° 41 de Tébessa à Thala.

3° chemin de grande communication n° 15 de Sétif à Bougie par les Caravansérails.

4° chemin d'intérêt commun n° 22 d'Hammam-Meskoutine à Jemmapes par Roknia et la Robertsau.

5° de Saint-Joseph à Duvivier par la rive droite de la Seybouse.

6° de Philippeville à Guelma par l'Oued-Soudan.

7° de Tébessa à El-Meridj.

8° d'Aïn-Tagrout à Lafayette.

9° d'El-Arrouch à l'Oued-Zenati.

10° de Richelieu à Aïn-Mélouk.

11° chemin d'intérêt commun n° 9, pont sur la Maffrague.

12° de Constantine à Aïn-Abid.

13° de Bône à Herbillon par Bugeaud.

14° d'Akbou au col de Tizi-N'cheria.

15° de Saint-Arnaud à Fedj-M'zala par Djemila.

16° de Biskra à El-Amri.

17° en bordure de la mer, des terre-pleins de Philippeville au Filfila.

18° de Youks à Cheria.

19° de Barika à N'Gaous.

24° du chemin de grande communication n° 1 à Gounod.

21° de Batna à Sétif par Bernelle et Corneille.

22° pont sur la Seybouse au Nador.

MM. les chefs de service intéressés, ingénieurs ou agents-voyers en chef, auront à fournir, pour chacune des routes désignées ou pour la partie comprise dans l'étendue de leur circonscription, un dossier distinct comprenant.

1° un itinéraire schématique indiquant par le rattachement au kilométrage des sections ou chemins déjà construits, la position et la longueur des tronçons à construire ou à empierrer, la situation des localités traversées, l'emplacement et l'importance des grands ouvrages d'art projetés ;

2° un état estimatif faisant connaître, aussi approximativement que possible, le montant des dépenses à engager en décomptant séparément : terrassements, chaussée ouvrages d'art principaux évalués par ouvrage, ouvrages d'art scondaires en bloc, somme à valoir. Les nouveaux chemins seront supposés ouverts avec une largeur de plate-forme de 6 m. 00 entre fossés et une chaussée de 3 m. 00 à 3 m. 50 de largeur ;

3° une notice succincte signalant les points particuliers ne rentrant pas dans le cadre des énumérations précédentes et faisant ressortir les considérations qui peuvent militer en faveur des projets présentés.

Ainsi que je l'ai indiqué plus haut, la liste donnée ci-dessus des projets à examiner n'a rien de limitatif. MM. les chefs des services techniques auront toute latitude soit pour critiquer ceux des travaux qui ne leur paraîtraient que médiocrement justifiés, soit, au contraire, pour présenter des avant-projets intéressants qui auraient été omis parce qu'ils n'auraient jamais encore été signalés à mon administration. Je ferai remarquer cependant qu'il serait inutile d'étendre démesurément le cadre des renseignements recueillis, car les ressources disponibles seront, en définitive, très limitées étant donnés les nombreux besoins auxquels aura à faire face le nouvel emprunt colonial.

Indications générales relatives aux dossiers à présenter

Pour que je puisse utiliser en temps voulu les renseignements demandés, il est indispensable que tous les dossiers ne parviennent avant le 15 décembre prochain dernier délai. En vue d'avancer le travail d'examen et de coordination qui devra être fait dans mes bureaux, je vous prie d'inviter MM. les chefs de service intéressés à faire établir les dossiers en deux expéditions dont l'une me sera adressée directement par leur soins, sous le timbre de la direction des travaux publics, au fur et à mesure de la préparation. Au contraire, pour la transmission officielle des secondes expéditions qui me parviendront par votre intermédiaire, il sera préférable que vous centralisiez tous les envois par département de manière à pouvoir, en me les adressant, formuler les observations personnelles d'ordre général que vous auriez à énoncer.

Pour éviter toute confusion et faciliter le classement des dossiers, chaque chef de service devra établir, pour ce qui le concerne et m'adresser, ainsi qu'à vous, une liste de référence des dossiers qu'il fournira avec des numéros d'ordre qui seront reproduits sur les chemises des dossiers. En outre, il conviendra que toutes les chemises de dossiers portent en tête, en grosse écriture à l'encre rouge la mention :

Deuxième emprunt colonial. — Renseignements.

Routes et chemins. — Section (B, C ou D) N° ...

Service de M... (ingénieur ou agent-voyer en chef).

Consultation des conseils généraux

Bien que les instructions qui font l'objet de la présente circulaire soient basées sur les vœux des assemblées algériennes et notamment des conseils généraux, il peut se faire que des travaux intéressants y aient été omis, soit à raison du développement récent de telle ou telle région du territoire, soit du fait même des élagages que j'ai été obligé de pratiquer en vue de ne pas trop surcharger la besogne des services techniques déjà très occupés par les projets dotés sur les fonds du premier emprunt et par les études relatives au nouvel emprunt.

En vue de pallier, le cas échéant, à ces omissions, je vous prie de vouloir bien porter la présente circulaire à la connaissance du conseil général, lors de sa prochaine session, afin que l'assemblée départementale soit en état de signaler à mon attention toutes observations qu'elle jugera utiles, et notamment de demander que les renseignements recueillis soient étendus dans les sections B, C ou D à des travaux non compris dans les énumérations précédentes.

Comme le délai dont on disposera pour rassembler ces renseignements complémentaires sera très court, je vous serai obligé de saisir directement et aussitôt MM. les chefs des services techniques, en les invitant à préparer d'urgence, pour ceux des projets demandés qu'ils n'auraient pas déjà examinés du fait de leur initiative, des dossiers de même forme que ceux qui sont visés ci-dessus. Ces dossiers feront partie d'une série complémentaire dont les chemises porteront les mêmes mentions, mais inscrites à l'encre bleue et avec un numérotage spécial, Vous en centraliserez la réception et me les adresserez avec les listes de référence spéciales des chefs de service et vos observations, avant le 15 janvier au plus tard.

Je vous prie, toutefois, d'attirer toute l'attention des assemblées départementales sur l'impérieuse nécessité de ne pas compliquer d'une manière excessive la besogne des services techniques, sous peine de n'avoir plus que des renseignements incomplets ou erronés sur les travaux véritablement utiles. Il n'y a d'ailleurs aucun intérêt à vouloir embrasser, dès le début, un programme démesuré, puisqu'en définitive il faudra toujours l'amputer à la demande des ressources à réaliser. Vous voudrez bien faire appel, dans cet ordre d'idées, à la pondération et à la clairvoyance de MM. les conseillers généraux de votre département.

Je notifie directement la présente circulaire à MM. les ingénieurs en chef.

Pour le Gouverneur général :

Le Conseiller de Gouvernement délégué,

A. G. DE SAINT-GERMAIN.

ANNEXE VI

Alger le 17 novembre 1906.

Le Gouverneur général de l'Algérie à MM. les Préfets de l'Algérie et les Généraux de Division.

Les délégations financières et le conseil supérieur ont admis le principe d'un deuxième emprunt dont les ressources seraient affectées à terminer les travaux publics compris au programme de 1902 et à compléter l'outillage économique de la colonie.

Il convient donc de réunir dès maintenant les éléments d'information nécessaires pour me permettre de formuler des propositions et, aux assemblées financières algériennes de délibérer tant sur le montant total du second emprunt colonial, que sur le programme de l'emploi des ressources ainsi créées.

Par lettre du 21 septembre dernier je vous ai demandé, dans ce but, des renseignements concernant les voies de communication ; la présente circulaire vise spécialement la détermination des ressources qui devront être réservées aux travaux de l'hydraulique agricole.

L'établissement d'un programme de travaux de cette nature est chose délicate et mérite de retenir l'attention des services intéressés.

La création de nouvelles zones irrigables, les dessèchements des bas-fonds, les endiguements de torrents ont pour effet d'augmenter dans de notables proportions la valeur utilisable des terrains, soit qu'ils aient à bénéficier des bienfaits de l'irrigation, soit qu'on les ait soustraits à l'action dévastatrice des eaux d'inondation, soit même qu'on les ait rendus habitables en les rendant salubres. Dans ce pays où l'agriculture est le principal facteur de la richesse générale, il est rationnel, plus qu'ailleurs, de demander à ceux qui profitent directement de la plus value provenant des travaux, de participer dans une juste mesure aux frais de premier établissement et d'assumer la charge de leur entretien.

Jusqu'à ce jour l'administration s'était heurtée à des obstacles très sérieux lorsqu'il s'agissait de réunir en associations syndicales les propriétaires intéressés aux fins ci dessus et c'est à ces difficultés qu'il faut attribuer la lenteur de la mise en œuvre des projets portés au programme de 1902.

D'autre part, ainsi que je l'ai signalé aux assemblées financières, l'expérience des travaux hydrauliques déjà exécutés a donné des résultats médiocrement satisfaisants dans certaines régions de la colonie. En maints endroits les intéressés négligent complètement l'entretien des canaux de dessèchement dès qu'ils n'y sont plus contraints par des mesures coercitives ; au bout d'un certain nombre d'années, ces canaux s'engorgent, les inondations, les marécages et l'insalubrité réapparaissent, et les intéressés ne sortent de leur indifférence que pour réclamer une nouvelle intervention du budget colonial en vue de remettre toutes choses en état par des travaux tout aussi coûteux que ceux qui avaient mis leur sol en valeur. S'il s'agit de travaux destinés à assurer les irrigations en bien des points, les propriétaires ne consentent à s'imposer que des sacrifices dérisoires, insuffisants pour assurer l'entretien des ouvrages et nullement en rapport avec l'intérêt des capitaux engagés et la plus value réellement donnée aux propriétés susceptibles d'être irriguées.

Toutes ces raisons créent à l'administration le devoir de se montrer très prudente dans la consécration de sommes importantes à des entreprises de la nature de celles qui nous occupent, et font que le programme des travaux hydrauliques éventuels ne saurait avoir aucun caractère de fixeté absolue, la réalisation de chaque projet étant subordonnée à la prise en charge d'une partie des dépenses de premier établissement et de la totalité des frais qu'occasionnera l'entretien permanent et complet des ouvrages ainsi construits.

L'administration est maintenant tenue à se montrer d'autant plus circonspecte et à exiger la participation des intéressés, qu'une loi récente a autorisé la colonie à garantir les emprunts contractés par les associations syndicales et que, dans ces conditions, celles-ci peuvent se procurer aisément, à un taux raisonnable, les capitaux qui représentent leur contribution aux dépenses.

Vous voudrez bien, en conséquence, vous inspirer des considérations qui précèdent pour l'élaboration du programme des travaux hydrauliques intéressant votre département, à imputer sur le nouvel emprunt, en écartant de vos propositions tous les projets qui ne répondraient pas à des besoins bien déterminés ou qui n'auraient aucune chance d'aboutir à raison du refus plus ou moins probable des intéressés de participer aux dépenses de construction, et d'assumer la totalité des charges d'entretien.

Afin de faciliter votre tâche, j'ai fait relever une liste de toutes les demandes d'application des fonds d'emprunt à des travaux hydrauliques formulées depuis 1902 par les diverses assemblées coloniales. Mon administration a procédé à un premier élagage en écartant les projets dont l'utilité était trop peu justifiée et ceux dont la dépense était hors de proportion avec les avantages à en retirer.

Ces relevés préliminaires ont laissé subsister un ensemble assez vaste de travaux, dont je ne considère en rien l'étendue comme limitative, mais qui peut servir de base pour réunir des renseignements exigeant une certaine précision. Ces travaux peuvent être divisés en deux catégories distinctes, savoir :

A. — Achèvement du programme primitif dressé en vue de l'emploi des fonds de l'emprunt de 50 millions.

B. — Etablissement d'un programme complémentaire.

A. — *Achèvement du programme primitif*

L'exécution du programme primitif établi en vue de l'emploi des fonds de l'emprunt de 50 millions, programme élargi à diverses reprises par les assemblées financières, exige un complément de ressources qui devra être prélevé, le cas échéant, sur le nouvel emprunt.

Je joins à la présente circulaire, pour votre usage et pour celui des chefs des services techniques, le tableau des projets de ces travaux hydrauliques constituant le programme primitif tel qu'il a été soumis en 1902 aux délégations financières. Mais, contrairement à ce qui a eu lieu pour les voies de communication, ce programme n'est pas intangible et des modifications peuvent y être apportées en plus ou en moins.

En ce qui touche l'exécution des travaux qu'il comporte, mon administration possède déjà des renseignements qui pourraient à la rigueur suffire. Toutefois, au cours de l'année 1906, des études ont été entreprises dont les résultats pourraient être de nature à modifier les évaluations primitives, ainsi que la répartition des dépenses et même l'opinion qu'on s'était faite du degré d'utilité des travaux. D'autre part, les difficultés rencontrées dans l'exécution des travaux approuvés ont pu entraîner un surcroît de dépenses assez important pour qu'il soit nécessaire d'en faire état.

Chaque chef de service intéressé devra faire connaître, en les justifiant, les modifications qu'il y aurait lieu, selon lui, d'apporter aux prévisions du tableau sus-visé.

B. — *Programme complémentaire*

Les nouveaux travaux sur lesquels mon attention a été attirée par les vœux des assemblées coloniales et qui m'ont paru susceptibles d'être retenus en vue d'un examen préliminaire sont énumérés ci-dessous :

Département d'Oran

1° barrage-réservoir sur le Saf-Saf pour les irrigations autour de Tlemcen et dans les communes d'Hennaya et de Remchi;

2° barrage-réservoir de la Djidiouia; dévasement et reconstruction;

3° barrage-réservoir de l'oued El-Biod, à 5 kilomètres de Géryville ; irrigations et défense de Géryvilles contre les inondations;

4° barrage de dérivation de l'oued Ouarizane;

5° barrage d'irrigation de l'oued Riou;

6° barrage de dérivation de l'oued Sikkak;

7° dessèchement du lac de Télamine;

8° dessèchement du lac des Gharaba;

9° protection de la ville de Nemours contre les inondations.

Département d'Alger

1° barrage-réservoir sur l'oued Harbil ; irrigation d'été dans la plaine du Haut-Chélif;

2° barrage de dérivation sur l'oued Rouïna en amont du centre projeté de Zeddin ;

3° barrage de dérivation sur le Sébaou à Rebeval ;

4° barrage de dérivation de Ced-el-Kharza, indiqué autrefois par le service du génie, au sud du Hodna;

5° barrage de dérivation de Ced-Didbani, indiqué autrefois par le service du génie, au sud du Hodna;

6° canaux de dessèchement de Boufarik ;

7° canaux de dessèchement de la basse plaine, rive droite, de la Chiffa;

8° dessèchement du lac Halloua ;

9° restauration des ouvrages du syndicat d'irrigation de l'oued Djemaâ;

10° défense de Boufarik contre les inondations;

11° dérivation du Chéliff pour l'irrigation de la plaine des Attafs.

1° barrage de dérivation sur l'oued Barika ;

2° barrage de dérivation sur l'oued Ksob à M'sila ;

3° assainissement de la plaine de Zéramna à Philippeville ;

4° assainissement de Sétif ;

5° défense de la ville de Batna contre les inondations.

Les chefs de service intéressés auront à fournir, pour chacun des travaux désignés ci-dessus, un dossier comprenant :

1° un extrait de carte au 1/500.000e, indiquant la portion exacte des ouvrages et l'étendue des zones à irriguer (teinte rose) ou à dessécher (teinte bleue) ;

2° un état estimatif faisant connaître, aussi approximativement que possible, le montant des dépenses à engager en décomptant séparément chaque nature d'ouvrage : barrages, canaux principaux, canaux secondaires, etc.

3° une note justifiant l'utilité des travaux projetés et leur mode d'utilisation.

Ils devront en particulier :

indiquer la surface des terrains à irriguer, à dessécher ou à protéger ;

examiner si les avantages à retirer seront en rapport avec les dépenses à engager ;

proposer une répartition des frais d'établissement entre la colonie et les intéressés ;

enfin, donner tous renseignements sur le débit des rivières aux différentes époques de l'année, sur l'importance des crues, etc.

Pour les projets ayant déjà fait l'objet de décisions gouvernementales, la date de ces décisions et leur objet devra être rappelée.

Ainsi que je l'ai indiqué plus haut, la liste ci-dessus n'a rien de limitatif. Les chefs des services techniques auront comme vous-même, toute latitude soit pour critiquer ceux des travaux qui ne leur paraîtraient que médiocrement justifiés soit, au contraire, pour présenter des avants projets de ceux qu'il jugeraient devoir être ajoutés. Je ferai remaquer, cependant, qu'il serait inutile d'étendre démesurément le cadre des renseignements recueillis, car les ressources disponibles seront, en définitive, très limitées, étant donnés les nombreux besoins auxquels aura à faire face le nouvel emprunt colonial.

Indications générales

Pour que je puisse utiliser en temps voulu les renseignements demandés, il est indispensable que tous les dossiers me parviennent avant le 25 décembre prochain, dernier délai.

Les instructions données par ma circulaire du 21 septembre dernier au sujet de l'envoi et de la coordination des dossiers relatifs aux voies de communication seront également appliquées aux dossiers à fournir concernant les travaux hydrauliques.

Je notifie directement la présente circulaire à MM. les ingénieurs en chef.

P. le Gouverneur général :

Le Secrétaire général,

Signé : Maurice Varnier.

ANNEXE VII

Carte des travaux exécutés ou a exécuter sur les fonds d'emprunt

TABLE DES MATIÈRES

3e Partie

4e Partie

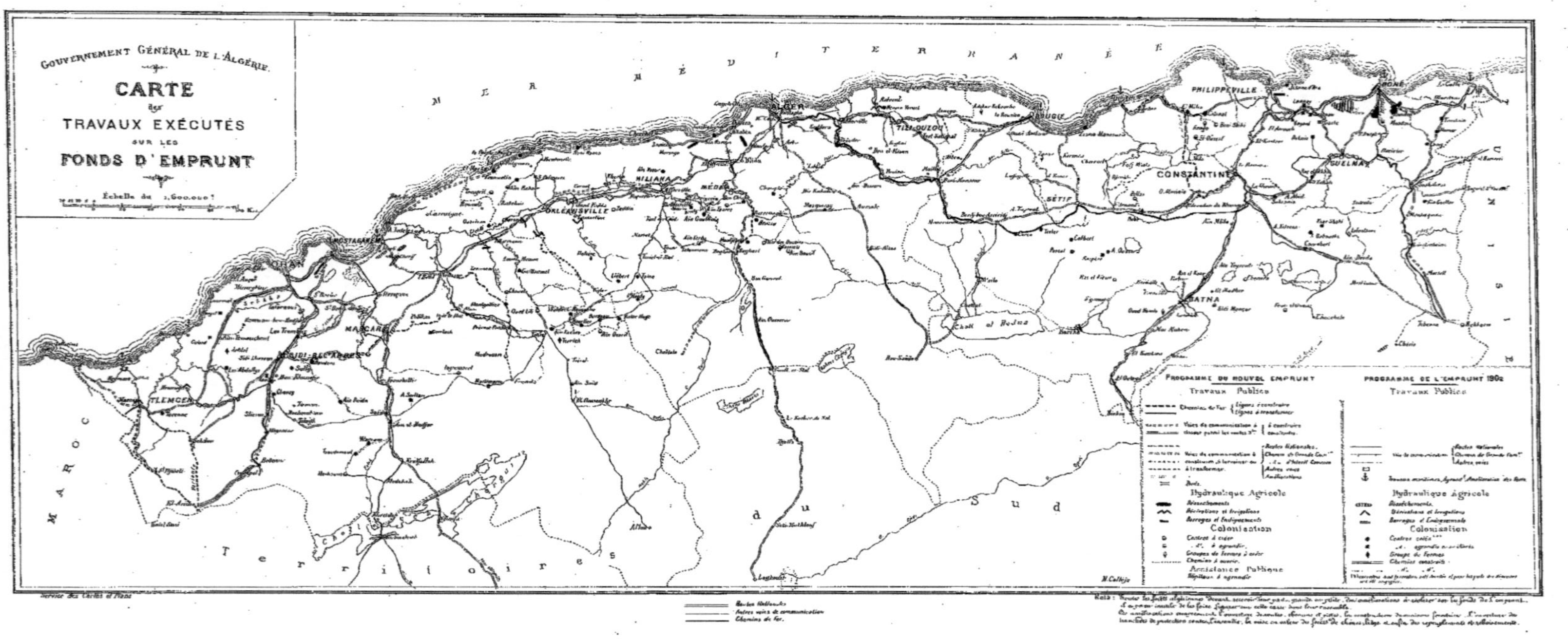
GOUVERNEMENT GÉNÉRAL DE L'ALGÉRIE
CARTE
des
TRAVAUX EXÉCUTÉS
SUR LES
FONDS D'EMPRUNT
MER MÉDITERRANÉE
MAROC
Territoires du Sud
TUNISIE
TLEMCEN
ORAN
MOSTAGANEM
MASCARA
SIDI-BEL-ABBÈS
ORLÉANSVILLE
MILIANA
MÉDÉA
ALGER
TIZI-OUZOU
BOUGIE
SÉTIF
CONSTANTINE
PHILIPPEVILLE
BÔNE
GUELMA
BATNA
Chott el Hodna
PROGRAMME DU NOUVEL EMPRUNT
Travaux Publics
Hydraulique Agricole
Colonisation
Assistance Publique
PROGRAMME DE L'EMPRUNT 1902
Travaux Publics
Hydraulique Agricole
Colonisation

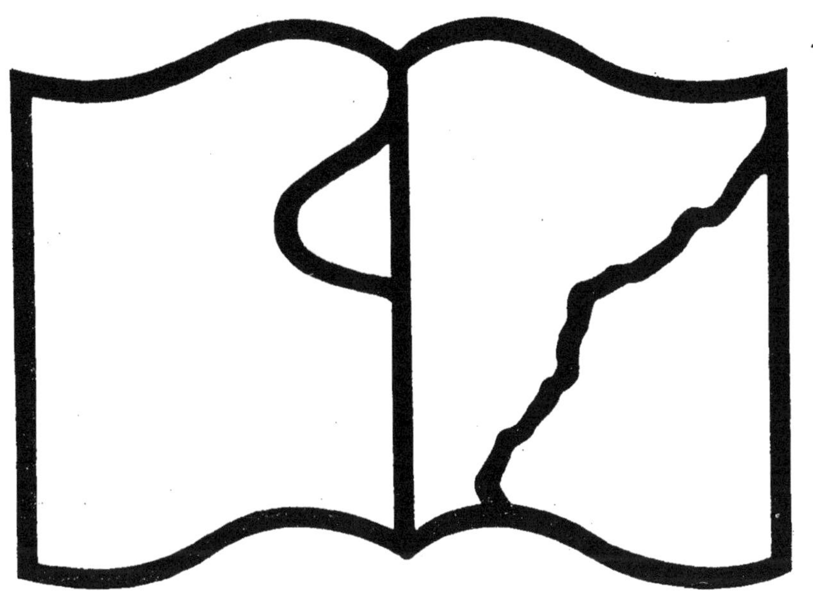

Texte détérioré — reliure défectueuse

NF Z 43-120-11

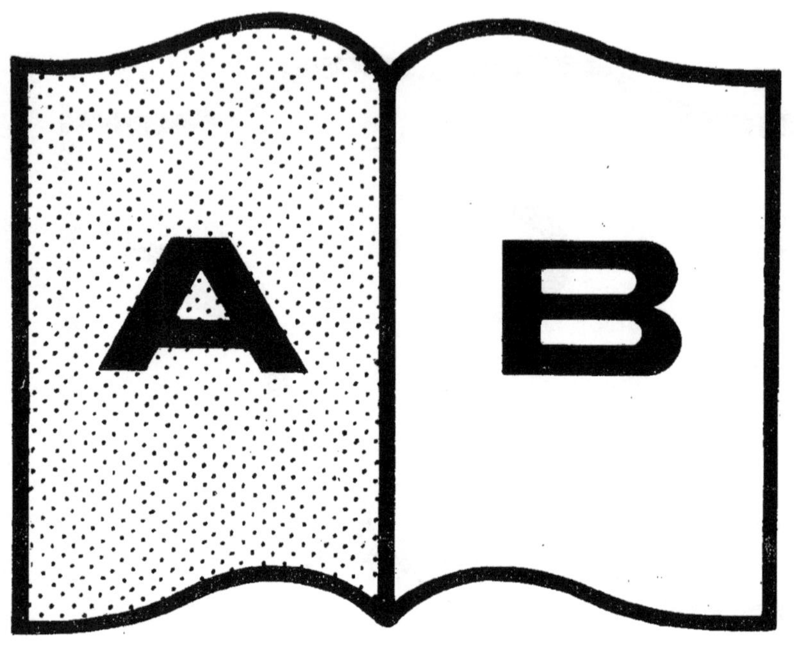

Contraste insuffisant

NF Z 43-120-14

www.ingramcontent.com/pod-product-compliance
Ingram Content Group UK Ltd.
Pitfield, Milton Keynes, MK11 3LW, UK
UKHW020101200726
13856UKWH00002B/323